Der Hildesheimer Dom

Zerstörung und Wiederaufbau

Kataloge des Dom-Museums Hildesheim

Band 2

herausgegeben von Ulrich Knapp

Der Hildesheimer Dom

Zerstörung und Wiederaufbau

Michael Imhof Verlag
Petersberg

Sponsoren:

Deutsche Bank AG, Hildesheim

Klosterkammer Hannover

Habekost Gerüstbau, Hildesheim

Die Deutsche Bibliothek - CIP-Einheitsaufnahme

Der **Hildesheimer Dom** : Zerstörung und Wiederaufbau. - 1. Aufl. -
Petersberg : Imhof, 1999
(Kataloge des Dom-Museums Hildesheim ; Bd. 2)
ISBN 3-932526-48-1

Michael Imhof Verlag
Stettiner Straße 25, D-36100 Petersberg, Tel. 0661/9628286; Fax 0661/63686

Gestaltung, Satz, Reproduktion: Michael Imhof, Wolf Kulke, Thomas Jäger
Fotos: Ulrich Knapp, Dom-Museum Hildesheim
Umschlaggestaltung: Marion Lidolt, Hildesheim
Druck: Rindt-Druck, Fulda
Printed in Germany

ISBN 3-932526-48-1

Inhalt

Vorwort

Als der Hildesheimer Dom 1985 von der UNESCO als eines der ersten Baudenkmäler in Deutschland in die Liste des Weltkulturerbes aufgenommen wurde, geschah dies in Ansehung der bedeutenden hochmittelalterlichen Kunstwerke, die bis heute im Dom und im Domschatz erhalten sind. Jedem war die Zerstörung Hildesheims und des Domes am 22. März 1945 bewußt. Trotz der massiven Schäden erfüllte der Dom die Aufnahmekriterien der UNESCO. Dies war keineswegs selbstverständlich, sondern ist das bis heute spürbare Ergebnis des nach jahrelangem Ringen um die angemessene Form und Gestalt ausgeführten Wiederaufbauprojektes. Das Bemühen, die hochmittelalterlichen Raumverhältnise wiederzugewinnen und so den erhaltenen Ausstattungsstücken von Weltgeltung einen angemessenen Raum zu geben, fand hier seine – späte – Anerkennung.

Vor 50 Jahren wurden bei einem Wettbewerb vier Architekten aufgefordert, Vorschläge zum Wiederaufbau des fast vollkommen zerstörten Domes auszuarbeiten. Die eingereichten Entwürfe können nun erstmals vollständig einer größeren Öffentlichkeit zugänglich gemacht werden. Sie werden durch die erhaltenen Modelle ergänzt, die einen lebhaften Eindruck vom Ringen um die angemessene Form des Wiederaufbaues vermitteln.

Ausstellung und Katalog wären nicht ohne die tatkräftige Mithilfe von zahlreichen Kolleginnen und Kollegen zustande gekommen. Unser Dank gilt den Mitarbeitern und Mitarbeiterinnen im Niedersächsischen Hauptstaatsarchiv Hannover, im Niedersächsischen Landesamt für Denkmalpflege Hannover, im Bistumsarchiv Hildesheim, im Stadtarchiv Hildesheim, Herrn Baudirektor Knorr vom Staatshochbauamt Hildesheim, Frau Monika Lemke-Kokkelink, Frau Hannelore Voß, Photostudio Wehmeyer/Hildesheim. Die Konservierung der Modelle wurde von Studierenden der Fachhochschule Hildesheim/Holzminden übernommen. Hier gilt unser Dank Claudia Ciossek, Jens Klocke, Josef Meiler, Christine Ramsel, Markus Schuhmacher und Melissa Speckhardt.

Die Realisierung der Ausstellung wurde durch die großzügige Unterstützung von Seiten der Klosterkammer Hannover, der Deutschen Bank AG Hildesheim und der Firma Habekost/Hildesheim ermöglicht.

Schließlich haben wir allen Mitarbeiterinnen und Mitarbeitern im Dom-Museum ganz herzlich zu danken, die mit ihrer unermüdlichen Tatkraft zum Gelingen der Ausstellung und des Kataloges beigetragen haben.

Michael Brandt
Ulrich Knapp

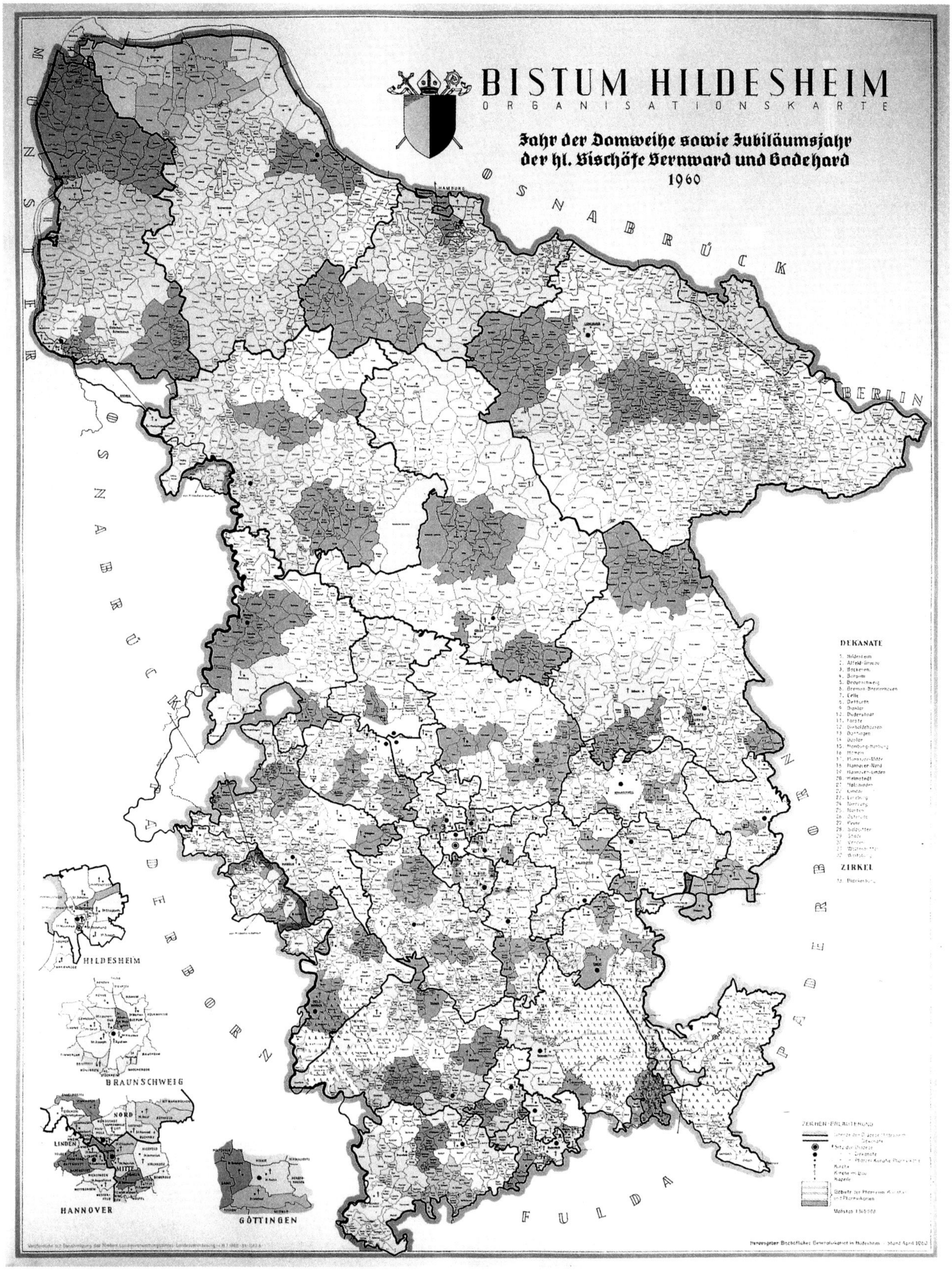

Abb. 1 Das Bistum im Jubiläumsjahr 1960

Thomas Scharf-Wrede

Die Hildesheimer Diözesansynode von 1948

Aufgaben und Ziele pastoraler Arbeit nach dem Zweiten Weltkrieg

Die Flucht und Vertreibung von 12 Millionen Menschen als direkte Folge des Zweiten Weltkriegs bewirkte eine tiefgreifende Veränderung der konfessionellen Verhältnisse Deutschlands im regionalen und lokalen Bereich: evangelische Christen kamen in nahezu geschlossen katholische Gebiete - katholische Christen in nahezu geschlossen evangelische Gebiete; Bemühungen deutscher Bischöfe, nicht zuletzt von Bischof Dr. Joseph Godehard Machens, um Berücksichtigung der konfessionellen Gegebenheiten blieben erfolglos. Dabei stieg die Zahl der Katholiken in Niedersachsen von 737.979 im Jahr 1939 auf 1.277.637 im Jahr 1950 - im Bistum Hildesheim von 263.800 auf 669.532; auf 192.370 Katholiken (1939: 85.212) im Regierungsbezirk Hannover, 88.266 (33.608) im Regierungsbezirk Lüneburg, 38.192 (17.239) im Regierungsbezirk Stade und 147.368 (62.693) im Regierungsbezirk Braunschweig.[1]

Zusammen mit dem Wiederaufbau der zahlreichen zerstörten Kirchen und kirchlichen Einrichtungen war die wichtigste Aufgabe der Nachkriegszeit die Integration der Flüchtlinge und Vertriebenen, die meist aus konfessionell homogenen Gebieten in eine landsmannschaftlich und kirchlich-religiös völlig andere Umwelt kamen - was sich u.a. daran zeigte, daß mancherorts Katholiken am evangelischen Gottesdienst teilnahmen und katholische Eltern ihre Kinder in den evangelischen Religionsunterricht schickten.[2] Aus diesem Grund bemühten sich die deutschen Bischöfe um eine schnelle Erfassung der Zuwanderer, die Anstellung, Bevollmächtigung und Verteilung von Geistlichen sowie die Schaffung provisorischer Gottesdienstmöglichkeiten. Gerade dabei kam ihnen die in dieser Zeit nicht unbedingt selbstverständliche ökumenische Offenheit der evangelischen Kirche entgegen, die etwa im Bistum Hildesheim bis 1950 rund 1.000 ihrer eigenen Kirchen für den katholischen Gottesdienst zur Verfügung stellte.[3]

Einen anschaulichen Eindruck von der kirchlich-pastoralen Situation der unmittelbaren Nachkriegszeit vermittelt ein Bericht von zwei Kölner Theologiestudenten über ihre Erfahrungen und Eindrücke im Raum Lüneburg:

«Unser Arbeitsbezirk umfaßte den östlichen Teil des Landkreises Lüneburg, welcher mit seinen 130 Dörfern von nur drei Patres betreut wird.

Von mehreren zentral gelegenen Ortschaften aus begannen wir unsere Missionsarbeit. Diese bestand im wesentlichen darin, die katholischen Flüchtlingsfamilien aufzusuchen und uns bei ihnen über ihren religiösen und auch materiellen Stand zu orientieren. Außerdem erstreckte sich die Arbeit auf die Erfassung der Jugend und die Sammlung der Gläubigen zu Andachten an den Sonntagen ohne hl. Opfer. ... Unter den Vertriebenen fanden wir u.a. Deutsche aus der Ukraine und von der Wolga, aus allen Balkanländern und schließlich aus den deutschen Ostprovinzen. Sie hatten in der Regel allen Besitz verloren, standen vollkommen mittellos da und waren auf die Menschlichkeit der Einheimischen angewiesen (und diese läßt viel zu wünschen übrig). Die vertriebenen Familien sind meist menschenunwürdig untergebracht, große Familien leben auf engem Raum zusammengepfercht. Die finanzielle Unterstützung ist vielfach so gering, daß die Mütter sich nur das Allernotwendigste an Lebensmitteln erlauben können. Darüber hinaus ist an die Beschaffung von Kleidungsgegenständen gar nicht zu denken. ...

Hinsichtlich der religiösen Situation fanden wir einerseits viele Beispiele von echt christlicher Haltung, die sich gerade in äußerster Not bewährt. Wir trafen viele Familien an, denen der einstündige wöchentliche Religionsunterricht für ihre Kinder völlig unzureichend erschien, die sich durch keine Entfernung vom Kirchenbesuch abhalten ließen. Andererseits begegneten wir Menschen - und es waren nicht wenige -, die die Not lau und gleichgültig gemacht hat. Nicht weniger sind die sich häufenden Mischehen beachtenswert, die sehr oft ohne kirchlichen Segen geschlossen werden. Bei all diesen Familien fanden wir herzliche Aufnahme, die Leute begegneten uns mit großer Aufgeschlossenheit. Sie erwarten keineswegs von der Kirche in erster Linie eine Besserung ihrer sozialen Lage - obwohl caritative Unterstützung wenn irgend dann hier von unbedingter Notwendigkeit wäre -, sondern ihr Wunsch geht dahin, daß man sich auch kirchlicherseits persönlich um sie kümmern und ihnen Verständnis und Liebe entgegenbringen möge.»[4]

Vor diesem Hintergrund kam unter Leitung von Bischof Dr. Joseph Godehard Machens in der Weihnachtswoche des Jahres 1948 im Bischöflichen Konvikt zu Duderstadt eine Diözesansynode zusammen.[5] In einem die Versammlung eröffnenden Grundsatzreferat analysierte Prof. Dr. Konrad Algermissen, Leiter des Diözesan-Seelsorgeamts, die aktuelle seelsorgliche Situation:

«Die einst im wesentlichen nach Regionen getrennten Konfessionen sind durcheinandergeschoben. ... Der Schutz, den die katholische Einheit mit ihrer uralten Tradition und ihren örtlichen Bindungen hier gab, ist zerstört. Aber was, im Großen gesehen, weit schlimmer ist: die Heimatvertriebenen, die aus alter katholischer Gebundenheit kamen, sind weithin in Gebiete geworfen, in denen die katholische Tradition seit der Reformationszeit zugrunde gegangen ist, in denen Priester und Gotteshäuser fehlen, in denen die oft weithin verstreut Wohnenden erst zu neuen kirchlichen Gemeinden zusammengeschlossen werden mußten und müssen.

Zu diesen Schwierigkeiten der äußeren und inneren kirchlichen Lage kommen die seelischen Nöte des heutigen Menschen. ... Die Menschen sind heute auf engstem Raum zusammengepfercht, weithin heimatlos, werden wirtschaftlich niedergehalten, sind vielfach in Zwangsberufen untergebracht, leben großenteils ohne ausreichende seelsorgliche Betreuung und sittliche Durchbildung, leben überall in einer Atmosphäre, die ganz vom Geist des diesseitigen Denkens und des materiellen Strebens durchtränkt ist. Es nimmt daher kein Wunder, daß unter diesen Umständen und in dieser Atmosphäre viele, sehr viele religiös wie sittlich zerbrechen. ...

Für uns Seelsorger ist es wichtig zu erkennen, daß bei der großen Masse die Schuld der Religionslosigkeit weniger beim einzelnen als in der gesamten heutigen Situation liegt, darin, daß der Mensch, wie er weithin ist, ein gewisses Übermaß an Schicksalsschlägen nicht zu ertragen vermochte, ohne schließlich selbst rein schicksalhaft zu empfinden, und weiter darin, daß das gesamte öffentliche Leben immer mehr verweltlicht ist und deshalb die Gottesferne nicht mehr als Heimatlosigkeit empfunden wird.»[6]

Aus einer «bislang mehr konservativen und bewahrenden Haltung» sollte die Kirche mehr zu einem «vorwärtsdrängenden Aktivismus» kommen:

«Es ist uns Katholiken außerordentlich viel dadurch verloren gegangen, daß wir meist in der Defensive standen und die Wahrung des Bestehenden als fast ausschließliche Aufgabe betrachteten. Wo ist unsere Aktivität auf dem Gebiet des Films, des Radios, des Kinos, der Tagespresse, der Beherrschung oder doch wenigstens der maßgebenden Beeinflussung der öffentlichen Atmosphäre? Wo wir, wie beispielsweise in Fragen des örtlichen Schulwesens, irgendwie aktiv geworden sind, haben wir vielfachen Erfolg gehabt und dem Gegner Achtung abgenötigt.»[7]

Algermissens Ausführungen zur Flüchtlings- und Vertriebenenseelsorge konkretisierte Diözesan-Flüchtlingsseelsorger Joseph Engelbert, wobei er deren vorbehaltlose und vollständige Zugehörigkeit zur jeweiligen Ortsgemeinde besonders betonte:

«Die Seelsorge an den Heimatvertriebenen muß gesehen werden als Seelsorge an vollgültigen Gliedern der Gemeinde, die mit den Einheimischen gleichberechtigt sind. ... Die wichtigste Aufgabe des Seelsorgers in dieser Beziehung wird sein, eine gnadenvolle und gläubige Begegnung zwischen Einheimischen und Ostvertriebenen herbeizuführen. Wenn die Pfarrgemeinde der Liebesbund ist, der sie nach dem Worte der Schrift sein soll, werden die Vertriebenen in ihr Heimat finden. Nicht der eifrige Kirchenbesuch und Sakramentenempfang allein macht die Gemeinde zum Liebesbund, dazu müssen kommen die Werke der Liebe, in denen heute heroische Opfer gefordert werden müssen. ... Manche Heimatvertriebene werden, besonders infolge der Diasporanot im religiösen Leben versagen. Diese darf man nicht verurteilen, sondern die Ursachen des Gleichgültigwerdens erforschen, die sehr oft in seelischen oder leiblichen Nöten liegen. Die Heimatvertriebenen sollen nicht nur als Betreuungsobjekte angesehen werden, sondern sie müssen auch aktiv in die Laienhilfe entsprechend ihrer Zahl eingebaut werden und in der Jugendarbeit, in der Caritas, in den Standesvereinen und im Kirchenvorstand vertreten sein.»[8]

Nur relativ knapp diskutierte die Diözesanynode die Aufgaben und Ziele kirchlicher Jugendarbeit, wobei Diözesan-Jugendseelsorger Joseph Winter in eindringlicher Weise für den Bund der Deutschen Katholischen Jugend (BDKJ) und das Diözesan-Jugendheim Haus Wohldenberg warb. Breiten Raum nahm dagegen die Schulfrage ein - eine Thematik, die zwischen Land und Kirche lange umstritten blieb.[9] Unter ausdrücklichem Bezug auf das preußische Volksschulunterhaltungsgesetz von 1906, die Weimarer Reichsverfassung von 1919, das Reichskonkordat von 1933 sowie aktuelle Stellungnahmen und Beschlüsse der Militärregierung bzw. des Niedersächsischen Landtags forderte Generalvikar Prälat Dr. Wilhelm Offenstein die Einrichtung bekenntnisgebundener Volksschulen und die Beibehaltung des Religionsunterrichts als ordentliches Lehrfach an allen Schulen.[10] Diesen bezeichnete Erich Riebartsch, Professor am Hildesheimer Priesterseminar, sogar «als eine der wichtigsten Aufgaben überhaupt»:

«1. Viele Kinder hatten lange Zeit gar keinen oder ganz unzulänglichen Religionsunterricht.
2. Wichtige Teilaufgaben (besonders das Alte Testament) wurden gar nicht mehr behandelt oder ungebührlich verkürzt.
3. Die Gesamterziehung war dem Religionsunterricht und seinen Zielen feindlich.»[11]

Beträchtliche Relevanz besaß auch das Themenfeld «Caritas und Caritasarbeit», in dem Diözesan-Caritasdirektor Adalbert Sendker u.a. die Notwendigkeit einer harmonischen Synthese von hauptamtlicher und ehrenamtlicher Arbeit betonte:

«Während in der ersten Zeit der neuerwachenden Caritasbewegung in Deutschland zweifellos das ehrenamtliche Element der für die Aufgaben der Zeit wachgewordenen Laien vorherrschend war, ist im Laufe der Entwicklung infolge der immer stärker ausgebauten sozialen Gesetzgebung und der dadurch verfeinerten Arbeitsweise der Caritas der hauptamtliche, fachlich vorgebildete Mitarbeiter in den Vordergrund getreten. Heute muß die Verbindung beider Formen stärker erstrebt werden. ...

Jeder äußere Fortschritt im Aufbau einer Pfarrgemeinde muß mit einem Wachstum im caritativen Leben verbunden sein. Jeder Kirchenbau muß auch vom gleichzeitigen Aufbau der tätigen Bruderliebe begleitet sein. Jede Anschaffung wie Glocken, Paramente und dergl. sollte womöglich denselben Betrag wie die Anschaffungskosten auch für caritative Zwecke der Pfarrei oder einer notleidenden Flüchtlingsgemeinde als Frucht des inneren Wachstums der Gemeinde erbringen.»[12]

Der Diözesansynode vom Dezember 1948 gelang eine umfassende und tiefgreifende Neuorientierung kirchlicher Theorie und Praxis, wodurch sie einen wesentlichen Beitrag zur insgesamt positiven Entwicklung des Bistums Hildesheim leisten konnte.

Gewissermaßen Mulitplikatorenfunktion besaß in diesem Zusammenhang der unter dem Leitmotiv «Der Christ in der Gegenwart» stehende Diözesankatholikentag am 9./10. September 1950 in Hannover. Auf ihm forderte der Arbeitskreis «Vertriebenenprobleme» die Gemeinden auf, «Brücken zu schlagen zwischen Einheimischen und Vertriebenen», wie sich die Katholiken überhaupt in stärkerem Maß als bisher im gesellschaftlichen und politischen Leben einbringen sollten.[13] Der Arbeitskreis «Schule und Erziehung» propagierte das uneingeschränkte Recht der Eltern auf die Erziehung ihrer Kinder und verwarf jegliche «diktatorische Vergewaltigung des Gewissens in einem staatlichen Schulmonopol» zugunsten einer freien Entfaltung der Bekenntnisschulen.[14] Rund 15.000 Katholiken nahmen an der von Nuntius Dr. Aloysius Muench zelebrierten Messe am zweiten Veranstaltungstag teil, weitere 10.000 an der von Bischof Dr. Joseph Godehard Machens gefeierten Jugendmesse. Bundesvertriebenenminister Hans Lukascheck bezeichnete in einer von 30.000 Teilnehmern besuchten Nachmittagsveranstaltung zwar die «Rückkehr in die Heimat als ein sittlich-christliches Recht der Vertriebenen», forderte sie jedoch gleichzeitig zur tätigen Mitarbeit am Aufbau der Bundesrepublik auf.[15] Letztlich gelang dieser schwierige Balanceakt, Flüchtlinge und Vertriebene fanden im Bistum Hildesheim eine neue Heimat und nahmen wesentlichen Einfluß auf das Werden eines «neuen» Bistums, in dem der von der Diözesansynode geforderte «vorwärtsdrängende Aktivismus» reale Gegenwart wurde - wozu nicht zuletzt auch der Wiederaufbau des Hildesheimer Domes gehörte, den Bischof Dr. Machens in einem am 25. Juni 1950 in allen Kirchen des Bistums verlesenen Hirtenbrief erstmals öffentlich publik machte.[16]

Anmerkungen

1 Aschoff 1993, S. 223; Menges 1964, S. 58f. Leider liegt eine «Geschichte des Bistums Hildesheim 1945-1960/ 65» noch nicht vor, dieser Themenbereich ist vielmehr ein dringendes diözesanhistorisches Forschungsdesiderat; das nicht zuletzt anhand der komplexen Überlieferung im Bistumsarchiv Hildesheim angegangen werden kann.

2 Aschoff 1994, S. 111. Zum Wiederaufbau der zerstörten Kirchen und kirchlichen Einrichtungen s. Sendker 1948; Stoffers 1959; Overesch 1998

3 Riebartsch 1956, S. 23.

4 Stud. theol. Bruno Neuwinger/ Stud. theol. Toni Hilger (Köln) an Bischöfliches Generalvikariat Hildesheim, 12.9.1948, BAH, G II neu 494.

5 Promotor synodi war Generalvikar Dr. Wilhelm Offenstein, Notarius synodi Prof. Dr. Erich Riebartsch, Schriftführer Pastor Herbert Höbbel und Kaplan Willi Stoffers. In Organisation und Ablauf ähnelte die Synode der von 1937, deren Ergebnisse den insgesamt 48 Synodalen in gedruckter Form vorlagen

und auf die an verschiedenen Stellen zurückgegriffen wurde; s. dazu Diözesansynode 1937.

6 K. Algermissen, Die seelsorgliche Lage der Gegenwart und unsere grundlegenden Aufgaben. in: Diözesansynode 1948, Fasz. II, S. 3-20, hier: S. 5f.
Im folgenden beschränke ich mich auf eine lediglich reflektierende Wiedergabe der Hildesheimer Diözesansynode, ihre eigentliche Analyse bleibt einer späteren Untersuchung vorbehalten.

7 Ebd., S. 12. Die neuen Medien Rundfunk und Film wurden auf der Synode in Kurzreferaten behandelt, s. Diözesansynode 1948, Fasz. VIII.

8 J. Engelbert, Heimatvertriebenenseelsorge. In: Diözesansynode 1948, Fasz. III, S. 3-6.

9 S. hierzu u.a. Lange-Stuke, 1989.

10 W. Offenstein, Bekenntnisschule und Religionsunterricht. In: Diözesansynode 1948, Fasz. VI, S. 3-11. Vgl. auch J. Stuke, Die Schulfrage im Landes Braunschweig. In: ebd., S. 13-16.

11 E. Riebartsch, Kinderseelsorge und Katechese. In: Diözesanynode 1948, Fasz. V, S. 3-6.

12 A. Sendker, Caritas und Caritasarbeit. In: Diözesansynode 1948, Fasz. VII, S. 2-13, hier: S 3f., 9.

13 Kirchenblatt für das Bistum Hildesheim 38/ 17.9.1950.

14 Ebd.

15 Aschoff 1983, S. 138.

16 Bischof Dr. Joseph Godehard Machens, Hirtenwort zum Wiederaufbau des Hildesheimer Domes. In: Kirchlicher Anzeiger für das Bistum Hildesheim 5/ 22.5.1950.

Christoph Gerlach

Alte Stadt - Neues Gesicht?

Vorbemerkung

Die Informations- und Imagebroschüren der Stadt Hildesheim prägen Slogans wie «Junge Großstadt mit (ur)alter Geschichte». Die Broschüren sind angefüllt mit Bildern und Postkartenmotiven, die eine Stadt «im Grünen» mit «romantischem Fachwerk» und «kulturellen Highlights» zeigen. Durch geschickte Wahl von Standort und Brennweite entsteht der Eindruck einer Stadt, die in keiner Weise vom Trauma der Zerstörung beeinflußt ist.[1]
Mit kaum einem Wort wird dagegen erwähnt, worauf man noch vor wenigen Jahren stolz verwies. Der Neuaufbau der Innenstadt mit seinen vielschichtigen Überlegungen, Entscheidungen und Problemen, mit seiner mehr als bemerkenswerten Architektur und städtebaulichen Vielfalt ist offensichtlich kein Gegenstand der Identifikation. Kein Bild zollt dem Respekt, was heute die Innenstadt umfassend ausmacht. Peinlich werden die Gebäude aus der Zeit nach den Kriegszerstörungen ausgeblendet.
Stattdessen dominieren Knochenhaueramtshaus, Marktplatz, Museum, Dom und (meist nicht an erster Stelle) St. Michael das Bild von Hildesheim. Die romantisierenden Stadtansichten ersetzen die malerischen Idyllen «Alt-Hildesheims».
1993 war eine kleine Ausstellung den 50er Jahren in Hildesheim gewidmet. Studierende und Lehrende der Hochschulen stellten sie unter das Motto: «... ist im traditionalistischen Sinne wieder aufzubauen!» Architektur in Hildesheim – Die 50er Jahre. Mit einer im wahrsten Sinne etwas schrägen Aufmachung wurde auf Gebäude und Stadtplanung der Nachkriegszeit aufmerksam gemacht.[2]
Schon zuvor wurde die Situation vor und nach der Zerstörung Hildesheims in einer Ausstellung thematisiert. «Alte Stadt – Moderne Zeiten» war 1985 ein Teil der großen Landesausstellung Niedersachsens «Stadt im Wandel». Im zugehörigen Katalogteil erschien der hervorragende Aufsatz «Alt-Hildesheim. Beschwörung und Widerspruch der historischen Stadt».[3] Dieter Lange merkt hier an, daß zusammenhängende Darstellungen zur neueren Städtebau- und Baugeschichte fehlen. An dem Zustand hat sich seitdem nichts geändert, auch nicht durch das hochverdienstvolle Buch «Hildesheim lebt – Zerstörung und Wiederaufbau» von Menno Aden.[4]
Auch an dieser Stelle kann nicht viel mehr geschehen, als erneut auf das «andere», eigentlich «reale» Hildesheim aufmerksam zu machen, dessen Besonderheiten Fachleute immer wieder in Erstaunen versetzen, dessen Qualitäten sehenswert sind, dessen zu wenig erkannter Wert in der gegenwärtigen Stadtplanung eher belastet als aufgegriffen wird.
Dabei sollen nur die ersten 10 Nachkriegsjahre in den Blickwinkel genommen werden, und nur die eigentliche Innenstadt. Das, was sich am Stadtrand jenseits des wenig zerstörten Ringes der Stadterweiterungen vor und nach 1945 bewegte, wäre einer gesonderten Betrachtung wert. Ausgespart bleiben auch der Wiederaufbau der Kirchen und die Entwicklungen am Marktplatz.

Die zertrümmerte Stadt

«Alt-Hildesheim», also der historische Stadtbereich von Hildesheim mit seinen zahlreichen Kirchen, Fachwerkhäusern und anderen Monumenten, lag bei Kriegsende und Kapitulation zerbombt und abgebrannt da. Niederschmetternde und erschütternde Bilder zeigen Tote vor einer Wüste von Trümmern und Asche.
Die nackten Statistikzahlen weisen Hildesheim den am meisten zerstörten Städten zu:[5]

fast 2000 Tote allein durch den Luftkrieg
1977 Häuser vollständig zerstört
975 Häuser zu 60%
350 Häuser zu 40%

Das bedeutete für die Stadt die Vernichtung von:

52% der Wohnungen
85% der Geschäftshäuser
66% der Handwerksbetriebe
50% der Industrieanlagen
80% der öffentlichen Gebäude, Schulen und Kirchen.

Unbeschädigt blieben nur etwa 5.000 von fast 21.000 Wohnungen. Hildesheim hatte 1939 fast 70.000 Einwohner. 50.000 waren obdachlos geworden.
Mit erstaunlichem Einsatz konnte die größte Not in raschen Schritten gelindert werden. 1948 waren von den 3000 zerstörten oder unbewohnbar gewordenen Häusern 770 mit 2200 Wohnungen wiederhergestellt worden. Darüber hinaus waren über 1700 Häuser mit 4700 Wohnungen, die beschädigt waren, wieder instandgesetzt worden. Bis 1955 konnten schon wieder 20.000 Wohnungen bezogen werden, die Hälfte, die damals für die erheblich wachsende Zahl der Einwohner nötig war.
Die Stadtverwaltung sah sich gezwungen, regulierend und neuordnend einzugreifen. Die Beseitigung der Trümmer mußte als erstes organisiert werden. Als nächstes waren städtebauliche Grundentscheidungen zu treffen und vorzubereiten und gleichzeitig der beginnende Wiederaufbau von Privateigentum solange zu unterbinden, bis die Planungen abgeschlossen waren.
Für Planungen und Umsetzung waren komplizierte Verhandlungen mit Grundstückseigentümern notwendig. Die Umlegungen und Veränderungen sollten möglichst einvernehmlich und ohne Zwangsmaßnahmen durchgeführt werden.
Letztlich erforderten die Ruinen der Kirchen und die wenigen Reste von «Alt-Hildesheim» Notsicherungen und Schutzmaßnahmen.
Trotz dieser vorrangigen Aufgaben arbeitete die Stadtverwaltung an der Gestaltung des Neuen Stadtbildes und versuchte von Anfang an klare und verständliche Ziele zu formulieren. Nicht immer schien das zu gelingen. Es gab heftige Kritik von prominenter Seite: «Aber der Schönheitssinn des Bauamts ist unersättlich und zu keinem Kompromiß geneigt.»[6]
In der ersten Nachkriegszeit wurde gestritten und gerungen. Insbesondere machten sich gegen den Leiter des Stadtbauamtes Stimmen Luft, die sich als Hildesheimer hier nicht richtig vertreten sahen. In der zum Teil heftigen Auseinandersetzung wurden Positionen korrigiert, Ideen konkretisiert und allgemeine Ziele in Jahren zu Schlagworten geformt, die vom Dezernenten für das Bauwesen, Stadtbaudirektor Haagen (1948 - 1972), in zahlreichen Schriften immer wiederholt wurden:

«Mischung von Wohn- und Geschäftshäusern»
«Licht und Luft»
«Straßendurchbrüche und -erweiterungen»
«Altes mit Neuem verbinden»
«der Tradition verpflichtet»
...

Aber die Bilder bleiben

Hinter den menschlichen Schicksalen, den Verletzten und Toten zeichnet sich der Untergang einer Stadt ab, deren kultur- und bauhistorisch herausragende Bedeutung heute wie damals unbezweifelt ist.
Allerdings müssen wir lernen, dieses historische Hildesheim von «Alt-Hildesheim» zu unterscheiden. Seit Mitte des 19. Jh. löste sich «Alt-Hildesheim» als Begriff von dem Hildesheim, das sich selbstverständlich mit allen konsequenten Wandlungen als Stadt weiterentwickelte. Schemenhaft wurde «Alt-Hildesheim» zu einer Beschwörung der Geschichte und zunehmend auf den schönen Schein der Idylle reduziert. «Kirchen und Bürgerbauten werden zu Denkmalen, Straßen und Quartiere zu malerischen Ansichten.»[7]
Ungewöhnlich umfassende Dokumentationen des damaligen Bestandes von Fachwerkhäusern unterstreichen dabei Rang und Qualität der Bürgerstadt, die inzwischen nicht mehr als «eng und altväterisch» gelästert wurde, sondern in der Literatur zu einem «Nürnberg des Nordens» emporstieg.
Die Verschönerung von diesem «Alt-Hildesheim» hatte der «Verein zur Erhaltung der Kunstdenkmäler Hildesheims» zum Ziel. Man wollte «die noch in der Zahl von etwa 700 bis 800 vorhandenen Fachwerkhäuser von dem sie verhüllenden Schmutz, Lehm, Kalk oder Holzverkleidungen» befreien und attraktiv herausputzen. Die Anerkennung als «Pinselverein» zeigt seine Bemühungen und Erfolge, die auch auf zahlreichen Fotografien zu entdecken sind.
Am Tag der Vereinsgründung (19.04.1887) entsteht zugleich auch der «Verein zur Hebung des Fremdenverkehrs». Oberbürgermeister Struckmann öffnete damit Alt-Hildesheim für eine Verwertung durch den Tourismus. Die fotografischen Abbildungen schienen dabei besonders erfolgreich: «Schon jetzt steht der Handel mit Bildern und Ansichtskarten von Hildesheim in solcher Blüte, wie wohl in wenigen gleich großen Orten. ... wenn durch dieses jedenfalls wirksamste Mittel auch das malerische Hildesheim Einheimischen und Fremden immer mehr bekannt und lieb würde.»[8]

Diese Vermarktung hat sich damals (wie heute) auf ganz bestimmte Ansichten und Bilder beschränkt, die das Bewußtsein vom Hildesheim vor der Zerstörung bis in die Gegenwart prägen.
Weniger bekannt ist die historistische Architektur des 19. Jahrhunderts in der Innenstadt. Die Kartierung «aller in Hildesheim noch vorhandenen Holzhäuser» vom Stadtbauamt zeigt 1924 immerhin ganze Passagen, insbesondere entlang der Almsstraße, des Hohen Weges und des Pelizäusplatzes, die nicht von Fachwerkhäusern gesäumt werden.[9]
Die Hauptgeschäftszonen waren also damals schon «modernisiert». Allerdings unterstreicht die neue Architektur das Selbstverständnis der Stadt: Ein unspezifischer Historismus bzw. Regionalstil herrscht vor. 1899 wurde eine Bestimmung in die Bauordnung aufgenommen, nach der an Straßen und Plätzen der historischen Stadtteile Neubauten «in einer Bauform zur Ausführung zu bringen, welche sich an die bis Mitte des 17. Jahrhunderts in Deutschland zur Verbreitung gelangten Bauformen anschließt». Um Vorlagenblätter für solche Neubauvorhaben zu bekommen, führte man einen Wettbewerb durch.
In dieser Zeit wurden aber auch viele bedeutende Fachwerkhäuser durchgreifend verändert. Die Ratsweinschänke ist ein Beispiel dafür, mit welcher Unbefangenheit man sogar ganze Geschosse in der Fassade versetzte. Und am «Platz» (ab 1928 Pelizäusplatz) wurde noch 1910 ein gotisches Fachwerkhaus abgerissen und durch einen Neubau ersetzt.
Konsequenterweise verweigert Hildesheim jeglicher modernen Architektur die Möglichkeit zur Entfaltung. 1928 stellte Stadtbaurat Köhler fest: «Rein kubisch gedachte Bauten aus Beton und Glas mit flachem Dach nach dem Vorbild der Weißenhofsiedlung in Stuttgart haben jedenfalls bis jetzt noch keinen Einfluß in Hildesheim gefunden, weil sie in zu krassem Gegensatz zu dem romantischen Eindruck der hochgiebeligen Häuser des Altstadtkernes stehen würden.»[10] Zu beachten ist, daß in Hildesheim die traufständigen Fachwerkhäuser vorherrschten, die allerdings damals schon in den Hauptgeschäftsstraßen zwischen den hohen Neubauten eher fremd wirkten.
Im Untergang Hildesheims verschmolz in der Erinnerung der Bürger das modernisierte Hildesheim mit «Alt-Hildesheim» zu dem einem Bild, das bis heute aufrechterhalten wird.[10a]

Abb. 2
Hoher Weg 4, Ratsapotheke

Das Gebäude ist einer der ersten größeren Neubauten in der Innenstadt nach der Zerstörung. Eine Spolie des geschichtsträchtigen Vorgängerbaus wurde integriert. Das niedrige Fensterband, das sich wie ein Zwischengeschoß einschiebt, erinnert an die tatsächlich vorhandene Situation des Vorgängerbaus, eines Fachwerkhauses, das bis 1580 zurückreicht. Die beiden Erker sind dagegen ohne direktes Vorbild, sie greifen jedoch mit ihren Reliefs in den Brüstungsfeldern allgemein den Typus Erker bzw. Utlucht auf. Der Neubau ist bedeutend größer geworden als der Vorgänger. Seine formale Strenge, die Natursteinverkleidung des Erd- und Zwischengeschosses und die Ausdrucksformen der Reliefs zeigen noch stark die Formensprache der Zeit vor 1945.

Abb. 3
Wohl Nr. 23 - 28, vor 1952

Im Wohl und in der Süsternstraße hat der Beamten-Wohnungs-Verein Reihenhäuser mit 35 Wohnungen zu je 50 qm erbaut. Ihre Obergeschosse kragen zum Teil über ein Gesims leicht vor. Dieses für Fachwerkhäuser typische Merkmal unterstreicht die Absicht, an Stilelemente historischer Zeiten anzuknüpfen. Allerdings verbleiben diese Anklänge unspezifisch «historisch» und allgemein «heimatlich». In dieses Bild passten auch die Fenster, die ursprünglich eine hochrechteckige Versprossung hatten. Wie auch im Jakobi-Viertel und Brühl/Neue Straße wurden bei den Fenster- und Türumrahmungen und im Sockelbereich Waschbetonelemente eingesetzt. Die alte städtebauliche Struktur wurde zugunsten einer gleichen Parzellierung und einer geordneten Struktur mit Vor- und Rücksprüngen der Fluchtlinien vereinheitlicht.

Dialog der Steine

1948 veröffentlichte Josef Nowak im Hildesheimer August Lax Verlag eine Schrift mit dem programmatischen Titel «Wenn die Steine reden – Alt-Hildesheim klagt an». Das Titelblatt zeigt die scharfen Zähne eines Räumbaggers, die neben Schutt auch kostbare Steinmetzarbeiten ergreifen und zermalmen.[11]
Nowak greift die Stadtverwaltung an, insbesondere das Bauamt. Seine Vorwürfe reichen von Untätigkeit über Unterlassungen bis hin zu Inkompetenz, die in Rücktrittsforderungen gipfeln. Die Hildesheimer sähen ihre Lokalinteressen in der Leitung des Bauamtes nicht ausreichend vertreten.
Unmittelbar darauf erschien im gleichen Verlag «Die Steine Reden - Eine Erwiderung der Stadtverwaltung Hildesheim auf die Schrift «Wenn die Steine reden ...» von Josef Nowak».[12] Punkt für Punkt werden die Angriffe pariert und von den Verantwortlichen Gegendarstellungen verfasst. Die ersten Erfolge des Wiederaufbaus werden ange-

Abb. 4
Kardinal-Bertam-Straße 5 - 9, Langer Hagen 17 - 23, 1952/53

Entlang der ehemaligen Rolandstraße und den Langen Hagen hinauf zieht sich ein einheitlicher Baukomplex. Auf einer Tafel steht: ERBAUT 1952 - 53 VON DER GEMEINNÜTZIGEN WOHNUNGSBAU- UND KLEINSIEDLUNGSGESELLSCHFT FÜR DEN KREIS HILDESHEIM-MARIENBURG. Im Gegensatz zu dem lockeren und differenzierten Jakobi-Viertel und den aufgebrochenen Stadtstrukturen des Andreas-Viertels herrscht hier eine Strenge einer geschlossenen Blockrandbebauung mit geraden Fluchten und einheitlichen Trauflinien vor. Die Strenge kehrt in dem Raster von vorstehenden horizontalen und vertikalen Betonbändern wieder. Die einzelnen Felder sind mit je einem Fenster und einer Backsteinbrüstung gefüllt.

führt und kritische Themen durch Äußerungen z.B. des Landeskonservators abgesichert. Allerdings bleiben die genannten Ziele wenig konkret und ohne klare Struktur.
In diesem Jahr wartete auch das Bauamt hoffnungsvoll auf die Währungsreform. Gegen diesen Optimismus setzte Nowak seine nächste Schrift «Passion einer Stadt – Alt-Hildesheim klagt an». Auf dem Titelblatt wiederum eine Zeichnung Gert Bindings: Die Silhouette der immer noch in Trümmern liegenden Stadt wird überragt von einem Kreuz im Kreis, «das Zeichen, mit dem die der Vernichtung geweihten Gebäude Hildesheims gekennzeichnet wurden».[13] Sie richtet Fragen an die städtebauliche Zukunft, für die sich erst in dieser Zeit über einen Wettbewerb die Konturen bilden sollten.
Die «Klagen von Alt-Hildesheim» liegen aber in der Hauptsache nicht auf dem Feld, auf dem man sie erwartet. Angemahnt wird angesichts der Trümmerwüste zwar, das alte Straßennetz beizubehalten. Die Forderung eines wie auch immer sich vorzustellenden Wiederaufbaus von «Alt-Hildesheim» verstummte jedoch schon angesichts der Er-

kenntnis, daß eichenes Bauholz für Fachwerkhäuser extreme Mangelware war. Konkrete Formulierungen zum generellen Umgang mit dem verbrannten «Alt-Hildesheim» sind auch hier nicht zu finden, sieht man von den Forderungen z.B. nach einer allgemeinen Vierstöckigkeit (statt der für weite Bereiche festgelegten Dreistöckigkeit) und einer Verdichtung der Bebauung in innerstädtischen Gärten ab, die wenig mit «Alt-Hildesheim» zu tun haben und im nachhinein noch als unverständlich und bedenklich bezeichnet werden müssen.

Das reinigende Feuer

So befremdlich es auch klingen mag, in der Diskussion nach 1945 wurde sogar auf positive Seiten des Infernos hingewiesen. Das Feuer habe auch die reinigende Wirkung eines Fegefeuers gehabt: «Einige Monumentalbauten der Gotik, die durch die Veränderungen des 19. Jh. in kunstgeschichtlicher Hinsicht so gut wie abgeschrieben waren, sind durch den Bombenangriff zu neuem Leben erwacht. Sowohl die ehemalige Stadthalle [ehemalige Dominikanerkirche] wie das Römermuseum [Martinikirche] haben im reinigenden Sturm des Feuers ihr gotisches Gesicht zurückerhalten.»

Bei näherer Betrachtung fügen sich solche Äußerungen jedoch konsequent in ein Denkmuster ein, das damals immer noch den Umgang mit Denkmalen prägte. Purifizierungen, also stilistische Säuberungen, Entfernung von Einbauten und Veränderungen insbesondere aus der Zeit von Renaissance und Barock standen im 19. Jh. und auch noch im 20. Jh. auf der Tagesordnung, zumeist mit einem «stilreinen» Rück- oder Weiterbau.

Die geschundene Michaeliskirche war gerade erst im ausgehenden 19. Jh. teilweise instandgesetzt. Das eingefallene südöstliche Querschiff wurde rekonstruiert, das Deckenbild restauriert und der Innenraum umfangreich ausgemalt. Allerdings fehlte noch der westliche Vierungsturm. Der östliche war erst in der Barockzeit neu gebaut und trug einen wenig mittelalterlichen spitzen Turmhelm.

Der Dom hatte im 19.Jh. ein neues Westwerk bekommen, das zwar das Bemühen um «romanische Formen» erkennen ließ, mit dem baufällig gewordenen Vorgänger jedoch schon von der Disposition her wenig gemein hatte. Das Innere wurde durch das ungeliebte Stuckwerk der Barockisierung bestimmt.

Die Godehardikirche war der Verwahrlosung wenige Jahrzehnte zuvor entrissen und im romanischen Stil vollständig neu ausgemalt und ausgestattet worden.

In den 20er und 30er Jahren stand man allgemein den «wilhelminischen» Ausstattungen und Restaurierungen schon wieder so kritisch gegenüber, daß man despektierlich von «Fabrikgotik» etc. sprach, die besser wieder zu entfernen sei, da sie das wahre Mittelalter verunstalte. So war schon in den 30er Jahren die Farbfassung des Innenraumes der neugotischen Christuskirche durch Übermalung in erheblichem Umfang reduziert worden.

In diesem Sinne klingt das Goethe-Zitat, das Landeskonservator Karpa als Überschrift in einer Denkschrift zum 10. Jahrestag des Unterganges von «Alt-Hildesheim» wählte, heute immer noch wie eine Gratwanderung zwischen solchen Polen: « ‹Was vergangen, kehrt nicht wieder; aber ging es leuchtend nieder, leuchtet's lange noch zurück.› Fast könnte die Anwendung dieses Goethe-Wortes auf die in der Feuerlohe dahingegangene Altstadt Hildesheims als Ironie oder gar Blasphemie empfunden werden – und dennoch ist es als Trost gedacht.»[14]

Licht und Luft

In dem Bild «Alt-Hildesheim» hatte Sozialkritisches wenig Platz. Erst aus der Distanz heraus werden Mißstände dargestellt, zumal wenn sie als Argument für andere Aufbaustrukturen willkommen waren. In die Idylle wurde so im Nachhinein auch die «dunkle, verwinkelte und ungesunde Enge der alten Zustände» wieder eingeblendet. In dem malerisch Verwinkelten wurde die Kleinteiligkeit mit zum Teil extrem geringen Grundstücksgrößen von 29 qm bei 3 m Frontbreite entdeckt.

Dieser Enge wurde ein neues Konzept entgegengesetzt. Unmittelbar nach der Währungsreform flossen die ersten großen Zuwendungen für den sozialen Wohnungsbau. Sie wurden sofort «auf die vorausschauend vom Stadtbauamt nicht nur von den Trümmern gesäuberten, sondern rechtzeitig auch mit neuen Fluchtlinien versehenen Gebiete des Jakobi-Viertels gelenkt».[15] Als nächstes erfolgte der Aufbau an der Neuen Straße des Andreasviertels, gefolgt von Rolandstraße (Kardinal-Bertam-Straße). Der hier eingeschlagene Weg verfolgte mehrere Ziele:

> Man konzentrierte sich fast ausschließlich auf den sozialen Wohnungsbau, um für die benachbarten Haupt-

geschäftsstraßen das erforderliche bewohnte Hinterland zu schaffen und so deren eigenständige Entwicklung mittelbar zu fördern.

- Ein «Mittelstadtcharakter» wurde für Hildesheim angestrebt ohne ausgeprägte Citybildung, sondern mit einer Mischung von Wohnen, Handel und Gewerbe auch im Stadtkern.

- Durch das Umlegungsverfahren der «verschachtelten und kleinteiligen Grundstücke» war ein Wohnungsbau durch genossenschaftliche Bauträger in Form einer lockeren Blockrandbebauung (Jakobiviertel) oder einer offenen Zeilenbebauung (Andreasviertel) mit großen Grünflächen möglich, die so nach damaliger Auffassung zu «wertvolleren Wohnlagen» geworden sind.

Die ersten Ergebnisse wurden schon 1952 in Publikationen gelobt: «Wie dem Beamten-Wohnungs-Verein war ihr [der Gemeinnützigen Baugesellschaft] mit dem Wiederaufbau eines Teils der Innenstadt auch eine große städtebauliche Aufgabe gestellt, die sie wie dieser hervorragend gelöst hat. Ihr Architekt August Steinborn (Hildesheim) hat sich ebenso wie Wilhelm Fricke im «Jakobi-Viertel», von dem Gedanken leiten lassen, den Wohnungen möglichst viel Vor- und Nachmittagssonne zu geben; die Trakte sind daher vornehmlich in Nord-Süd-Richtung erbaut und dort, wo (wie z.B. in der Eckemekerstraße) wegen des Verlaufs des Straßenzuges West-Ost-Richtung unumgänglich war, wurden die Wohn- und Schlafräume soweit wie möglich nach der Südseite angeordnet, während die Nebengelasse auf die Nordseite verwiesen wurden.»[16]
Der neue Städtebau sollte also nicht nur die akute Wohnungsnot lindern, sondern auch «der Verantwortung vor den Forderungen der Zukunft nach mehr Verkehrsraum, nach Licht und Luft, nach Ausmerzung [!] der in der jahrhundertelangen Stadtgeschichte entstandenen städtebaulichen Fehlentwicklungen» entsprechen! So deutlich formulierte es Stadtbaudirektor Haagen im Nachhinein.[17]
An den tatsächlichen Wiederaufbau des zerstörten «Alt-Hildesheim» dachte ernsthaft keiner. Sowohl das «steile Ziegeldach früherer Jahrhunderte» als auch der «Grundriß und der ganze Aufbau des Niedersachsenhauses mit seiner Diele» sei «nicht mehr am Platz».[18]
Dieses ahnte schon Zeller, wenn er 1912 in seinem Vorwort zu «Die Kunstdenkmale der Stadt Hildesheim – Bürgerliche Bauten» bemerkte: «Neben der eingehenden Beschreibung der allgemein bekannten großen Wohnbauten der Bäuerschaft wurde besonderer Wert auch auf die sorgfältige, wenn auch kürzeste Beschreibung aller Kleinbürgerhäuser gelegt. Diese Gebäudegattung wird auf die Dauer verschwinden müssen und wird dadurch ein für die Geschichte des Kleinbürgerhauses unersetzliches Material verloren gehen.»[19]

Abb. 5
Neue Straße 1, Wollenweberstraße, 1952/54

Nach Abschluß der Bauarbeiten im Jakobi-Viertel entstand am Brühl/Neue Straße eine Wohnbebauung mit den gleichen Stilelementen aus Waschbetonteilen. Gegenüber stehen 4 Reihenhäuser, die denen am Wohl entsprechen. Die vorstehende Utlucht betont das Ende dieser Reihe. Ihr verzierter Giebel wiederholt sich an der Rückseite des Mehrfamilienhauses an der Wollenweberstraße. Die Absicht, an dieser Stelle städtebaulich zwischen der Neubebauung und den sich im Westen und Süden anschließenden einzigen Resten der Fachwerkhäuser «Alt-Hildesheims» zu vermitteln, ist deutlich erkennbar.

Abb. 6 und Abb. 7 (rechts), Michaelisstraße 2 - 20, 1953
Bei der geschlossenen Bebauung auf der Südseite der Michaelisstraße wird mit dem Betonraster deutlich Fachwerk nachempfunden. Mit Schwellen, Brüstungsriegel und Ständern greifen sie die typischen Merkmale auf. Auch die vorstehenden Erker zeigen sich als Zitat der Fachwerkbauweise. Die Gefache sind mit Fenstern oder mit einer Ausfachung aus Backsteinen gefüllt. Die einheitliche Reihung wird lediglich durch die unterschiedliche Färbung der Backsteine und ihrer Verfugung aufgelockert.

Die Durchbruchskrankheit

Um diese neuen Ansprüche an die städtebauliche Neuordnung umsetzbar zu machen, mußten die meisten alten Straßen verbreitert werden, waren Straßendurchbrüche und Platzerweiterungen notwendig. «Gewisse Geschäfts- und Wohnstraßen mußten verbreitert oder begradigt und hier und dort neue durchgebrochen, Plätze neugestaltet und in Wohnquartieren Licht und Luft geschaffen werden,» schreibt Stadtbaurat Haagen 1951 in der wiedererschienenen Zeitschrift «Alt-Hildesheim».
Diese Änderungen am Stadtgrundriß standen offensichtlich bereits unmittelbar nach der Zerstörung fest. Teilweise fanden sie erhebliche Kritik, teilweise wurden sie als notwendig akzeptiert oder sogar begrüßt. Schon für «Alt-Hildesheim» lagen Pläne für Änderungen am Straßennetz vor, z.B. ein Durchbruch von der Schwemannstraße zur Scheelenstraße, um den «Flaschenhals der Altpetristraße» zu entlasten. Der Hohe Weg hatte als Hauptgeschäftsstraße am Südende nur einen beengte Zugang zum «Platz» (Pelizäusplatz). Der Pfaffenstieg wurde schon am Anfang des Jahrhunderts umgebaut.
Hildesheim hatte sich zwar aus einer Kreuzung von Handelsstraßen entwickelt, die Straßen dominierten jedoch nicht die Stadtstruktur. Der Hellweg (etwa der alte Verlauf der B1) durchquerte die Stadt nicht als Achse, sondern teilte sich nach der Innersteüberquerung. Einerseits folgte er dem Verlauf Am Steine – über den Domhof – Kreuzstraße – Pelizäusplatz, andererseits führte er über Alter Markt – Eckemekerstraße direkt auf Andreaskirche und

Abb. 7 Michaelisstraße 7, 8, 1953
Die Nummern 7 und 8 treten in der Flucht etwas zurück und sind ein Geschoß höher. Die Fassadengliederung geschieht jedoch auch hier durch dasselbe «Betonfachwerk». Offenbar ergänzten sich in dieser Fassadenarchitektur die Notwendigkeit nach einer rationellen Fertigung, die Technik der Betonskelettbauweise und die Möglichkeit einer formalen Anknüpfung an die Bilder des zerstörten «Alt-Hildesheim».

Andreasmarkt zu. In nordsüdlicher Richtung gab es außer der Verbindung Almstor – Almsstraße – Hoher Weg – Altpetristraße nur parallel dazu den Zug Osterstraße – Scheelenstraße – Pferdemarkt, der ebenfalls in die Altpetristraße mündete. Die Zingel lag schon außerhalb der Mauern.

Das Straßennetz war im Wesentlichen bezogen auf die verschiedenen Stadtteile mit ihren Zentren Alter Markt, Andreasmarkt/Andreaskirche, Markt/Jakobikirche, Neustädter Markt/Lambertikirche und Dom. Doch schon der Verlauf der Straßenbahn (1901), die Verlängerung der Osterstraße und das neue Stadtgebiet zum Bahnhof hin weisen auf eine Verlagerung dieser alten Bedeutung im Verlauf der Modernisierung im 19. Jahrhundert. Markt und Andreasmarkt lagen schon längst im Schatten der Geschäftigkeit. Die alten Zentren waren Bereiche geringer Intensität geworden. Der Warenumschlag wechselte vom (Markt-) Platz zur (Geschäfts-)Straße. Die Zunahme des Individualverkehrs war Folge und Ausdruck dieses Wandels, den man nach 1945 eher fördern als behindern wollte.

Solange die alten Häuser die alten Plätze säumten, solange war ihr Stellenwert unangefochten. Almsstraße – Hohe Weg – Altpertistraße war zwar die Hauptgeschäftsstraße, geriet aber wegen ihrer «Modernität» in keinen Bedeutungskonflikt mit den historischen Zentren.

In dem Moment des Verlustes der alten Häuser jedoch verwandelte sich diese relative Ausgewogenheit in eine Schieflage. Hoher Weg und Almsstraße beließ man konsequent als Hauptgeschäftsstraße, nachdem Überlegungen einer Verlagerung in die Zingel schnell wieder verworfen

Abb. 8
Andreasplatz 20, 1954

Das Gebäude schließt die Bebauung am nordöstlichen Ausgang des Andreasplatzes. Hier stand das wegen seiner malerischen Situation vielfach abgebildete «Pfeilerhaus». Die Fassade besaß kein Erdgeschoß, sondern stand auf drei Pfeilern mit einem breiten Durchgang. Die zerstörte historische Situation ahmt das neue Haus in abstrahierter Form nach. Die drei Pfeiler, die sechs Achsen und die Struktur des Fachwerkes werden als direktes Zitat übernommen. Selbst der kleine Verkaufskiosk hat sein Vorbild gehabt. Damit unterscheidet sich dieses Gebäude von der westlich anschließenden, wohl kurz zuvor fertiggestellten Bebauung, die zwar die städtebauliche Situation außerordentlich aufgreift, jedoch mit ihrem zum Teil verziertem Putz nicht die strenge Gliederung des Fachwerks fortsetzt. Der etwas neuere Bau im Osten (1956) zeigt dagegen einen ungebundeneren städtebaulichen Umgang, zitiert aber in den Fliesenflächen deutlich Fachwerk.

wurden. Dem konnte in den alten Zentren nichts entgegen gesetzt werden.
Diese Entscheidung zog notwendigerweise eine Änderung der Situation am Südende des Hohen Weges nach sich. Noch ohne den Gedanken an Fußgängerzone und «City-Center» mußte der Verkehr im Süden ankommen und abfließen können. Die (vermeintliche) Ideallösung bestand in einem Durchbruch vom ehemaligen Pferdemarkt (Zusammentreffen von Scheelenstraße, Judenstraße und Hohem Weg) zum Hindenburgplatz in die Goslarsche Straße in Verbindung mit einer erheblichen Verbreiterung der Schuhstraße, die dadurch eine völlig neue Wertigkeit bekam. War sie zuvor eine enge Handwerkergasse, wurde sie nun zum tragenden Teil der Ost-West-Achse durch Hildesheim. Dafür wurde auch die städtebauliche Situation Am Steine geopfert (übrigens, wie man seitens der Stadtverwaltung unterstrich, mit Billigung des Landeskonservators).[20]
Die Folge dieser Entscheidung war auch die Degradierung der alten Hauptstraßen Kreuzstraße und Alter Markt. Die Konzentration auf die neue Schuhstraße führte zu einer sehr späten, bis heute teilweise noch nicht abgeschlossenen Bebauung an Eckemekerstraße und Kreuzstraße.
Ähnlich, wenngleich auch nicht so folgenschwer, ist die Verlegung der Rolandstraße/Kardinal-Bertram-Straße und der neue Anschluß der Wollenweberstraße über den Hindenburgplatz an die Zingel zu bewerten. Diese geplante Nord-Süd-Achse wurde zwar durch die Teilzerstörung des Sültegeländes infolge des Neubaus vom Kennedydamm hin zur großen Ausfallstraße nach Norden noch bis in die 70er Jahre verfolgt. Den durchaus vorgesehenen Durchbruch nach Süden durch die Wallanlagen in Verlängerung der Wollenweberstraße scheute man dann aber doch.
Dabei hörten sich die Absichten des Bauamtes 1951 ganz anders an: «Bei allem aber sollte das Grundgefüge, das alte Straßennetz, die alten, durch Jahrhunderte hindurch den Generationen vertraut gewordenen räumlichen Zusammenhänge der Altstadt gewahrt bleiben.»
«Nicht nur aus Gründen der Wirtschaftlichkeit ... sondern auch aus Gründen der Tradition sollte der überkommene Stadtgrundriß mit dem Netzwerk der alten Straßenzüge beibehalten werden, so ähnlich, wie auch geplant war, den Aufbau der alten Stadtsilhouette, die seit Jahrhunderten die Landschaft beherrschte, zu behalten. Die räumlichen, städtebaulichen, wirtschaftlichen und strukturellen Beziehungen der einzelnen Stadtquartiere zu ihren Schwer-

punkten, Kirche, Rathaus, Marktplatz, Hauptgeschäftsstraßen usw., sollten weitgehend erhalten bleiben.»[21]
Trotz solcher vollmundigen Erklärungen des Bauamtes, in das alte Straßennetz, somit in die alte Stadtstruktur, nur ganz wenig einzugreifen, zeigt sich in den tatsächlichen Veränderungen ein Konzept, das nur rudimentär auf Alt-Hildesheim Rücksicht genommen hat. Die Wirkungen und Folgen halten entsprechend bis heute an! Am deutlichsten ist das am Pelizäusplatz zu spüren, der in keinster Weise Erinnerungen an seine alte Bedeutung als Verkehrsknotenpunkt weckt.
Geplant war auch eine Fußgängerquerverbindung vom Liebesgrund über die Mittelstraße durch die ehemalige Peemöllerpassage, über die Jakobistraße durch die Passage hin zur Theaterstraße, weiter über Theatergarten, Steingrube und Scharnhorstschule hin entlang der Windmühlenstraße zum Galgenberg.[22] Außer den Passagen und der Begrünung von Steingrube und Theatergarten ist von der Idee wenig umgesetzt worden. Der Bereich um die Arnekenstraße liegt heute noch eher brach und die Unterführung der Goslarschen Straße zerstörte auch diesen Gedanken nachhaltig.
Ähnliches gilt für die Umgrenzungen der alten Stadtbereiche und der Gesamtstadt. Die Wehranlagen und Stadtmauern, die Mauern der Domburg und seiner Vorbereiche und viele andere Mauerzüge entlang von Straßen prägten auf einer anderen Ebene nicht nur das Bild von «Alt-Hildesheim», sondern auch die historische Stadtstruktur. Auf eine erkennbare Zäsur zwischen «innerhalb» und «außerhalb der Mauern» legte man beim Neuaufbau keinen erkennbaren Wert. Im Gegenteil, es wurden an vielen Stellen, wie zuvor schon zwischen Almstor, Ostertor und Bahnhof, neue Brücken über alte Grenzen hinweg geschlagen.
All diese Veränderungen blieben nach 1945 nicht unwidersprochen. «Verkehrseingriffe in Verbindung mit einem auf Raumwirkung zielenden Städtebau zerstören oft das einzig Wertvolle an unseren zerbombten Städten, ihren alten Grundriß», stand 1948 in der Zeitschrift «Baurundschau». Nowak prangerte die eingeleiteten und geplanten Veränderungen am Stadtgrundriß als «Durchbruchskrankheit» an: «Es ist empörend, daß das Tiefbauamt allmählich die alte Stadtmauer, von der noch beträchtliche Reste erhalten waren, zu Schotter verarbeitet, nur weil sie gerade den Baustellen nahe liegt. An Trümmern fehlt es hierzulande doch weiß Gott nicht. Bevor man die Stadtmauer zerschlägt, sollte man sich Gedanken darüber machen, ob und wie sie sich in das neue Stadtbild einfügen ließe. Wir stimmen hier mit dem Konservator überein, der Alt-Hildesheim als «Stadt der Mauern» bezeichnete und möglichst viel davon im Straßenbild erhalten sehen will. Damit sind wir schon beim Stadtbild angelangt, das am Stein ganz erheblich infolge der «Durchbruchskrankheit» bedroht ist, als ob ein neues Stadtbild gar keine Kurve mehr vertrüge. Daß die Herren am Verwaltungstisch keine Erinnerungsbilder an

Abb. 9
Hoher Weg 34

An vielen Stellen der Innenstadt entstehen im weiteren Verlauf der 50er Jahre Wohn- und Geschäftshäuser. Das Gebäude Hoher Weg 34 repräsentiert einen Baustil und eine Fassadengestaltung, wie sie sich in Hildesheim entwickelt hat. Die typischen Merkmale sind: Traufenständigkeit, braun-rote Ziegelbedachung, Betonfachwerk mit Backsteinausfachung und ein unsymmetrisch stehender Erker. Dieser Gebäudetyp ist in zahlreichen Variationen in Hildesheim häufig anzutreffen. Er kann als spezifisch für Hildesheim angesehen werden.

Abb. 10
Hoher Weg/Ecke Andreasplatz

Die Kirchtürme sind nach den Neuaufbau Orientierungspunkte. Die grünspan-grünen Dächer von Dom, St.Michael und St.Andreas korrespondieren miteinander. Es wurde besonders darauf geachtet, daß Sichtachsen auf die Kirchen unverbaut blieben, selbst im Zentrum. Die gesamte Neubebauung sollte sich ihnen durch eine relativ geringe Höhe und durch die rotbraunen Satteldächer unterordnen. Heute ist der Turm der St.Andreas-Kirche unangefochten die Dominante im Stadtbild. Der Wiederaufbau war lange nicht sicher. Zahlreiche Stimmen plädierten für einen vollständigen Abriss der zerstörten Kirche.

Alt-Hildesheim haben, nehmen wir ihnen nicht übel. Aber es gibt fast 70000 Hildesheimer, die solche Bilder haben und sie wehren sich mit Leidenschaft dagegen, daß man nun versucht, die letzten Noten der Erinnerung aus Stadtbild und Straßennetz auszuradieren.»[23]
Das Abweichen von der alten Stadtstruktur brachte erhebliche Folgen mit sich. Noch heute ist der Bereich Zingel Bahnhofsallee – Kennedydamm – Pieperstraße städtebaulich ungelöst. An der Verkehrsführung und -lenkung wird immer noch experimentiert. Die Kaiserstraße zerschneidet die Stadt. Am Rosenhagen stehen Alt- und Neubebauung wenig aufeinander bezogen gegenüber. An den meisten Stellen ist das Ziel einer «organischen Verbindung» von alt und neu nicht erreicht worden.
Besucher und Bewohner von Hildesheim, die "Alt-Hildesheim" nicht kennen, verstehen die Struktur der Stadt nicht. Ihnen begegnet Hildesheim als geplante Stadt der 50er Jahre mit einem Bestand von bedeutungsvollen Denkmalen. Die alte Stadtstruktur, insbesondere die Struktur der alten Hauptstraßen, erschließt sich ohne längeres Studium kaum.

Kein Platz

Die Gewohnheit, vom «Straßennetz» zu sprechen, läßt leicht vergessen, daß zu dem System der öffentlichen Freiräume neben den Straßen auch die Plätze gehören. Die Beobachtung des historischen Stadgrundrisses zeigt denn auch eine erstaunliche Zahl von Plätzen oder platzartigen Räumen.
Neben den bekannten Plätzen innerhalb «Alt-Hildesheims» – Andreasplatz, Markt, Neustädter Markt – sind der Pelizäusplatz (Platz), der Pferdemarkt, der Platz Am Steine, der Platz am Lappenberg, der Domhof, der Michaelisplatz, der Lambertsplatz und der Godehardsplatz mehr oder weniger aus dem Bewußtsein verdrängt. Insbesondere liegt der Pelizäusplatz, obwohl zuvor Treffpunkt der Straßenbahnen und Verteiler in die verschiedenen Stadtbereiche, völlig degradiert und unbeachtet da. Es kam anders und sogar weitreichender, als Nowak 1948 befürchtete:
«Mit melancholischem Pfiff rollt die Lokomotive der Trümmerbahn über die Friesenstraße. Wir betreten den Pelizäusplatz. hier riecht es nach Bausperre. Schon vor zwei, drei Jahren hörte man davon, daß der Spiegel des Platzes gesenkt werden solle. Wir wissen nicht, ob es noch zu dieser Bodenbewegung kommen soll. Die göttliche

Vorsehung in Gestalt der Währungsreform wird da schon einen Riegel vorschieben. Aus der malerischen Altpetristraße ist das Bett einer breiten, sehr breiten Straße geworden. Diese wäre städtebaulich sehr eindrucksvoll. Sie würde nämlich die Kreuzkirche vollends zur Flurkapelle degradieren und ihr jeden monumentalen Charakter rauben.»[24]

Wenig aufgegriffen und zum Teil sogar zerstört wurden auch die zahlreichen platzartigen Straßenerweiterungen und die Platzräume an den Straßenkreuzungen «Alt-Hildesheims»:

- Hoher Weg zwischen Andreasplatz und Markt
- Kreuzung Kurzerhagen, Almsstraße, Marktstraße, Hoher Weg
- Kreuzung Kurzer Hagen, Langer Hagen
- Kreuzung Rolandstraße, Eckemeckerstraße, Poststraße
- Kreuzung Kläperhagen, Kreuzstraße, Brühl
- Kreuzung Bohlweg, Kreuzstraße, Hückedahl

Diese Straßenaufweitungen und windmühlenartig versetzten Straßenachsen trugen nicht unerheblich zum bekannten Stadtbild «Alt-Hildesheims» bei. Am Hohen Weg sind ihre Grundstrukturen in den Baufluchten noch erhalten. Die Geschäfts-»Straße» zieht jedoch achtlos über sie hinweg. An anderen Stellen sind sie dem Autoverkehr oder einer neuen Baustruktur geopfert worden.

Dafür entstanden, geplant oder ungeplant, an anderen Stellen neue Freiräume. Der Rosenhagen zeigt derzeit eine platzartige, aber undefinierte Situation. Um die Arnekenstraße sind große Flächen unbebaut. Der Bereich Am Steine vor dem Museum ist wesentlich vergrößert worden. Der Ratsbauhof war bis vor kurzem unbebaut. Hinter dem Rathaus ist der Platz An der Lilie neu geschaffen worden. Die Entwicklungen um den Marktplatz sind hinreichend bekannt.

Es fällt auf, daß bis heute den Plätzen und dem Umgang mit ihnen wenig Aufmerksamkeit geschenkt wurde. Ein Grund hierfür läßt sich nur in der Fixierung auf den Verkehrsfluß finden.

Abb. 11
«Hochturm Blankenburg», Schuhstraße 34, 1956-59

Der Blick vom Dom in das Zentrum der Stadt zeigt den «Hochturm Blankenburg» als städtebaulich markanten Punkt. Er ist eines der Bauwerke, in denen «das moderne Leben ... voll zum Ausdruck kommen» sollte, «mit einer großstädtischen Note». Die Blankenburg markiert den neuen Endpunkt der Hauptgeschäftsstraße Almsstraße/Hoher Weg. Im Vordergrund steht ein Giebel des alten Regierungsgebäudes, darüber sind die heutigen Parkplatzflächen und niedrigen Häuser im Bereich Kläperhagen und Kantorgasse, dahinter die rückwärtigen Fassaden der Schuhstraßenbebauung zu erkennen. Die jetzige städtebauliche Situation ist das Ergebnis des Durchbruchs der Schuhstraße vom Bohlweg bis zum Hindenburgplatz. Dadurch stieg die Schuhstraße, vor der Zerstörung eine kleine Gasse, zur Hauptstraße auf, die Kreuzstraße, ehemals Hauptverkehrsstraße, sank zur Nebenstraße ab. Dadurch kam es zu einer weitreichenden Verschiebung der Wertigkeiten gegenüber dem historischen Stadtgefüge.

Altes mit Neuem zu verbinden

Der Zerstörung sind neben dem Straßennetz nur wenige Backsteinhäuser und im wesentlichen, wenn auch schwer zerbombt, die Kirchen, das Rathaus und das Tempelhaus entgangen.
Die Kirchen waren in Alt-Hildesheim nicht nur bedeutende kunst- und bauhistorische Monumente, sondern auch Kernpunkte der Stadtentwicklung. Ihre Türme und hohen Dächer gaben zudem der Stadt ihre Silhouette.
Nach der Zerstörung waren sie in der Trümmerlandschaft manchmal die einzigen Orientierungspunkte und somit der einzige tatsächliche Anker zum untergegangenen Hildesheim. Der Wiederaufbau der Lambertikirche, insbesondere der Andreaskirche schien über eine längere Zeit ernsthaft in Frage gestellt. Letztlich erhielten sie aber bei allen Planungen einen besonderen Stellenwert, der sich noch heute im Stadtbild deutlich zeigt. Im Wettbewerb für den Neuaufbau stellten sie, wenn auch in deutlicher Abstufung, städtebauliche Vorgaben: «Der ganze Wettbewerb ist die Frage nach der Lösung des Problems «Wie stellt man Dominanten wie St. Michael in die neu entstehende Stadt hinein?» Damit dürfte geklärt sein, daß es gerade um die organische Verbindung von alt und neu geht.»[25]
Die «organische Verbindung» schien sich in erster Linie darin auszudrücken, daß sich das Verkehrsnetz und das Netz der Kirchen nicht gegenseitig störten. Die Position der Kirchen nahm dann aber an mehreren Stellen doch deutlichen Einfluß auf die Kubatur der Bebauung, indem Sichtachsen freigehalten wurden und sich die Bebauungshöhe insgesamt deutlich beschränkte. Die Kirchen wurden als Teil des Stadtbildes akzeptiert und integriert. Sie waren letztlich die Garanten für das immer wiederholte Ziel, an «Alt-Hildesheim» anzuknüpfen.
«Die alten städtebaulichen Dominanten sind jetzt verstärkt sichtbar geworden: bei der Einfahrt von Osten, über die Goslarsche Straße, z.B. der Blick auf St. Andreas, St. Michael und St. Mauritius; von Westen her auf die alte Stadtmauer und die Baugruppe von St. Magdalenen und St. Michael – das war früher alles zugebaut. Auch die Öffnung zum Getürm von St. Michael hin, zwischen Huckup und Goldschmied Blume, wurde neu geschaffen. Das war teuerster Baugrund!»[26]
Die Rolle der Kirchen als Bedeutungsträger in der neuen Stadt wurde gestützt durch die optische Beziehung der Turmdächer zueinander. Ihr Grünspan steht im Kontrast zu den roten Ziegeldächern, die fast alle Neubauten programmatisch erhielten, und überragen diese nahezu ohne Konkurrenz.
Allerdings wurde hierfür auch ein Preis bezahlt. Trotz aller Bemühungen besteht der Eindruck, daß die Kirchen ihre alte zentrierende Kraft auf ihren jeweiligen Stadtbezirk erheblich zugunsten einer erweiterten übergeordneten Aufgabe eingebüßt haben. Letztlich war das sogar erklärtes Ziel der Stadtplanung: «Es sollte ja nicht ein gänzlich neues Stadtbild ohne Verbindung zu dem, was hinter uns liegt, entstehen, sondern ein «Neues, das sich aus den erweiterten Elementen des Vergangenen gestaltet.»[27]

Im traditionalistischen Sinn

«Gestalten heißt die Aufgabe, nicht einreißen! und wer nicht gestalten will oder kann unter Einfügung der alten Werte in die neue Formen, der muß seine Bemühungen in Hildesheim einstellen.»[28]
An ganz anderer Stelle erfüllte sich der Imperativ, Alt und Neu zu verbinden. Die schließlich nach 1948 langsam, dann rasant entstehenden neuen Häuser griffen wie selbstverständlich «alte» Formen auf. Die Fassaden des «Jakobi-Viertels», einer der ersten Bereiche des Neuaufbaus, wurden durch vielerlei Bauteile gegliedert, die das Bewußtsein in dieser Situation widerspiegeln.

Die Fenster wurden mit Profilen aus Putz und Waschbeton eingefaßt und unterschiedlich gruppiert. Die Traufhöhen sind dem Gelände folgend leicht abgetreppt, risalitartige Eckausbildungen und Unterbrechungen ergeben mit Lauben und Durchfahrten eine qualitätvolle Struktur. An exponierten Stellen wurden Giebeln und Fassaden Standerker aus Waschbetonelementen vorgeblendet oder sogar Utluchten mit seitlichen Fenstern vorgestellt.
Diese historisierenden Elemente zeigen auf der einen Seite durchaus einen deutlichen Bezug zu «Alt-Hildesheim». Die Utluchten waren charakteristisch für zahlreiche Renaissancehäuser, insbesondere für die Fachwerkhäuser, deren Fachwerkstruktur durch die Waschbetonelemente sorgfältig nachempfunden wurden. Feinsinnig ist sogar die Durchbildung der Ausfachungen je nach städtebaulicher Bedeutung mehr oder weniger reich kassettiert.
Auf der anderen Seite führen sie den für die 30er und 40er Jahre typischen unspezifischen Historismus und heimattümelnden Stil fort. Der ganze Duktus des Jakobi-Viertels

und auch des Neubaubereiches Neue Straße/Brühl atmet noch in vollen Zügen den städtebaulichen Geist von Wolfsburg und Salzgitter.
Die Zeitgenossen scheinen durchaus positiv beeindruckt. Stadtarchivrat Dr. Rudolf Zoder zumindest beschreibt in seinem "Neuen Führer durch Hildesheim" schon 1952 respektvoll die Wohnungsneubauten in der zerstörten Altstadt, ohne allerdings den Bezug zu «Alt-Hildesheim» zu reflektieren:
«Der Beamten-Wohnungs-Verein begann den Wiederaufbau des «Jakobiviertel» Mitte März 1950, am 30. August desselben Jahres waren bereits die ersten 3 Häuser mit 24 Wohnungen, knapp ein Jahr später ... alle Wohnungen des ausgedehnten Wohnblocks bezogen. Der Architekt, Wilhelm Fricke, hat sich von dem Gedanken leiten lassen, nachdem die alten West-Ost-Straßen um 90 Grad in die Nord-Süd-Richtung gedreht waren, möglichst vielen Wohnungen Sonne zu geben und trotz der Vielzahl der Häuser, die im allgemeinen je 8 Wohnungen enthalten, allzu deutlich kasernenmäßige Gleichgesichtigkeit zu vermeiden, indem die Traufenhöhen abgestuft, hier und da eine Giebelwand hervorgehoben oder in die langen Fronten hier ein Laubengang, dort ein Erker und da ein Türmchen, Abwechselung schaffend, eingefügt wurden. Viel Luft zwischen den Straßenzeilen und Grünflächen hinter den Häusern mit Spielplätzen waren Selbstverständlichkeiten, und so ist ein Ganzes entstanden, das, bei aller aus Gründen der Kostensenkung und erschwinglichen Mietpreisgestaltung genormten Gleichförmigkeit im Innern, im äußeren Bilde doch eine gewisse Individualität des einzelnen Hauses wahrt, die vom Standpunkt des Städtebauers aus so erwünscht ist. Es kann daher mit gutem Recht gesagt werden, daß der Hildesheimer Versuch von mehr als örtlicher Bedeutung ist!»[29]
Ähnlich und formal doch ganz anders entstand um die Andreaskirche das neue Andreas-Viertel. Die Gemeinnützige Baugesellschaft wurde an dem Forschungsvorhaben «Projekt Innenstadt II» zum Neubau des Bereiches westlich der Andreaskirche bis zur Rolandstraße beteiligt. Die Bebauung zum Andreasplatz selbst hin hat in der Fachwelt des gesamten Bundesgebietes große Beachtung gefunden. In zahlreichen Broschüren und Veröffentlichungen wurden die Bilder der Neubebauung der historischen Situation mit dem Pfeilerhaus gegenübergestellt: «Der Wiederaufbau an der Andreaskirche mit den Mitteln unserer Zeit, in Stein und Beton ausgeführt, ist der früheren städtebaulichen Situation nachempfunden.»[30]
Zoder beschreibt das Ergebnis ausführlich: «Das Augenfälligste aber an dieser Neubebauung eines mittelalterlichen Altstadtkerns, dessen Hofräume durch die lediglich von Nützlichkeitserwägungen diktierten An- und Umbauten des 19. Jahrhunderts zu licht- und luftlosen Schächten entstellt waren, ist die im Gegensatz dazu bewußt gepflegte Weiträumigkeit der Gesamtanlage: zwischen den Wohnblöcken ziehen sich ausgedehnte Grünflächen hin, die Schmuckplätze mit Rosen und Rhododendron- und anderen immergrünen Anpflanzungen ebenso in sich schließen wie ausgebaute Kinderspielplätze mit Sandkasten, Karussell und Wippe, und Ruhebänke im Windschatten einer Abschlußmauer unter Pergolen für die Älteren bereitstellen.»[31]
Das abstrahierende Zitieren vom Pfeilerhaus im Besonderen und den deutlichen Anklängen der Betonstruktur an die Fachwerkbauweise kannte Zoder zu diesem Zeitpunkt noch nicht. Das Andreas-Viertel wurde als angenehm modern empfunden. Aus heutiger Sicht ist allerdings weniger das Moderne augenfällig, als vielmehr die formale und funktionale Nähe von Betonskelett und Fachwerk.
Noch deutlicher zeigt sich solches Betonfachwerk auf der anderen Seite der Kardinal-Bertram-Straße (ehemals Rolandstraße) Ecke Langer Hagen und in den oberen Bereichen der Michaelisstraße, hier sogar mit einer ganzen Staffelung von Erkern und einer sensiblen Abstufung der Backsteinfarben und der unterschiedlich gefärbten Fugen in den Ausfachungen.
Auch entlang des Hohen Weges sind noch heute viele Fassaden mit fachwerkähnlichem Betonraster oder Fliesenmuster zu entdecken, teilweise sogar mit vorspringenden Erkern. Diese unterscheiden sich deutlich von anderen Bauauffassungen, wie z.B. die Ratsapotheke, die zwar auch verzierte Erker und mittelalterliche Spolien aufweist, insgesamt aber typisch im Sinne der 40er Jahre gehalten ist.
Am Wohl entstand nach «Bereinigung von Grundverhältnissen» eine Siedlung kleiner Reihenhäuser mit den schon bekannten Zierteilen aus Waschbeton, die sogar eine leichte Vorkragung zwischen den niedrigen Geschossen bekamen.
Eine besonders reizvolle Situation dieser historisierenden Architektur findet sich am oberen Ende der Neuen Straße. In unmittelbarer Nähe der einzigen erhaltenen Fachwerkhäuser vermittelt eine Folge kleiner Häuser zu der umliegenden Blockrandbebauung. Das Ende dieser Zeile ziert eine Utlucht aus Waschbeton mit bleiverglasten Fenstern. Ihr auffällig geschweifter Giebel wiederholt sich auf der

Rückseite des hohen Mietshauses an der Ecke zur Wollenweberstraße. Dazwischen schließt eine Fachwerkwand mit geschnitztem Portal den Innenhof.

Das moderne Hildesheim

Der historisierenden Architektur wurde mit gezielter Absicht moderne Architektur entgegengesetzt. Baudirektor Haagen beschrieb das 1958 so: «Am Bahnhofsplatz, am Almstor, am Hindenburgplatz, in den Hauptgeschäftsstraßen, sollte das moderne Leben voll zum Ausdruck kommen, durchaus auch, wenn man so will, mit einer großstädtischen Note, mit größerer Weiträumigkeit und größeren Maßen der Baukörper.»[32]
Internationalen Einflüssen begann man sich aber nur sehr zögerlich zu öffnen. Die öffentlichen Neubauten an der Peripherie, z.B. Industrie- und Handelskammer, Versorgungsamt, Finanzamt, sind noch sehr blockhaft und monumental und können sich der Prägung durch die Architekturideale der 30er und 40er Jahre nicht entziehen.
Einige Bauwerke, wie das Tessnerhaus am Hohen Weg, knüpfen wiederum eindeutig an die Moderne der 20er Jahre an. Nur wenige Fassaden gewinnen aber eine Leichtigkeit. Zeigenössisch-moderne Architektur ist in Hildesheim eher selten und nur Weniges, wie die Scharnhorstschule, ist «preisgekrönt».

Man verwies gern auf den gewollten Mittelstadtcharakter, dessen Vorzüge immer wieder herausgestellt wurden.[33] «Wie am Bahnhofsplatz der hohe Baukörper der Post, so sind an verschiedenen anderen Schwerpunkten, wie am Hindenburgplatz, an der Schuhstraße, an der Kreuzung Kaiserstraße/Bahnhofsallee städtebauliche Akzente durchgeführt oder geplant worden. Sie trachten in der Bemessenheit ihrer Baukörper Rücksicht zu nehmen auf den mittelstädtischen, das zugrunde liegende Wesen einer Altstadt nicht verleugnenden Charakter unserer Straßenräume und auf die Absicht, die alten Kirchen mit ihren Türmen wie früher dominieren zu lassen.»[34]
Doch hier, 1958 in einer Ausgabe der Zeitschrift «Der Bau und die Bauindustrie», klingen die Äußerungen zur Rücksichtnahme auf den Genius Loci fast schon wie Entschuldigungen. Die zahlreichen Abbildungen von Plänen und Modellen und bereits errichteten Gebäuden zeigen ausschließlich «moderne» Architektur. Die «organische Verbindung von alt und neu» paßt hier nicht mehr. Andreasplatz und Jakobi-Viertel waren offensichtlich schon 1958 nicht mehr modern genug.
Erst in den späteren 50er Jahren beginnt auch in Hildesheim die Architektur etwas «lockerer» zu werden. Sie bringen zwar «erfrischend unkomplizierte und innovative Architekturleistungen» auch in Hildesheim mit sich[35], auf den schon wesentlich früher eingeschlagenen Weg des Neuaufbaus von Hildesheim konnten sie allerdings ihre erfrischende Wirkung nicht entfalten.

Anmerkungen

1 zum Beispiel «Liebeserklärung an eine junge Stadt mit (ur)alter Geschichte Hildesheim, Hrsg. Stadt Hildesheim, Presse und Informationsabteilung, 1995.
2 Kat. Hildesheim 1993.
3 Lange 1985, S. 85-115.
4 Aden 1994.
5 Die Zahlen wurden aus verschiedenen Veröffentlichungen entnommen und zusammengetragen.
6 Nowak 1948I, S.14.
7 Lange 1985, S. 85.
8 siehe hierzu auch: Lange 1985, S. 89-93.
9 Köhler 1924.
10 siehe hierzu auch: Lange 1985, S. 96
10a Lange 1985, S. 85
11 Nowak 1948II.
12 Stadtverwaltung Hildesheim.
13 Nowak 1948I.
14 Karpa 1955.
15 Haagen 1955, S. 139.
16 Zoder 1952, S. 86.
17 Haagen 1955, S. 135.
18 ebenda, S. 136
19 Zeller 1912, S. IV.
20 Stadtverwaltung Hildesheim, S. 11.
21 Haagen 1955, S. 135.
22 Haagen 1958, S. 8.
23 Nowak 1948II, S. 9.
24 Nowak 1948II, S. 4.
25 Stadtverwaltung Hildesheim, S. 22.
26 Kat. Hildesheim 1993, S. 56
27 Haagen 1955, S. 135.
28 Nowak 1948II, S. 8.
29 Zoder 1952, S. 84-86.
30 Wiederaufbau St.-Andreas-Kirche.
31 Zoder 1952, S. 87.
32 siehe hierzu auch: Lange 1985, S. 98.
33 Hans Otto Hügel, Von der Mittelstadt zur Großstadt, in: Kat. Hildesheim 1993, S. 65-71.
34 Haagen 1958, S. 4.
35 Martin Thumm, Gedanken zur Architektur des Wiederaufbaus, in: Kat. Hildesheim1993, S. 21.

Ulrich Knapp

Zerstörung und Wiederaufbau des Hildesheimer Domes

Die Zerstörung des alten Domes

Der schwere Bombenangriff auf Hildesheim in den Mittagsstunden des 22. März 1945 führte auch zu einer nahezu vollständigen Zerstörung des Dombezirks. Als am Nachmittag dieses Tages die lichterloh brennende Vierungskuppel des Domes zischend zu Boden stürzte und mit ihr die wenigen noch aufrecht stehenden Reste des Hildesheimer Domes vollends ihrer Dächer beraubt wurden, war eines der Wahrzeichen der Stadt in seiner materiellen Substanz für immer zerstört. Alle Maßnahmen zum Schutz des Domes wie auch der anderen Kulturdenkmäler der Stadt vor der restlosen Zerstörung bei Luftangriffen waren erfolglos geblieben. Dabei reichen die entsprechenden Anordnungen sehr weit zurück. Bereits in einer Verordnung der Städtischen Gas- und Wasserwerke Hildesheim vom 29. November 1932 werden Vorbereitungsmaßnahmen für den Luftschutz angeordnet.[1]

Spätestens im Juni 1940 wurden für den Dom und seine Kunstschätze konkrete Luftschutzmaßnahmen durchgeführt. Am 24. Juni 1942 berichtet das Domkapitel dem damaligen Provinzialkonservator Deckert, daß die beweglichen Kunstschätze aus dem Dom in einer Stahlkammer bomben- und feuersicher untergebracht worden seien. Sorge habe man indes um die Bronzetüren, die Christussäule und um das bronzene Taufbecken.[2]

Am 4. September 1940 ordnete das Staatshochbauamt Sicherungsmaßnahmen gegen Bombensplitter für die Bronzetüren und das Taufbecken an. Es sollte die zweckmäßigste und billigste Form gewählt werden. Vorgeschlagen wurde eine Sicherung durch zwei Wände von 51 cm Stärke, die hinter der Haupteingangstüre zum Westparadies und hinter der Bronzetüre errichtet werden sollten. Man ging davon aus, so das Paradies zu einem splittersicheren Raum umgestalten zu können, in dem man auch das Taufbecken unterbringen könne.[3] Noch Anfang Oktober 1940 rügte das Domkapitel gegenüber dem Staatshochbauamt, daß die Luftschutzmaßnahmen nicht ausreichend seien. Das Taufbecken stehe in dem kleinen offenen Raum unter der alten Schatzkammer zwischen Domgruft und Pietàaltar und bei der Türe sei die Vorderseite nur indirekt geschützt.[4] Im Herbst des darauffolgenden Jahres werden im Westparadies die Bronzetüren, das Taufbecken, der Passionsaltar aus St. Michael (sog. Elfen-Altar) und die wertvollsten Gobelins, auf einen Holzkern aufgerollt und in Ölpapier verpackt, untergebracht.[5] Die beweglichen Kunstschätze waren in den bereits genannten Stahlkammern eingelagert. Im Falle der Bernwardsbibel schlug der damalige Provinzialkonservator Deckert vor, die erste Seite aufgeschlagen zu lassen, diese zum Schutz vor Schmutz aber mit Seidenpapier abzudecken. Er riet zudem zu wei-

Abb. 12 Das Westwerk des Domes von Südwest vor 1945

teren Sicherungsmaßnahmen: die Nischen und Baldachine am Nordwest-Portal durch Sandpackungen zu schützen, ebenso den Tumbendeckel des Presbyters Bruno. Die Madonna von der Nordost-Ecke des nördlichen Seitenschiffes sollte ebenso wie die Egell-Figuren in das Westparadies gebracht werden. Problematisch beurteilte er die Möglichkeit von Schutzmaßnahmen für die Christussäule und den Lettner. Bei der Säule kam er zu dem Schluß, daß sie durch die Außenmauern des Domes so gut als möglich geschützt sei, ein Schutz gegen einen Volltreffer sei aber unmöglich. Der Lettner könne, so Deckert, nur durch einen vollständigen Abbau geschützt werden. Da ein solcher aber nicht ohne Schäden möglich sei, sei davon abzusehen. Das Adlerpult solle in jedem Fall noch in Sicherheit gebracht werden. Eine Sicherung des Heziloleuchters sei jedoch nur möglich, wenn man ihn in einzelne Teile zerlege und an einen geschützten Ort bringe. Dieser wurde im April 1942 durch Joseph Bohland in zwei Teile zerlegt und in das Westparadies gebracht.[6]

Seit 1942 bestand in der Laurentiuskapelle eine Brandwache, im Südturm war ein Beobachtungsposten aufgestellt. Bei einer Überprüfung am 1. September 1942 wurde angeordnet, daß die Sandvorräte erheblich zu ergänzen und zusätzliche Wasserbehältnisse zu beschaffen seien.[7] Die Mitglieder des Domkapitels waren als Luftschutzwarte eingeteilt und mußten in Luftschutzwartuniform und mit Stahlhelm bei Fliegeralarm ihre Stellungen auf dem Südturm oder in der Laurentiuskapelle beziehen.[8]

Am 1. Juni 1942 setzte sich das Domkapitel mit dem Oberbürgermeister der Stadt in Verbindung, um einen sicheren Ort für die Bernwardstüren und die Christussäule zu erhalten. Man dachte dabei an den Kehrwiederstollen, für dessen Nutzung das Domkapitel auch einen entsprechenden Mietziens entrichten wollte.[9] Dem Anliegen des Domkapitels wurde entsprochen. Am 31. Juli 1942 gelangte ein Mietvertrag über die Nutzung des Kehrwiederstollens zur Sicherung der Bernwardstüren und der Christussäule um einen jährlichen Mietzins von RM 10,00 zum

Abb. 13 Der Dom von Süden, vor 1945

Abb. 14 Die Bernwardstüren werden aus dem Dom gebracht.

Abb. 15 Transport der Bernwardstüren in den Kehrwiederstollen.

Abschluß.[10] Die Bergungsarbeiten (Abb. 14, 15) wurden von der Zimmerei Borchard ausgeführt, die auch für den Auslagerungsort Splitterschutzkästen und Absperrgitter fertigte. Für den Transport der Bernwardssäule am 7. Juni vom Domhof zum Dysgraben wurden 2 Gespanne gestellt, für den am 22. Juni durchgeführten Transport eines Kronleuchters(?) ein Gespann und ein Rollwagen.[11] Die Lagerung in dem Stollen unter dem Kehrwiederwall war allerdings nicht optimal für die Bronzegegenstände, zu denen neben den Stücken aus dem Dom auch die Bronzetaufe aus St. Andreas gehörte.[12] Deckert befürchtete, daß es durch das von der Stollendecke herabtropfende Wasser, das sich dann auf den Kunstwerken ansammelt und nicht abtrocknet zu Schäden an deren Oberfläche kommen kann. Auf seine Veranlassung wurde daher ein zweiter Zugang zu dem Stollen geschaffen, um eine ausreichende Luftzirkulation zu ermöglichen.[13]

Zur Sicherung der fest eingebauten Kunstwerke wurden weitere Splitterschutzwände im Dom und im Kreuzgang errichtet, für deren Füllung zunächst aber kein Sand bereit stand.[14]

Eine Aufstellung des Domdechanten Stolte gibt Auskunft über die Auslagerungsorte (1942) der einzelnen Stücke:

1. Die bronzenen Bernwardstüren befinden sich in dem unterirdischen Gang unter dem Kehrwiederwall. Die Lagerschalen sowie die Laufrollen sind in der Stahlkammer unter dem Hause Domhof 15. Die Laufschienen liegen im Westparadiese.
2. Die Bernwardssäule ist geteilt untergebracht
   a. der Schaft in dem unterirdischen Gange wie oben,
   b. der Sockel in einem kleinen Gewölbe unter dem Josephinum,
   c. das Kapitell im Keller unter dem Kapitelshause,
3. Das Bronzene Taufbecken ist geteilt untergebracht
   a. das äußere Taufbecken in einem Gewölbe in Henneckenrode
   b. der Deckel im dritten Grabkeller unter der Seminarkirche
   c. der Mittelfuß sowie die vier tragenden Figuren in der Stahlkammer (Domhof 15), dort ist auch die Blume,
   d. die Innenschale unter dem Kapitelhause im Keller.
4. Die Figuren des Egell'schen Altares:
   a. die Figur des Joachim in der Kirche in Bettmar,
   b. die Figur der Mutter Anna in der Kirche in Dinklar, das Standbild der Immakulata in der Kirche in Dingelbe.
5. Der Heziloleuchter befindet sich in den Grabkammern der Familie Brabeck und Westphalen unter der Seminarkirche, zwei große und zwei kleine Türme sowie die Lichtertüllen und die kleinen Kugeln des Gestänges in der Stahlkammer (Domhof 15), das Gestänge in der Schatzkammer im Dome, die große Mittelkugel des Gestänges im Westparadiese.
6. Der Azelinleuchter befindet sich im dritten Grabgewölbe unter der Seminarkirche, das Gestänge in der Schatzkammer des Domes.
7. Die Wandteppiche des Chorgestühls liegen in Wachspapier eingerollt in der Domsakristei auf einem Schranke.
8. Die Wandteppiche des Rittersaales befinden sich in Wachspapier eingerollt zum Teil im Westparadiese, zum anderen Teile in der Domsakristei.
9. Die Wangen des Chorgestühls befinden sich gegen Staub in Papier gehüllt in der Domsakristei.
10. Die Steinfiguren des unteren Nordeinganges

a. die Verkündigungsgruppe im Totenkeller unter dem Josephinum
b. die beiden Bischofsskulpturen unter dem Kapitelshause
11. Von den Alabasterfiguren der Taufkapelle befindet sich eine im Totenkeller des Josephinums, die andere im Westparadiese.
12. Das Wandelkreuz aus der Domgruft ist in der Stahlkammer (Domhof 15).
13. Gotische Madonna aus der zweiten Südkapelle ist im Keller unter dem Kapitelshause, der dazugehörende Baldachin liegt im Westparadiese.
14. Der Kanzeladler befindet sich in der Stahlkammer (Domhof 27).
15. Eine Nachbildung eines Bernwardsleuchters und die Bernwardsbibel sind im Tresor der Magdalenenkirche.
16. Im Schließfach 1422 der Deutschen Bank in Hildesheim befinden sich:
1. die Nachbildung «Unserer leuen vrowen Hilghedom»
2. das keilförmige Reliquiar
3. die kleine Curvatur
4. vergoldetes Kreuz auf romanischem Fuß
5. der Gerhardskelch mit Patene
6. silber-vergoldeter Kelch (16 cm hoch)
7. silber-vergoldetes Pacificiale von 1467
8. kleine Kugel mit Edelsteinen
9. silber-vergoldete Krone mit Edelsteinen
10. silbernes Pacificiale
11. Elfenbeinkrümme zu einem Bischofsstabe
12. Brustkreuz des Bischofs Adamus
13. romanisches Kreuz
14. romanischer Corpus
15. 2 Vacanstaler
16. 2 Siegel
17. Brustkreuz des Bischofs Eduard Jacob
18. ein gotisches Versehciborium
19. kleine Versehmonstranz
20. Brillantfassung mit Stein aus der alten Monstranz
21. kleine goldene Patene
22. kleines vergoldetes Bernwardsdenkmal aus der Bischöflichen Curie.[15]

Wertgegenstände aus den Kurien waren ebenfalls in der Stahlkammer im Gebäude Domhof[15], in der Domschatzkammer und in der Domsakristei untergebracht.[16]

Die immer zahlreicher werdenden Luftangriffe auf deutsche Städte mit ihren verheerenden Folgen, insbesondere aber die Angriffe auf Hannover führten zu einer weiteren Verstärkung der Luftschutzmaßnahmen. So entschloß man sich trotz der unvermeidlichen Schäden den Domlettner abzubauen und auszulagern. Der Abbau erfolgte vom 24. Oktober 1942 bis zum 24. Februar 1943 durch den Hannoveraner Bildhauer Friedrich Buhmann.[17] Im Februar 1943 mußte auch das Wahrzeichen Hildesheims, die vergoldete Kuppel des Vierungsturmes über dem Dom getarnt werden, da man befürchtete, sie könne feindlichen Fliegerverbänden als Wegmarkierung dienen. Sie erhielt einen Überzug aus Gummistoff.[18]
Dennoch wuchs beim Domkapitel die Furcht, Teile der weltberühmten Kunstschätze könnten bei einem Fliegerangriff beschädigt oder zerstört werden. Daher veranlaßte Domdechant Stolte am 23. Oktober 1943 die Auslagerung der wichtigsten Stücke des Domschatzes an geheim gehaltene Orte. Über den Inhalt der 10 Kisten gibt ein von Stolte aufgestelltes Verzeichnis Auskunft.[19] Die Stücke wurden von Joseph Bohland in Seidenpapier eingeschlagen und in Zinkkisten eingepackt, deren Deckel verlötet wurden. Zum Schutz vor Erschütterungen waren diese Kisten mit Glaswolle ausgefüllt. Die verlöteten Zinkkisten wurden mit Parafin überzogen und in passend gezimmerte Holzkisten gesetzt, die aus imprägniertem Holz bestanden.
Weniger empfindliche Stücke, wie etwa die aus der Mitte des 12. Jahrhunderts stammenden Reste des Gipsestrichbodens (Niello-Fußboden) aus dem Domchor sollten zur Sicherung vorerst in Altarunterbauten verwahrt werden.[20]
Im Sommer 1944 wurden zusätzliche Brandschutzmaßnahmen an den Domtürmen und den Dachstühlen ergriffen, deren Öffnungen mit Heraklit und mit Asbestzementplatten geschlossen werden mußten. Die Hölzer des Dachstuhles wurden mit einem flammenhemmenden Anstrich versehen, alle Holzböden mußten mit einer Sandschicht bedeckt werden.[21]
Nicht alle Kunstgegenstände am Dom unterfielen solchen Schutzmaßnahmen. So wurden auch vom Hildesheimer Dom die meisten Glocken von den Türmen heruntergeholt um sie für die Rüstungsindustrie einzuschmelzen. Am 15. Oktober 1942 wurde die größte Glocke des Hildesheimer Domgeläutes, die 1875 gegossene Canta bona nach Wilhelmshaven transportiert. (Abb. 16, 17).
Als am 22. März 1945 fünf Brand- und Sprengbomben den Dom trafen, erwiesen sich alle diese Maßnahmen als wir-

links:
Abb. 16 Die Canta bona wird am 15. Oktober 1942 vom Westwerk herabgeholt

oben:
Abb. 17 Die Canta bona wird zum Transport nach Wilhelmshaven vorbereitet

kungslos. Während des Angriffs befanden sich Generalvikar Offenstein, Domkapitular Uhrig und Dompfarrer Holze im Nordturm, Pastor Ludewig, Frau Döring und Domvikar Haller im Südturm. In der Sakristei hielten sich neben anderen Dechant Böker und seine Schwester, die «Damen» Offenstein, Frau Holze, Domglöckner Waldmann, der Domwächter und als jüngster Adalbert Sendker auf.[22]

Acht Bomben gingen im Dombereich nieder, davon schlugen zwei in der zweiten Kapelle des nördlichen Seitenschiffes (von Westen gezählt), eine am Anschluß der nördlichen Seitenschiffwand an die Querhauswestwand, eine im Bereich der Querhaussüdwand und eine im Chorhaupt ein. Drei Bomben detonierten unmittelbar neben dem Dom.[23] Vollkommen zerstört war die nördliche Mittelschiffwand (Abb. 19). Der nördliche und der westliche Vierungsbogen waren eingestürzt. Von dem nordöstlichen Vierungspfeiler standen nur noch geringe Reste. Von der nördlichen Kapellenreihe, die zwei Volltreffer erhielt und durch eine unmittelbar vor der zweiten Kapelle detonierten Bombe weiter in Mitleidenschaft gezogen worden war, standen nur noch geringe Reste der Außenmauern des nordwestlichen Portalvorbaues (Abb. 20) und der dritten und vierten Kapelle. Am Nordparadies war der Dachstuhl zerstört, das Gewölbe über dem Erdgeschoß blieb jedoch aufrecht stehen. Die Querhaussüdwand war wie die Querhauswestwand eingestürzt, die Querhausostwand stand teilweise noch bis in Traufhöhe. Gleiches gilt vom Chor, doch war hier das Apsisrund durch einen Volltreffer gesprengt, das Mauerwerk etwa in der Mittelachse auseinandergerissen und die Wand oberhalb des Chorscheitelfensters eingestürzt. Das Gewölbe der Krypta hat den Belastungen durch die herabstürzenden Trümmermassen standgehalten, ebenso wie das Gewölbe der Laurentiuskapelle. Vollkommen zerstört wurden hingegen die alte Sakristei und die alte Schatzkammer. Von dem Kapitelhaus blieben die Außenwände und die Kellergewölbe erhalten. Aufrecht standen die südliche Mittelschiffwand und die südliche Kapellenreihe sowie die ausgebrannten Türme und das Westparadies.

Sicherungsmaßnahmen an der Domruine

Die Beschreibung der noch aufrechtstehenden Mauern kann kaum ein Bild vom tatsächlichen Zustand der Trümmerstätte vermitteln (Abb. 18). Der gesamte Innenraum des Domes war angefüllt mit den herabgestürzten Trümmern der eingestürzten Mauern und den Resten des Daches. Zwar hatten auf der Südseite die Gewölbe der Kapellen stand gehalten, doch die an hölzernen Unterkonstruktionen abgehängten, stuckierten Decken des Seitenschiffes und des Querhauses waren wie alle hölzernen Einbauten ein Raub der Flammen geworden. Im Westwerk haben ebenfalls die Gewölbe gehalten, doch die rot verfärbten Quader in den Treppentürmen, deren originalen Oberflächen abgesprengt sind, zeugen noch heute von der enormen Hitze, die in dem brennenden Bau entstanden waren. Vor allem im oberen Drittel der Treppen sind die

Abb. 18 Blick auf den zerstörten Dom von Osten

S. 35: Abb. 19 Blick in das zerstörte Langhaus

Schäden besonders stark. Hier dürfte die Orgel mit ihren Einbauten den Flammen Nahrung gegeben haben. In den unteren Bereichen scheint die Hitzeeinwirkung deutlich geringer gewesen zu sein. Vermutlich haben hier die 1940 aufgemauerten Schutzwände ihre Wirkung entfaltet. Für die brennbaren Gegenstände im Westparadies indes waren sie wirkungslos, da sich bei dem lange anhaltenden Feuer im Dom das Mauerwerk so stark aufheizte, daß sich diese Gegenstände selbst entzünden konnten.

Am Kreuzgang und den sich anschließenden Gebäuden brannten ebenfalls alle Dachstühle ab. Das Feuer richtete hier jedoch geringere Schäden an dem Mauerwerk an, da es weniger Nahrung fand als im Dom. Am Kreuzgang waren die Außenmauern fast überall bis in Traufhöhe erhalten. Anders war es bei den anschließenden Bauten, wie dem Ostflügel und vor allem dem Südflügel mit der Antoniuskirche und dem Rittersaal sowie dem westlich daran anschließenden Bau mit der Sakristei und der darüberliegenden Schatzkammer. Die Sakristei war bei dem Angriff stark beschädigt worden und das Gewölbe teilweise eingestürzt.[24] Als die Flammen erstickt waren, bestand diese Bautengruppe nur noch aus einem riesigen Trümmerhaufen, aus dem die Ostwand des Rittersaales, noch mit einem Teil seiner Fresken, herausragte. Einzig die Annenkapelle im Kreuzgang war nur wenig beschädigt. Zwar waren Teile des Dachstuhls abgebrannt, doch hatten die Gewölbe das Mobiliar und die in ihr untergebrachten Gegenstände vor den Flammen bewahrt.

Unmittelbar nach dem Angriff konnten kaum Löschmaßnahmen am Dom ergriffen werden. Offensichtlich war die Hitze an den Brandherden zu groß und wurde teilweise auch hinsichtlich ihrer Gefährdung für benachbarte Bauten unterschätzt.[25]

Von den Räumen im Dombereich war nur noch die Laurentiuskapelle, die in der Mitte der 30er Jahre zur Sakristei umgestaltet worden war und damals erst ihren heutigen Zugang von der alten Sakristei erhalten hatte,[26] und, wenn auch im westlichen Teil beschädigt, die Krypta erhalten geblieben. Domdechant Stolte ließ unmittelbar nachdem die Flammen erloschen waren, die Zugänge zur Krypta räumen, so daß am Palmsonntag, dem 25. März 1945, hier wieder die Hl. Messe gelesen werden konnte.[27]

Noch im Juni 1945 war das Trümmergelände des ehemaligen Domes weitgehend ungeräumt. Am 9. Juni 1945 wurde von Seiten des Domkapitels Regierungspräsident Backhaus in Hildesheim darauf hingewiesen, daß das Domkapitel die Trümmer nicht alleine in Selbsthilfe räumen kön-

ne.[28] Vom 14. Juni datiert eine Aufstellung über die erforderlichen Notdächer im Dombereich: Es sollten folgende Bereiche mit solchen Dächern vor einer weiteren Zerstörung geschützt werden:

- Domgruft
- Westparadies
- Annenkapelle
- Nordparadies
- Kreuzgang
- Steinbergkapelle
- Südliches Seitenschiff.[29]

Die Kosten für diese Notsicherungsmaßnahmen wurden mit RM 33.000,00 veranschlagt. Ein entsprechender Antrag auf die Bereitstellung von Staatsmitteln wurde vom Oberpräsidenten der Provinz Hannover abschlägig beschieden: «Solange die staatsrechtlichen Verhältnisse nicht geklärt sind», so Kopf in seinem Bescheid, könne er keine Mittel für diese Arbeiten bereitstellen.[30] Diese Formulierung umschreibt genau jenen Sachverhalt, der die gesamte Zeit des Dom-Wiederaufbaues überschatten sollte: Die Frage, wer die Pflicht zum Wiederaufbau der Domkirche trägt - der Staat oder das Domkapitel. Eine ausführliche Darstellung dieses Konfliktes, der schließlich in den über mehrere Instanzen ausgetragenen Dombauprozeß mündete, soll und kann hier nicht gegeben werden. Zum Verständnis sei nur kurz der Hauptkonfliktpunkt umrissen. In Vollziehung des Reichsdeputationshauptschlusses waren im Jahr 1803 auch im Bistum Hildesheim die Kirchengüter eingezogen worden. Die Immobilien und damit auch das Eigentum am Dom und am Domhof, gingen an den Landesherrn über. Im Falle des Domes wurde auch der Baufonds (die Domfabrik) eingezogen. In der Folge bestand zwischen den Bischöfen und dem Land auch nie ein Dissens darüber, daß die Bauunterhaltspflicht am Dom und an den Domkurien beim Staat liege. Anders war die Sachlage bei der Eigentumsfrage. Zwar war der Staat als Eigentümer im Grundbuch eingetragen, doch hatte das Domkapitel am 24. Mai 1934 die Eintragung eines Widerspruchs gegen diesen Eigentumsvermerk im Grundbuch eintragen lassen.[31] Bischof Joseph Godehard argumentierte am 20. Februar 1950 gegenüber dem niedersächsischen Kultusminister in der Weise, daß zwar das Eigentum an der Bischofskirche beim Domkapitel liege, die Baupflicht aber beim Staat, da dieser nach 1803 das gesamte Vermögen der Domfabrik eingezogen habe.[32] Da der Hildesheimer Dom so stark zerstört war, daß sein Wiederaufbau faktisch einem Neubau gleich kam, sei, so wurde nun von Seiten des Staates argumentiert, die Bauunterhaltspflicht erloschen. Eine Pflicht zum Neuaufbau des Domes sei aber nicht gegeben. Dieser Rechtsauffassung konnten sich weder Bischof Joseph Godehard, noch dessen Rechtsanwalt Dr. Hans Beitzen,[33] noch die mit der Sache befaßten Gerichte anschließen.[34]

Eine rasche Hilfe schien also nicht absehbar, so daß am 10. Juli 1945 das Domkapitel Bischof Joseph Godehard bat, von der Kanzel verkünden zu lassen, daß Freiwillige für die Räumarbeiten am Dom gesucht werden, die nach Feierabend, in der Zeit von 17.30 bis 20.00 Uhr, bereit wären, diese Arbeiten durchzuführen. Die Geräte sollten mitgebracht werden. Für die Arbeit werde eine Vergütung bezahlt.[35] Zahlreiche Freiwillige folgten diesem Aufruf, doch war auch dieses nur ein Tropfen auf dem heißen Stein. Die Sicherungsarbeiten an der Ruine kamen derweil nicht in Gang. Die strittige Rechtslage verhinderte hier zügige Entscheidungen. Allein aus privaten Quellen floßen im Sommer 1945 Gelder zum Wiederaufbau des Domes.[36] Als Ende September 1945 ein Vertreter der britischen Militärregierung das Trümmerfeld besichtigte, standen noch immer keine Gelder für die dringend notwendigen Sicherungsmaßnahmen bereit. Ein mit der Militärregierung abgestimmtes Sofortprogramm umfaßte folgende Punkte:

1. Domgruft soll nach hinten abgemauert und die nördliche Treppe vermauert werden. Vor der südlichen Treppe wird ein Windfang mit Tür gebaut werden. Über der Domgruft wird auf dem Hohen Chore ein Notdach aufgerichtet.
2. Über der Laurentiuskirche wird ein Notdach errichtet und vor dem Eingang ein Windfang gebaut.
3. Die stehengebliebenen südlichen Seitenkapellen erhalten eine Notabdeckung.
4. Über dem Nordparadies und über der Steinbergkapelle wird ebenfalls ein Notdach angebracht.
5. Das Westparadies erhält ein neues Dach, wobei der Dachstuhl endgültige Bauart bekommt.
6. Der Kreuzgang wird auf allen drei Seiten eine Notabdeckung erhalten. Das kleine eingestürzte Stück an der Nordostecke des Kreuzganges wird mit dem noch vorhandenen Steinmaterial wiederhergestellt.
7. Die Annenkapelle erhält ein neues Dach mit fertigem Dachstuhl und vorläufiger Ziegelbedeckung.[37]

Abb. 20 Das Nordwestportal zwischen 1945 und 1948

Bei der Aufstellung dieses Maßnahmenkataloges ging man offensichtlich davon aus, daß der Dom zumindest in den Bereichen, in denen die Außenmauern noch aufrecht standen, in der alten Gestalt wiederaufgebaut werden sollte. Nur so läßt sich erklären, daß über dem Westwerk, wie bei der Annenkapelle, bereits ein kompletter Dachstuhl errichtet werden sollte. Doch bis Anfang November war mit diesen Arbeiten nicht begonnen worden. Angesichts des nahenden Winters ließ das Domkapitel daher einen Kostenvoranschlag über die dringend erforderlichen Sicherungsmaßnahmen aufstellen. Auf seiner Sitzung vom 8. November 1945 beschloß dieses, vorbehaltlich der bischöflichen Genehmigung vorschüssig RM 12.000,00 aus dem Domkapitularischen Reservefonds zur Verfügung zu stellen, um wenigstens die notwendigsten Maßnahmen durchführen zu können.[38] Die Genehmigung wurde am 14. November 1945 erteilt.[39] Ebenfalls am 14. November bewilligte der Oberpräsident der Provinz Hannover staatliche Mittel in Höhe von RM 22.000,00 für diese Sicherungsarbeiten.[40]

Damit konnte zwar mit den Sicherungsarbeiten begonnen werden, doch gab es immer wieder Verzögerungen, weil die erforderlichen Baumaterialien, wie beispielsweise Wellblech für die Notdächer, fehlte.[41] So wurden die Zugänge zum Dom vermauert oder mit großen Steinen versperrt, um den Zutritt Unbefugter abzuwehren (Abb. 20), und die Zugänge zur Krypta wurden mit Türen versehen. Bis Ende August 1946 hatte der Bergungstrupp des Roemer-Museums die erhaltenen Kunstgüter aus der Domruine und aus einzelnen Auslagerungsorten geborgen. Konkret wurden folgende Arbeiten durchgeführt:

«a. Bergung und Abräumung der alten Schatzkammer.
b. Bergung der Marienfigur im Kreuzgang der Kreuzkirche.
c. Schutträumung im Dom und Kreuzgang.
d. Bergung von Figuren und Architekturteilen im Dom.
e. Transport von Kisten von Barnten.
f. Transport von Kisten vom Totenkeller.
g. Bergung von Teilen des Lettners.
h. Bergung von Kupfer.
i. Kupfer aufgestapelt.
k. Annenfriedhof gereinigt.
l. Kreuzgang gereinigt.
m. des Domlettners neu verpackt.
n. Schutt vom Tresor beseitigt.
o. Notdach über dem Tresor hergerichtet.
p. Transport von Kisten von Lamspringe zur Beverina.»[42]

Die Pläne für die dringend erforderlichen Notabdeckungen wurden erst ab Mai 1947 ausgearbeitet, waren 1948 aber noch nicht ausgeführt.[43] Im Oktober 1947 erstellte das Staatshochbauamt I in Hildesheim einen Bericht über die unbedingt erforderlichen Sicherungsmaßnahmen, der neben Aufräumungsarbeiten im Dominneren die Ausführung dieser Notabdeckungen vorsah. In der Chorapsis war zwar eine provisorische, aber nicht zureichende Sicherung vorhanden. Kausche führt in dem Schriftstück aus: «Eine weitere Sicherung durch Abtrag des Mauerwerks bis auf die Sohlbänke der Ostfenster und nötigenfalls 1,0-2,0 m darüberhinaus erscheinen notwendig. Der dann geschaffene Zustand kann als Grundlage für den eventuellen Wiederaufbau gesehen werden.» Und etwas weiter: «Um das Durchschlagen der vorhandenen Notdächer zu verhüten und das Mitreißen ganzer Wandflächen, die durch Selbsteinsturz erfolgen können, ist es notwendig, die Vierungsbögen und die sonstigen nicht mehr zu erhaltenden Wände und Mauern abzutragen.»[44] Auf Veranlassung des Landeskonservators Deckert wurde ebenfalls im Herbst 1947 Dipl. Ing. Wiegand hinzugezogen und um Erstattung eines Gutachtens über den Erhaltungszustandes des Ostchores gebeten, das am 6. Oktober 1947 vorlag.[45] Entsprechend dem Gutachten wurde im Winter 1947/48 die Krypta mit einem Notdach versehen und eine Sicherung des Chormauerwerks vorgenommen. Bereits im Laufe des Jahres hatte man die vier stark beschädigten Mittelsäulen im westlichen Teil der Krypta durch neue Pfeiler ausgetauscht. Die zentrale Öffnung im Gewölbe, durch die früher der Blick vom Chor auf den Schrein des hl. Godehard möglich war, wurde geschlossen und mit Natursteinen neu eingewölbt. Sämtliche Putze des Gewölbes wurden entfernt, das Gewölbemauerwerk mit Kalkmörtel neu ausgefugt und die Gewölbeflächen gekalkt.[46]

Die Ausführung der anderen Schutzmaßnahmen verzögerte sich allerdings weiter. Noch im April 1948 wurden von den Ingenieuren Wiegand und Felix Collorio Gutachten über die Sicherung der Domruine vorgelegt. Wiegand wurde am 14. Mai 1948 mündlich aufgefordert ein Gutachten vorzulegen, das bis zum 8. Juli 1948 bei der Staatlichen Bauleitung für den Dombereich allerdings noch nicht vorlag.[47] In seinem auf Mai 1948 datierten Vorschlag plante er neben einer provisorischen Aussteifung der Reste der Querhausostwand eine Absicherung der südlichen Arkadenwand und eine Notabdeckung der südlichen Kapellenreihe. Collorio hatte sein Gutachten, verbunden mit einem konkreten Vorschlag zum Wiederaufbau des Domes be-

Abb. 21 Notdach und provisorische Südwand am Godehardichor, Aufnahme 1950

reits am 23. April 1948 vorgelegt. Am 11. Mai 1948 wurde er aufgefordert ein weiteres detailliertes Gutachten über die Standfestigkeit der südlichen Arkadenwand anzufertigen.[48]

Einen nachhaltigen Einschnitt brachte im Juni 1948 die Währungsreform. Bereits am 8. Juli 1948 wurden bespielsweise die Ingenieure Wiegand und Collorio mit Hinweis auf die durch die Währungsreform deutlich verschlechterte Finanzlage darauf hingewiesen, «dass von jeglichem Gutachten, das nicht unbedingt notwendig ist, abgesehen werden muß».[49] Darunter fielen auch jene zu den Sicherungsmaßnahmen am Dom. Collorio legte dennoch am 22. Juli 1948 sein Gutachten vor. Bei einer Begehung der

Abb. 22 Sicherungsmaßnahmen an der Fassade des Nordparadieses, Aufnahme 1951

S. 41: Abb. 23 Sicherungsmaßnahmen an der südlichen Kapellenreihe, Aufnahme 1950

Baustelle durch den Leiter der Staatlichen Bauleitung für den Wiederaufbau des Domes, Regierungsbaurat Eustach Mänz und Dipl. Ing. Algermissen am 30. Juli wurde festgehalten: «wegen ständiger Einsturzgefahr der Arkadenwand müssen die Absperrmaßnahmen verstärkt werden. Zweck ist, Unbefugte am Betreten der Baustelle zu hindern und auf die Gefahr aufmerksam zu machen.»[50] Diese Absperrmaßnahmen sollten umgehend ausgeführt werden. Die von den hinzugezogenen Ingenieure vorgeschlagenen Sicherungsmaßnahmen am Mauerwerk unterblieben jedoch.

Die Situation spitzte sich erst zu, als am 25. Dezember 1949 das Kreuzgratgewölbe der östlichsten Kapelle der Südseite einstürzte.[51] Bereits am 17. Januar 1950 lag ein eingehendes Gutachten von Wiegand vor, in dem sowohl die Schadensentwicklung zwischen 1948 und 1950 dokumentiert ist, als auch konkrete Vorschläge zur Sicherung der Arkadenwand und der südlichen Kapellenreihe unterbreitet werden.[52] Mit der Ausführung der vorgeschlagenen Sicherungsarbeiten scheint dann relativ rasch begonnen worden zu sein. Am 4. März 1950 konnte die Hannoversche Allgemeine Zeitung berichten: «Das Gerüst am nördlichen Paradies des Doms zeigt an, daß nun endlich auch hier die längst fälligen Sicherungsmaßnahmen eingeleitet werden.» Der Godehardichor erhielt einen Dachstuhl mit einer Ziegeldeckung und eine provisorische Südwand aus Brettern (Abb. 21, 22). Danach wurde die südliche Kapellenreihe mit einem nach Norden geneigten Pultdach versehen und die barock umgestalteten Kapellenfenster wurden mit Brettern verschlossen (Abb. 23). Zuletzt wurde die südliche Arkadenwand durch mächtige Böcke ausgesteift (Abb. 36; Kat. Nr. 4).

Erste Wiederaufbaupläne und der Wettbewerb von 1949

Überlegungen zu dem Wiederaufbau des Domes wurden bereits früh angestellt. Die im September 1945 in Koordination mit der Militärregierung aufgelisteten Notsicherungsmaßnahmen setzten einen Wiederaufbau weitgehend in der alten Gestalt voraus. Offensichtlich plante man von Anfang an einen Wiederaufbau des Dombezirks unter Wahrung der alten Gesamtstruktur.[53] Bei der Enttrümmerung sollte alles noch brauchbare Material sortiert und gesammelt werden. Besonders war auf skulpierte Stücke und solche von baugeschichtlichem Interesse zu achten.[54]

Auf die Initiative des Landeskonservators Deckert geht das Modell eines beschränkten Architektenwettbewerbs zurück. Ende Mai 1948 bat Deckert den bayerischen Landeskonservator Georg Lill und den rheinländischen Landeskonservator Wolff Graf Metternich um Vorschläge, welche Architekten in dieser Frage angesprochen werden könnten.[55] In dem Schreiben an Lill führt Deckert aus, daß die erhaltenen Teile des Chores und der südlichen Seitenkapellen samt südlicher Mittelschiffwand erhalten werden müssen, «die übrigen Teile sind so völlig zerstört, dass sie ganz neu aufgeführt werden müssen.» «Es ist aber selbstverständlich, dass eine solche Aufgabe nicht einfach von der Staatshochbauverwaltung geplant und ausgeführt werden kann, dass man vielmehr nach der bestgeeigneten schöpferischen Kraft suchen muss. Es muss ein Meister sein, der tiefes kirchliches Verständnis, Sinn und Erfahrung für die Aufgaben der Denkmalpflege mit reifem Können als Architekt verbindet.»[56]

Um die Planungen zum Wiederaufbau des Domes und des Dombezirkes in geordnete Bahnen zu lenken, lud der Landeskonservator den Bischof, das Domkapitel, Landesrat Winkelmüller vom niedersächsischen Finanzministerium und den Regierungspräsidenten von Hildesheim zum 30. April 1948 zu einer Besprechung «im kleinen Kreise» ein.[57] An dieser Besprechung nahmen teil: Regierungsvizepräsident Pabst, Generalvikar Offenstein, Landeskonservator Deckert, Landesrat Winkelmüller, die Domkapitulare Feltmann und Bydolek, die Oberregierungs- und Oberbauräte Rechenbach und Kraatz, Regierungsbaurat Mänz und Diözesanbaumeister Fehlig. In seinem kurzen Sachstandsbericht führte Deckert aus, daß er es für bedenklich halte, die Entwurfsbearbeitung nur «auf zwei Augen» zu stellen und schlug vor, eine begrenzte Zahl von Architekten aufzufordern, Entwurfsvorschläge zum Wiederaufbau des Domes auszuarbeiten. Generalvikar Offenstein formulierte die Anforderungen des Domkapitels an den wiederaufzubauenden Dom, die er so zusammenfaßte, daß der Bau den Anforderungen als Kathedralkirche des Bischofs, als Kirche des Domkapitels und als Dompfarrkirche dienen müsse. Landeskonservator Deckert führte aus, daß es von Seiten der Denkmalpflege dringend erwünscht sei, daß eine Lösung gefunden werde, die die Erhaltung der südlichen Arkadenwand mitumfasse. Mänz hingegen gab zu bedenken, daß diese Wand rein technisch gesehen höchst fragwürdig und äußerst gefährlich sei. Der Erhaltungsaufwand stehe in keiner vernünftigen Relation zu ihrem Wert. Es handele sich hier nur noch um rohe Bausubstanz, weil die romanischen Kapitelle nicht mehr vorhanden sind. Man kam überein, daß eine beschränkte Anzahl von Architekten zur Abgabe von Entwürfen aufgefordert werden sollen. Nach dem Protokoll von Mänz «bestand kein Zweifel darüber, dass diese Vorschläge durchaus nicht bindend für die endgültige Ausführung sein sollen, sondern lediglich der Klärung des Problems zu dienen haben. Die Form der endgültigen Ausführung sei grundsätzlich eine Sache der Uebereinkunft zwischen Nutzniesser und Eigentümer, d. h. zwischen Kirche und Staat.»[58] Domkapitular Feltmann hatte ergänzend auf die von den Architekten zu berücksichtigenden Ausstattungsstücke aus dem alten Dom hingewiesen. Hinsichtlich der in Frage kommenden Architekten gab es folgende Vorschläge:

- Baurat Eustach Mänz
- Architekt Wilhelm Fricke und im Zusammenhang mit diesem die Architekten Wilhelm Prendel und Kreytenberg
- Professor Fiederlin von der Technischen Hochschule Hannover
- Professor Rudolf Schwarz, früher an der Technischen Hochschule Aachen, jetzt in Köln
- Dombaumeister Willy Weyres in Köln
- Professor Döllgert in München
- Architekten Burlage und Feldweg-Dentrup aus Osnabrück.[59]

Bereits vor dieser Besprechung hatten sich Architekten und Ingenieure mit dem Problem eines Domwiederaufbaues beschäftigt. So legte der später bei dem Architektenwettbewerb ebenfalls aufgeforderte, aus Hildesheim stammende Hannoveraner Architekt Wilhelm Fricke zwei Studienblätter aus dem Jahr 1946 vor (Kat. Nr. 9.1 und 9.2), die sich mit der Frage eines Neubaues an der Stelle des zerstörten Langhauses beschäftigten. Fricke bezieht sich bei diesen Zentralraumlösungen auf das Vorbild der aus dem 14. Jahrhundert stammenden Kloster- und Wallfahrtskirche Ettal in Bayern. Im Januar 1946 waren Skizzen zum Wiederaufbau des Domes entstanden, die in wesentlichen Teilen bereits den späteren Wettbewerbsentwurf umreißen (Kat. Nr. 9.10). Fricke hat später bei Publikationen zum Wiederaufbau des Domes auf diese frühen Skizzen zurückgegriffen.[60]

Am 23. April 1948 hatte Felix Collorio, der mit einem Gutachten über den Erhaltungszustand des Domes und insbesondere der südlichen Arkadenwand betraut worden

war, der Staatlichen Bauleitung für den Dombereich zwei Alternativen eines Wiederaufbauvorschlages vorgelegt. Aufschlußreich sind dabei die von ihm unter Zif. 7 seines Vorschlages zitierten Vorgaben der Staatlichen Bauleitung: «Nach den Absichten der Staatlichen Bauleitung für den Domaufbau in Hildesheim kommt ein Wiederaufbau des Doms in seiner alten Gestalt nicht infrage. Fest steht ferner, dass der Chor in gleicher Weise wie früher hoch gemauert werden soll, beabsichtigt ist, Hauptschiff und nördliches Seitenschiff auf jeden Fall bis über 15 (m) + Fußboden hochzuführen und mit einem höheren und breiteren Dach einzudecken, als das früher der Fall war. Fest steht ausserdem, dass die Seitenkapellen an der Südfront wiederhergestellt und an der Nordfront etwa in der alten Bauweise wieder errichtet werden sollen. Fraglich ist, ob die südliche Arkadenwand die augenblicklich noch steht, erhalten und in den Neubauplan eingegliedert werden kann und soll oder ob sie beseitigt wird und das Seitenschiff der Südseite ebenfalls bis zur Höhe + 15 (m) hoch geführt wird.»[61]
Collorio arbeitete zwei Varianten aus. Seine Variante A setzt den Abbruch der südlichen Arkadenwand voraus. Sie umfaßt eine dreischiffige, 15 m hohe Halle mit einer Eisenbetonkasettendecke. Die Kapellenreihe an der Nord- und der Südseite bleiben erhalten bzw. werden wiederhergestellt. In der Variante B bleibt die Mittelschiffsüdwand erhalten. Da ihre Tragfähigkeit nach den technischen Untersuchungen von Collorio aber nicht mehr gegeben ist, müssen jeweils in Höhe der Pfeiler im Seitenschiff Stahlbetonstützen eingebaut werden, die die Decke des Mittelschiffes tragen und die Arkadenwand aussteifen. Das nördliche Seitenschiff besitzt ebenfalls ein Höhe von 15 m, so daß hier eine asymmetrische Halle entsteht. Bei der Abwägung beider Varianten bietet die Lösung A die leichtere technische Umsetzungen, «andererseits ist die Lösung B eine Kombination historischer und moderner Bauweise und zweifellos interessant.» Für diese Ausführung sollten so weit als möglich Betonfertigteile verwendet werden. Am 7. Juni 1948 übersandte Collorio zwei Studienblätter für eine Schalendecke zu seinen Entwürfen, die Mänz mit Schreiben vom 3. Juli zurücksandte. Mänz führt darin aus, daß er inzwischen seinen «Gedanken an die Schaffung von seitlichen Emporen wieder fallen gelassen» habe. Er bezieht sich dann weiter auf eine heute verschollene Skizze und fragt: «Wie wäre es, wenn man bei dieser Form die Decke im Mittelschiff nach dem System Zeiss-Dywidag als dünne querliegende Tonnenfolge gestalten würde? Die Decke der Seitenschiffe könnte eventuell ruhig eben sein.»[62]
Collorio wurde zwar nach Aktenlage bei den weiteren Planungen zur Wiederherstellung des Doms nicht hinzugezogenen, die von ihm entwickelten Grundideen finden aber in den 1949 eingereichten Wettbewerbsprojekten ihren Wiederhall. Mit den von Deckert in der Besprechung am 30. April 1948 formulierten Grundforderungen der Denkmalpflege waren seine Entwürfe aber de facto bereits obsolet. Unklar ist nach der Aktenlage, ob die anderen Beteiligten jemals von diesen Planungen Kenntnis erhalten haben.
Deckert hatte ursprünglich beabsichtigt, sechs Architekten mit der Anfertigung von Entwürfen zu beauftragen, aus Kostengründen wurden schließlich jedoch nur vier Architekten beauftragt.[63] Am 27. Oktober 1948 fand eine Ortsbesichtigung am Dom statt, an dem als Vertreter der Kirche Bischof Joseph Godehard, Generalvikar Offenstein, die Domkapitulare Feltmann, Schneider, Bydolek, Seeland und Uhrig sowie Diözesanbaumeister Fehlig, als Vertreter des Staates Regierungspräsident Backhaus, Regierungsvizepräsident Pabst, Ministerialdirigent Gollert, Oberregierungs- und Oberbaurat Kraatz, Regierungsrat Koop, und Dipl. Ing. Algermissen, sowie als Sachverständige bzw. beauftragte Architekten Landeskonservator Deckert, der Landeskonservator von Nordrheinland Graf Metternich, Oberregierungs- und baurat Prendel, Regierungsbaurat Mänz, Erzdiözesanbaumeister Weyres und Architekt Fricke aus Hannover teilnahmen. Die beauftragten Architekten Fricke, Mänz, Prendel und Weyres wurden mit der Problematik des Wiederaufbaues vertraut gemacht. Offen blieb, ob die südliche Mittelschiffwand erhalten bleiben solle oder nicht. Man kam überein, die Entwürfe im Maßstab 1:100 auszuarbeiten. Abgabetermin sollte der 15. März 1949 sein.[64]
Als Grundlagen für die Architekten wurden Trümmerpläne vom Domgelände im Maßstab 1:200 erstellt (Kat. Nr. 1.1-1.8). Eine Liste der zu berücksichtigenden Ausstattungsgegenstände aus dem alten Dom sowie eine Auflistung der Forderungen des Domkapitels gehörten ebenfalls zu den Planungsunterlagen (Siehe Anhang 1-3). Sie wurden jeweils den Architekten zugestellt. Nachdem beim Grundriß Fehler entdeckt worden waren, wurde dieser neu eingemessen und den Architekten, verbunden mit der Bitte, die älteren Pläne zu vernichten, noch am 3. März 1949 zugeschickt.[65] Die Verzögerungen führten dazu, daß die Pläne erst Mitte Mai 1949 vorgelegt werden konnten. Am 1. Juni 1949 fand in Hildesheim die entscheidende Besprechung statt, in der die eingereichten Entwürfe begut-

achtet wurden. An ihr nahmen der Bischof von Hildesheim, Vertreter der Regierung, des Domkapitels, der Landeskonservator und die beteiligten Architekten teil. Die vier Entwürfe waren denkbar unterschiedlich. Während Weyres und Fricke alle erhaltenen Reste des alten Domes in ihre Entwürfe integrierten, verzichteten sowohl Mänz als auch Prendel auf einen Erhalt der statisch problematischen Langhaussüdwand. Der progressivste Entwurf stammte von Willy Weyres (Kat. Nr. 8.1-8.13), der in seinem Gutachten formulierte «alles alte Mauerwerk zu erhalten, soweit es eben geht», ... «wo ganze Mauerzüge zu ergänzen sind, wird man zu neuen Formen und zu neuen Bauweisen greifen». Dementsprechend plante er auf der Nordseite einen vollkommen neuen Baukörper, dessen Raumquerschnitt zwar die Proportionen der zerstörten Anlage wiederaufnahmen, der sich aber im Obergadenbereich zu polygonalen Emporen weitete, die in modernen Formen ausgebildet waren. Um die Raumanforderungen des Domkapitels erfüllen zu können, verlängerte Weyres das Querhaus nach Süden und bezog den Raum der alten Sakristei/Schatzkammer mit ein. Am Außenbau behielt Weyres die neoromanischen Westtürme bei, vergrößerte aber den Mittelturm, um so ein ausgeglicheneres Verhältnis der Baukuben zu erzielen.

Die Reaktionen auf diesen Entwurf waren eher verhalten. Deckert formulierte in seinem Dankesschreiben an Weyres vom 3. Juni 1949: «Wer die Hildesheimer Atmosphäre kennt, ..., dem musste klar sein, dass eine mit sehr starken Spannungen arbeitende Lösung nicht gewählt wird. Ich glaube dass ohne ihre Arbeit all das, was man wünschen muss, im Historismus festgefahren wäre. Insofern haben Sie durch Ihre Leistung einen ganz unschätzbaren Dienst für die Wiederherstellung des Hildesheimer Domes vollbracht. Wenn eine romanische historistische oder gar rein kopierende Wiederherstellung des Domes vermieden wird, so haben Sie daran das grösste Verdienst.[66]»

Wilhelm Fricke stellte eine weitgehende Rekonstruktion des vermuteten mittelalterlichen Baues vor (Kat. Nr. 9.1-9.9). Dies betrifft vor allem die Mittelschiffnordwand, die entsprechend dem noch stehenden Pendant auf der Südseite errichtet werden sollte. Interessanterweise stellte er seinem eigentlichen Entwurf zwei Blätter mit Skizzen zu dem bereits erwähnten Zentralbauprojekt aus dem Jahr 1946 voran (Kat. Nr. 9.1 und 9.2), fügte aber nicht die Skizzen zu dem Vorprojekt des Wettbewerbsentwurfes (Kat. Nr. 9.10) bei. Das Projekt zeigt, daß Fricke im Jahre 1946 durchaus auch in Bezug auf das Langhaus mit einer Neubaulösung experimentierte.[67]

Die von Fricke vorgelegte Wettbewerbsplanung unterscheidet sich in einigen wesentlichen Punkten von der Ausführung. Dies betrifft insbesondere die Westturmgruppe. Der Wettbewerbsentwurf sieht eine weitgehende Erhaltung des ausgebrannten, baulich aber von allen Domteilen noch am besten erhaltenen Baukörpers vor. Die Veränderungen beziehen sich darauf, daß der Raum zwischen den beiden oktogonalen Turmaufsätzen mit einem von weiten Arkaden durchbrochenen Glockenhaus zu einem breitgelagerten Turmobergeschoß verbunden werden. In den Details bleibt der Entwurf notwendigerweise unbestimmt. Prägend ist aber neben der Beibehaltung bzw. Rekonstruktion der seitlichen Kapellenreihen deren Rückführung auf einen «gotischen» Zustand. Entgegen der späteren Ausführung sind in den Fenstern gleichförmige Maßwerke nach dem Vorbild der ursprünglichen Fenstermaßwerke in der ehemaligen Zisterzienserklosterkirche Marienrode eingezeichnet.[68]

Jan Wilhelm Prendel legte zwei Entwurfsvarianten vor (Kat. Nr. 11.1-11.9; die Pläne 11.10-11.14 scheint Prendel bei dem Wettbewerb nicht miteingereicht zu haben). Er integrierte nur die Ostteile und die westliche Turmgruppe sowie die südliche Kapellenreihe in seinen Wiederaufbauvorschlag. Auch wenn er die alte Flucht der Südwand beibehielt, so sprach er sich doch für einen Neubau dieser Wand aus. Die beiden Planvarianten für das Langhaus erinnern stark an die beiden von Felix Collorio im April 1948 formulierten Wiederaufbauvorschläge. Dies betrifft vor allem das Projekt einer asymmetrischen Halle mit hohen Kreuzsprossenfenstern. Die Formgebung der Ergänzungen und der Neubauteile war durchaus modern. Hier ist vor allem auf die in den Perspektiven dargestellten Deckenvarianten und die Durchgestaltung der Wandöffnungen hinzuweisen. Trotz des sehr freien Umganges mit der Altsubstanz fanden seine Entwürfe größeren Zuspruch.

Die weiteste Ablösung von der historischen Raumaufteilung beinhalteten die Planvorschläge von Eustach Mänz (Kat. Nr. 10.1-10.10). Wie bereits in seinen zahlreichen Stellungnahmen sah Mänz den Abbruch der alten Langhaussüdwand vor. Die nördliche Kapellenreihe sollte entsprechend der südlichen Kapellenreihe rekonstruiert werden. Das Langhaus sollte bis zu den Kapelleneingängen saalartig erweitert werden. Der immens weite Raum wird von querliegenden schmalen Tonnengewölben überspannt. Vermutlich handelt es sich dabei um jene Betonkonstruktionen nach dem System Zeiss-Dywidag, die Mänz in seinem Schreiben an Felix Collorio vom 3. Juli 1948 erwähnt hat.

Das Gremium fällte am 1. Juni 1949 keine eindeutige Entscheidung, vielmehr wurden die Architekten Wilhelm Fricke und Jan Wilhelm Prendel aufgefordert ihre Vorschläge zu einem Ausführungsprojekt weiterzuentwickeln. Der Vorschlag von Fricke hatte dabei anscheinend eine relativ große Zustimmung gefunden. Dabei dürfte der Umstand, daß sein Wettbewerbsentwurf die Einbeziehung aller noch aufrechtstehender Bauteile einschließlich der aus der Mitte des 19. Jahrhunderts stammenden Turmobergeschosse beinhaltete, eine nicht unwesentliche Rolle gespielt haben.

Im Büro Fricke waren aber auch andere Entwürfe entstanden, die dann allerdings nicht bei dem Wettbewerb eingereicht wurden. So berichtet Hannelore Voß, die von September 1949 bis Anfang 1953 als Architektin im Büro Fricke gearbeitet hat, daß Fricke ihr zu Beginn ihrer Tätigkeit Entwürfe seines damaligen Sozius Kreytenberg gezeigt habe, bei denen zwischen den Ostteilen und der westlichen Turmgruppe ein weites und lichtes Langhaus in zeitgenössischen Formen eingefügt werden sollte.[69]

In der Folgezeit scheint vor allem Deckert die Planungen vorangetrieben zu haben. Aus einem Schreiben an den Bischof von Hildesheim vom 6. Januar 1950 geht hervor, daß er die unterschiedlichen Sachfragen wohl sehr ausführlich mit Georg Lill in München und Wolff Graf Metternich in Köln diskutiert hat und dabei zu dem Ergebnis gelangt ist, daß eine Planung als Saalbau in jedem Falle ausscheide. Die Architekten Fricke und Prendel hatten sich bereits ihre Gedanken gemacht und er, Deckert, gehe davon aus, «dass sie nicht als Konkurrenten sozusagen (als) feindliche Brüder vorgehen und auftreten werden, sondern sich untereinander so verständigen, daß alles, was nach Rivalität aussieht, ausgeschaltet ist.» Weiter unten jedoch schreibt Deckert: «Ich habe mir persönlich die Durchführung des wichtigen und schwierigen Bauvorhabens stets so gedacht, dass sie wesentlich in Händen des Mannes liegt, den ich nach seiner besonderen Erfahrung für den geeignetsten halte, in Händen von Herrn Architekten Fricke.»[70] Zur Gestalt des Domes äußert sich Deckert wie folgt: «Ich darf von mir sagen, dass ich nicht nur bei Denkmalpflegern sondern auch in dem Kreise der Architekten als einer der stärksten Anwälte der Auffassung gelte, alle Konzessionen an den Historismus und sentimentale Romantik abzulehnen. Wenn ich trotzdem beim Hildesheimer Dom in völliger Übereinstimmung mit meinen Kollegen Graf Metternich und Lill der Meinung bin, dass das noch Vorhandene und die ehrwürdige Tradition des Domes Bindungen auferlegt, so ist das weit entfernt von jeglichem Historismus. In der Frage der Ausstattung, in der Frage der Detailbildung wird zur Genüge und, wie ich hoffe auch mit Kraft und Würde der Geist unserer Zeit Ausdruck finden können.» Den Garanten für die Berücksichtigung der modernen Formensprache sah Deckert dabei in Prendel.

Dieses Schreiben von Deckert ist in verschiedenen Punkten aufschlußreich. Seine Würdigung der Person Fricke kann sich dabei auf verschiedene Punkte beziehen. Zum einen war Fricke am Aufbau zahlreicher Wohnhäuser bzw. Wohnhauszeilen in Hildesheim tätig. Hier zeichnete er sich durch einen, historische Architekturmotive in modernisierter Form verwendenden Stil aus. Die Bauten sollten, trotz der Typisierung ihres Grundrisses und der weitgehenden Errichtung aus Betonfertigteilen eine lebendige, der Geschichte des Ortes verhaftete Atmosphäre vermitteln.[71] Damit entsprach Fricke sehr genau den Vorgaben für die Bebauung des Domhofes, wie sie bereits 1947 unter Mitwirkung von Fricke formuliert worden waren.[72]

Deckert kannte Fricke aber auch schon aus seiner Tätigkeit als Konservator vor 1945. In den Jahren ab 1936 hatte Fricke im Zuge der Altstadtsanierung im Ballhofviertel in Hannover Neubauten in der Kreuzstraße und in der Ballhofstraße errichtet, deren Stil sich an historische Vorbilder anlehnt.[73] Vielleicht reflektierte Deckert auch auf Frickes Tätigkeit im Büro Schmitthenner in Stuttgart. Schmitthenner war für Fricke, seinen eigenen Worten zufolge, das große Vorbild.[74]

Neben diesen Erwägungen mögen auch die seit 1947 durch Joseph Bohland sen. und Joseph Bohland jr. im Dombereich durchgeführten Bauuntersuchungen und Ausgrabungen eine wesentliche Rolle bei der Entscheidung über den Domwiederaufbau gespielt haben. Bohland sen. war seit 1947 bis 1957 als Beauftragter des Landeskonservators vor Ort tätig. Sein Sohn wertete im Zuge seiner Dissertation über den Hildesheimer Dom ab Februar 1948 die Befunde aus.[75] Vom 2. Mai bis 15. August 1948 fanden die Grabungen im Ostteil des Domes statt, im Herbst dann die Grabungen im Westteil, die schließlich auf den gesamten Dombereich ausgedehnt wurden.[76] In seinem Tätigkeitsbericht für die Zeit vom 1. Juni bis 31. August 1948 nennt Bohland sen. für den Monat Juni

«Präparierung und Registrierung der Grabungsfunde Dom. Unterlagen für Domwettbewerb».[77]
Die bei den Grabungen zu Tage getretenen Fundamente des Altfried-Domes dürften nicht unwesentlich dazu beigetragen haben, daß man sich schließlich gegen die Entwürfe von Prendel und für den rekonstruierenden Wiederaufbau auf den alten Fundamenten, wie er von Fricke geplant war, entschieden hat.

Die Wiederherstellung des Außenbaues bis 1953

Am 16. Juli 1950 fand die feierliche Grundsteinlegung zum Wiederaufbau des Domes statt. Zuvor war die Baustelle noch weiter beräumt worden. Die akut einsturzgefährdeten, noch aufrecht stehenden Teile der nördlichen Kapellenreihe wurden abgetragen, wie bereits im Jahr 1948 das Mauerwerk des nordwestlichen Eingangs oberhalb des Kaffgesimses.[78] Vor dem Abbau wurden alle Steine nummeriert und photographiert (Abb. 24), um einen sicheren Anhaltspunkt für den Wiederaufbau zu haben.
Für die Grundsteinlegung wurde von der Zimmerei Borchard an der Nordseite des Domes ein großes Podest errichtet, auf dem der ebenfalls neu angefertigte Altartisch und ein Tabernakel standen.[79] Der Stipes des Altares war mit dem zuvor von Bohland gereinigten großen Silberantependium verkleidet.[80]
In den von Bildhauer Wilhelm Giencke geschaffenen Grundstein[81] wurde eine Urkunde (Abb. 25, 27) eingelegt. Er befand sich am nordwestlichen Portalvorbau unmittelbar oberhalb des Kaffgesimses an dem westlichen Stück der Nordwand (Abb. 28). Später wurde der Grundstein an seinen heutigen Ort östlich des Nordwestportales versetzt. Der Entwurf zu der in Blei gegossenen Inschrift hat sich erhalten (Kat. Nr. 15).

Abb. 24 Abtragung der letzten Reste des Nordwestportales. Die Steine sind für den Neuaufbau nummeriert. Aufnahme 1950

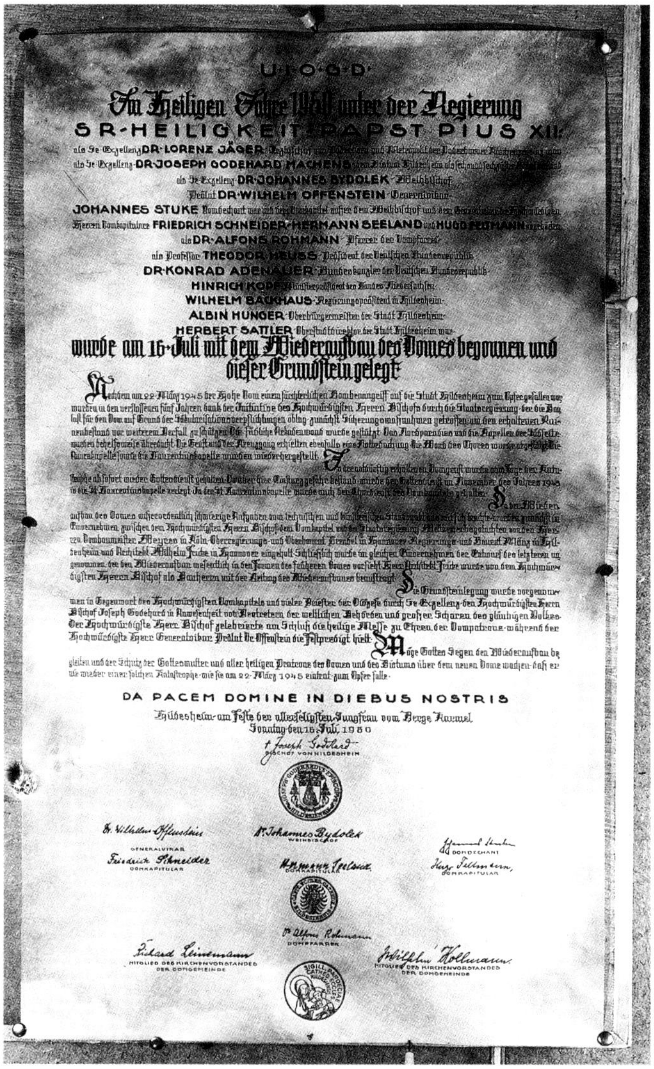

U·I·O·G·D·

Im Heiligen Jahre 1950 unter der Regierung
SR·HEILIGKEIT PAPST PIUS XII.
als Se. Exzellenz DR. LORENZ JÄGER …
als Se. Exzellenz DR. JOSEPH GODEHARD MACHENS …
als Se. Exzellenz DR. JOHANNES BYDOLEK Weihbischof
Prälat DR. WILHELM OFFENSTEIN Generalvikar
JOHANNES STUKE …
Herren Domkapitulare FRIEDRICH SCHNEIDER, HERMANN SEELAND und HUGO … MANN …
als DR. ALFONS ROHMANN Pfarrer der Dompfarrei
als Professor THEODOR HEUSS Präsident der Deutschen Bundesrepublik
DR. KONRAD ADENAUER Bundeskanzler der Deutschen Bundesrepublik
HINRICH KOPF Ministerpräsident des Landes Niedersachsen
WILHELM BACKHAUS Regierungspräsident in Hildesheim
ALBIN HUNGER Oberbürgermeister der Stadt Hildesheim
HERBERT SATTLER Oberstadtdirektor der Stadt Hildesheim war
wurde am 16. Juli mit dem Wiederaufbau des Domes begonnen und dieser Grundstein gelegt

DA PACEM DOMINE IN DIEBUS NOSTRIS

Hildesheim am Feste der allerseligsten Jungfrau vom Berge Karmel
Sonntag den 16. Juli 1950

Bischof von Hildesheim

Generalvikar

Weihbischof

Domdechant

oben: Abb. 26 Die Grundsteinlegung

links: Abb. 25 Die in den Grundstein eingelegte Urkunde

Abb. 27 Die Kassette mit der Urkunde wird in den Grundstein eingesetzt

Abb. 28 Der Grundstein an seinem ursprünglichen Platz

Die Geschichte des Wiederaufbaues wird in den Jahren bis 1956 durch die Auseinandersetzungen über die Eigentumsverhältnisse am Dom, über die Frage der Baulast und über die Finanzierung der einzelnen Bauabschnitte überschattet. Auf diese Punkte wird im folgenden nicht näher eingegangen. Eine kurzgefaßte Übersicht findet sich in dem Beitrag von Kathrin Semmler.[82] Neben diesen bekannten Kontroversen gab es auch noch eine solche mit der Stadt Hildesheim, die für sich das Aufsichtsrecht am Dom-Wiederaufbau beanspruchte. Dieser Punkt wurde bei einer Besprechung am 26. April 1951 angesprochen. Auf Anregung von Regierungspräsident Backhaus sollte diese Frage in der Art geklärt werden, daß durch Antrag an die oberste baupolizeiliche Behörde des Landes die weitere Aufsicht über den Dom-Wiederaufbau der Regierung in Hildesheim übertragen werden solle.[83] Da die Stadt in der Folge an den Planungen zum Wiederaufbau des Domes nicht beteiligt war, scheint man tatsächlich in der genannten Weise verfahren zu sein.

Mit der Grundsteinlegung begannen die Bauarbeiten noch nicht. Vielmehr mußte die Baustelle weiter geräumt werden. Frau Voß erinnert sich, daß zunächst alle noch irgendwie brauchbaren Steine aus den Trümmern geborgen, mit Nummern versehen und in langen Reihen auf dem großen Domhof ausgelegt wurden (Abb. 29). Zu ihren Aufgaben im Büro Fricke gehörte es, alle diese Steine genau zu vermessen und die Maße in Listen einzutragen. Die Steine sollten dann im Zuge des Wiederaufbaues für die Fassaden verwendet werden. Parallel hierzu wurden von Bohland weitere Ausgrabungen im Dom durchgeführt. Die Aufsicht hierüber lag bei Bohand sen., der auch die aufgedeckten Gräber untersuchte und die aufgefundenen

Abb. 29 Die noch brauchbaren Steine aus den Trümmermassen wurden vor Beginn der Wiederaufbauarbeiten geborgen, auf dem Großen Domhof ausgelegt, sortiert, nummeriert und vermessen.

Kunstgegenstände sicherte.[84] Im August 1950 wurden die Fundamente der Langhausnordwand, der nördlichen Seitenschiffswand und der nördlichen Kapellenreihe freigelegt. Zuvor wurden die noch vorhandenen Bau- und Ausstattungsteile dokumentiert und geborgen. Dies betrifft insbesondere die Reste der Altäre und die Bauplastik. Die geborgenen romanischen Sockelprofile aus dem Querhausbereich beispielsweise sollten später an derselben Stelle, allerdings angepaßt an das neue Fußbodenniveau, wieder eingebaut werden.[85] Im Bereich der Dreikönigskapelle fand man zwei hochmittelalterliche Grabplatten, die bei der Errichtung der Kapellen überbaut worden waren. Sie wurden geborgen und sind heute im Keuzgang aufgestellt.[86] Die Grabkammern in den nördlichen Seitenkapellen waren zum überwiegenden Teil durch die hier detonierten Bomben stark beschädigt. Die Gräber wurden mit Genehmigung des Domkapitels geschlossen und mit Bauschutt und Mörtel zugeschüttet. Zuvor waren durch Bohland sen. die Grabkammern untersucht und «bestimmende Beigaben» geborgen worden.[87]

Zu den bedeutendsten Funden dieser Zeit zählt dabei die Aufdeckung eines hochmittelalterlichen Gipsestrichfußbodens im Vierungsbereich am 16. August 1950.[88] Dieser wurde ab 29. September 1950 präpariert und bis Jahresende geborgen. Die Bodenreste wurden von Bohland gereinigt, 6-fach mit Papier und Gaze überklebt, dann zersägt und stückweise abgenommen.[89]

Die aufgedeckten Fundamente wurden eingehend untersucht. Etwa 60 cm unterhalb des Fußbodens befand sich die Oberkante des unter Bischof Hezilo errichteten Fundamentes, in 1,60 m Tiefe das Fundament Bischof Altfrieds. Das Altfried-Fundament besteht aus großen, sorgfältig geschichteten Steinen, während das Hezilo-Fundament von Bohland sen. als «wenig kompaktes, lockeres Bruchsteinmauerwerk» beschrieben wird. Die Untersuchungen Bohlands trugen dazu bei, daß man sich dazu entschloß, das unter Bischof Hezilo errichtete Fundament komplett auszuheben, das Altfried-Fundament aber im Boden zu belassen.[90] Die modernen Betonfundamente liegen unmittelbar über diesen karolingischen Fundamenten. Die Fundamente der Kapellentrennwände wurden ebenfalls vollständig entfernt und durch neue, mit Eisen armierte Betonfundamente ersetzt. In gleicher Weise wurde mit den Außenwänden der ersten bis vierten Kapelle der Nordseite verfahren (vgl. dazu den Baubestandsplan Abb. 89).

Die Ausgrabungen im Dom und die jeweiligen Wiederherstellungsarbeiten wurden im Auftrag der Bauleitung Wiederaufbau Dom von dem Hildesheimer Photographen Hermann Wehmeyer photographisch dokumentiert. Er dokumentierte nicht nur die vorhandenen Reste der Ruine, sondern vor allem auch die Neubauarbeiten am Dom, die hier probeweise aufgestellten 1:1 Attrappen und die anläßlich des Domwiederaufbaues erstellten Modelle. Leider ist ein großer Teil dieser Aufnahmen heute verschollen.[91]

Abb. 30 Blick auf den Dom von Nordwesten während der Errichtung der nördlichen Mittelschiffswand

Im Laufe des Jahres 1950 wurde die nördliche Mittelschiffwand des Langhauses errichtet und das Mittelschiff mit einer massiven Decke aus Eisenbetonfertigteilen geschlossen (Abb. 30-33). In großem Umfang wurde dabei Beton als Baumaterial verwendet. Die Säulen, Pfeiler und zugehörigen Kapitelle wurden aus Beton gegossen. Die dazu erforderten Gußformen wurden von der Schlosserei Johannes Schulze in Hildesheim geliefert. Die Gußformen für die Säulen waren dreiteilig, jene für die Kapitelle vierteilig.[92] Noch heute sind bei genauer Betrachtung die Nähte der Gußformen erkennbar. Bei der Form orientierte man sich an den im 18. Jahrhundert weitgehend abgeschlagenen mittelalterlichen Kapitellen, wie sie in barocker Ummantelung an der Südwand noch erhalten waren. Bohland sen. bemerkt zur Ausgestaltung dieser Bauteile «Es ist bei den Mauern, Säulen, Kapitälen, Bögen und Fenstern im Inneren des Raumes von vorneherein darauf geachtet, dass keine Form vorweggenommen wird. Jede gewünschte oder erforderliche Ausgestaltung der Details ist möglich und soll der Gegenstand besonderer Überlegungen sein, die dann an Modellen in natürlicher Grösse geprüft und entschieden werden.»[93]

Gleichzeitig mit Errichtung der nördlichen Arkadenreihe wurden die Kapellentrennwände in Ziegelmauerwerk errichtet (Abb. 34). Auch die neue Obergadenwand des Mittelschiffes ist als Ziegelwand mit einem Stahlbetonskelett ausgeführt. Die Sichtseiten der Wand und die äußeren Fenstergewände sind in Naturstein verkleidet (Abb. 32). Dafür wurden alte und neue Steine verwendet. Die Decken wurden in Eisenbeton ausgeführt. Die Binder wurden an Ort und Stelle gegossen, die Deckenplatten bei Friedrich Schönewolf/Hildesheim vorgefertigt.

Nachdem die Decken eingezogen und damit auch die noch stehende alte südliche Mittelschiffwand wieder eine Aussteifung erhalten hatte, wurden dort die als nicht mehr tragfähig eingestuften Säulen, insgesamt vier von sechs, ausgetauscht. An Stelle der zweiteiligen Sandsteinsäulen wurden gegossene Betonsäulen eingefügt. Vor der Auswechselung der Säulen mußten die Arkaden unterstützt und ausgesteift werden. Hierzu errichtete man Hilfspfeiler aus Backsteinen, die schwere hölzerne Böcke trugen. Die riskante Arbeit ist in einer am 20. März 1951 angefertigten Photoserie von Wehmeyer dokumentiert (Abb. 35-37).[94]

Der Dachstuhl über dem Mittelschiff wurde im Frühjahr 1951 errichtet.[95] Auch er besteht aus Stahlbetonfertigteilen (Abb. 43, 94). Die Ankerbalken der Gespärre waren mit den Decken bereits an Ort und Stelle gegossen worden. Es wurden nur noch die vorgefertigten Betonsparren aufgestellt, die die Schalung des Daches tragen.

Die Außenwand der nördlichen Kapellenreihe entstand ab Juli 1952.[96] Sie wurde von Frau Voß geplant. Vorbild war die noch aufrecht stehende letzte, in ihrer Jochweite ver-

Abb. 32 Blick auf das Mittelschiff von Nordosten. Deutlich ist zu erkennen, daß die Obergadenwand aus Backsteinen gemauert ist und nur die Sichtseiten eine Schale aus Werkstein besitzen. Alte und neue Quader sind bunt gemischt. Am Mittelschiff sind deutlich die Schalungen für die an Ort und Stelle gegossenen Eisenbeton-Zerrbalken zu erkennen

Abb. 33 Blick in das nördliche Seitenschiff unmittelbar nach der Ausschalung der Decke

S. 50:
Abb. 31 Blick auf das Mittelschiff von Osten während der Errichtung der Mittelschiffswand

kürzte Kapelle. Von der Außenwand dieser Kapelle wurde von ihr ein steingerechtes Aufmaß erstellt und ausgehend davon die neu aufzubauenden Wände der zerstörten Kapellen konzipiert. In Plänen im Maßstab 1:10 wurde der Mauerverband genau durchgeplant. Dabei wurden die zu Beginn der Wiederaufbauarbeiten geborgenen, mit Nummern versehenen und katalogisierten alten Mauersteine wiederverwendet. Diese wurden an jeweils passenden Stellen in den neuen Mauerverband integriert, Fehlstellen mit neuen Werksteinen gefüllt. In den Versatzplänen waren dann für die Maurer jeweils die entsprechenden Steinnummern eingetragen, so daß eindeutig festgelegt war, welcher der geborgenen Steine an welcher Stelle wieder eingemauert werden sollte. Die neuen Steine kamen aus einem Steinbruch in Osterwald bei Hameln. In ihm sollen auch die alten Steine zum Dombau gebrochen worden sein. 1950 war er schon lange Zeit geschlossen, doch konnte für den Zweck des Domwiederaufbaues seine zeitweise Wiederöffnung erlangt und das erforderliche Steinmaterial gebrochen werden.[97]

Für die Gestaltung der Nordwand waren zum Zeitpunkt des Wiederaufbaues keine historischen Unterlagen bekannt. Das Fenster der schmäleren fünften Kapelle war 1945 zwar stark beschädigt worden, doch konnten seine Reste durch den Bildhauer Wilhelm Gienke wieder ergänzt werden.[98] Anders lag der Fall bei den im 18. Jahrhundert barockisierten Fenstern der vier westlich daran anschließenden Kapellen. Die Maßwerke der Nordseite wurden von Frau Voß entworfen. Da keine historischen Vorlagen vorhanden waren, mußte sie die Couronnements frei entwerfen.[99] Die geschweiften Formen an den Fenstern in der ersten und dritten Kapelle lehnen sich dabei an

Abb. 34 Blick auf den Dom von Nordwest und dem großen Aufzugsgerüst. Von der nördlichen Kapellenreihe sind nur die Trennwände errichtet soweit sie zur Aussteifung der nordlichen Mittelschiffswand erforderlich waren

Abb. 35 Blick aus dem Nordquerhaus in das Mittelschiff

Abb. 36 Blick in das Mittelschiff, mit den Notsicherungen von 1950

das eine noch erhalten gewesene Maßwerk der Westfenster des Godehardichores an, das nach seinem Ausbau von Wehmeyer photographiert worden war.
Geichzeitig wurden im Büro Fricke auch Entwürfe für die neu zu gestaltenden Maßwerke an den in den gotischen Zustand rückgebauten Fenstern der südlichen Kapellenreihe entworfen. Als Mustermaterial für die Entscheidung hatte Wehmeyer für die Bauleitung Wiederaufbau Dom gotische Fenstermaßwerke in Hildesheim, vor allem an St. Michael photographiert.[100] Die Entwürfe wurden von Fricke am 19. April 1952 dem Bischof vorgelegt.[101] Am 7. Juli 1952 fand eine Besprechung in größerem Kreis im Hildesheimer Regierungsgebäude statt.[102] Hier wurde beschlossen, daß an den Fenstern der südlichen Kapellenreihe die gotischen Fensteröffnungen wiederhergestellt werden und die Fenster der nördlichen Kapellenreihe dieselbe Form erhalten sollen. Die Fenster sollten nach Möglichkeit verschiedene Couronnements erhalten, man äußerte aber Bedenken gegen allzu historisierende Details in einzelnen der von Fricke vorgelegten Entwürfe und empfahl, «die Maßwerke trotz verschiedener Einzelwirkung im Maßstab der Glieder gleichmässig in der kräftigen Art der vorhandenen Maßwerke durchzuführen und zu kleinteilige Formen wie die Blüten an den Nasen fortzulassen.»[103]
Nachdem man eine Vorauswahl getroffen hatte wurde Bohland sen. beauftragt, illusionistisch gemalte Attrappen im Maßstab 1:1 für die Fensteröffnungen herzustellen.[104] Diese auf Hartfaserplatten aufgemalten Maßwerke wurden dann zur Entscheidungsfindung in die bereits fast fertigen Fensteröffnungen eingebaut[105] und von Wehmeyer photographiert (Abb. 51-54).[106] Nur die Sohlbänke fehlten noch, da sowohl vier- als auch fünfbahnige Entwürfe zur Diskussion standen.
Die neuen Fenstermaßwerke wurden von den Obernkirchener Sandsteinbrüchen Paul Ebeling geschaffen und in den Monaten April und Mai 1953 versetzt.[107] Gleichzeitig wurden für die Giebel der Kapellen Krabben und Kreuzblumen geschaffen. Bis zur Zerstörung 1945 waren diese

Abb. 62 Blick auf den neu errichteten Vierungsturm, Zustand 1955

- Aufgang zum Godehardichor
- Westwerkgestaltung

Der Ausbau des Domes sollte nach den Wünschen von Domkapitel und Bischof so vorangetrieben werden, daß zu Fronleichnam 1953 wieder eine Messe im Dom gehalten werden konnte. So erhielt der Fußboden einen durchgehenden Belag. Zuvor waren auf Drängen von Bohland sen. sämtliche Gräber im Mittelschiff geöffnet und untersucht worden.[131] Sie wurden nun wie die neu vorbereiteten Grabstätten mit schweren Betonplatten abgedeckt, die mit jeweils zwei mächtigen Eisenringen versehen sind, um sie bei Bedarf wieder öffnen zu können.
Vordringlich war aber zu klären, ob, und wenn ja, wo der Lettner wieder aufgebaut werden und wie der Altarraum gestaltet werden soll. Das Domkapitel befaßte sich im Januar 1953 sehr intensiv mit dieser Frage. Die Vorschläge reichten von einer Ablehnung des Wiederaufbaues im Chorbereich bis zu der Forderung, ihn in jedem Falle als unverzichtbaren Bestandteil des Dominventars wieder im Vierungsbereich aufzubauen. Wenn Generalvikar Offenstein am 23. Januar 1953 notiert «An sich hätte es große Vorzüge, wenn man ihn garnicht hätte», so ist dies keine Mißachtung gegenüber dem Kunstwerk, sondern Ausdruck seiner Nöte, einerseits den geänderten liturgischen Anforderungen gerecht wird, andererseits aber einen würdigen Aufstellungsort für den Lettner zu finden.[132] Man schloß sich schließlich den Ausführungen von Domkapitular Feltmann an, der vorgeschlagen hatte: «Es scheint mir nicht möglich, ganz auf den Lettner zu verzichten, es wird sich jedoch empfehlen, ihn möglichst weit nach Osten zu rücken. Der östliche Vierungsbogen ist wegen der vorspringenden Vierungspfeiler nicht breit genug, auch müssen die Vierungspfeiler sichtbar bleiben, um die Architektur der Vierung voll zur Wirkung kommen zu lassen. Somit käme eine Aufstellung dicht hinter dem östlichen Vierungsbogen in Frage. Der Raum hinter dem Lettner (Chorquadrat und Apsis) böte wohl noch hinreichend Raum für die Aufstellung des Chorgestühls. Der Lettner behielte seinen ursprünglichen Sinn. Außerdem gewänne man vor dem Lettner in der Vierung einen schönen, hoch gelegenen, gut sichtbaren Raum für die liturgischen Handlungen, an denen auch die Gläubigen von den Querschiffarmen aus gut teilnehmen können.»[133] Der Lettner wurde schließlich entsprechend diesem Vorschlag im Dom wieder aufgebaut.[134]
Die Verbindung zwischen Vierung und Langhaus erfolgte über eine zweiläufige Treppenanlage. Jeweils zwischen den Treppenläufen und den westlichen Vierungspfeilern befanden sich die wiederhergestellten westlichen Abgänge zur Krypta, zwischen den beiden Treppenläufen die Reste der Confessio. Diesen Zustand gibt auch das große Holzmodell (Kat. Nr. 13) wieder.
Bis Fronleichnam 1953 wurden provisorische Geländer an der Vierung und an den Treppenabgängen angebracht und 1:1 Modelle für Altar, Kanzel, Lesepult etc. aufgestellt. Gleichzeitig mußte auch eine Lösung für den nördlichen Abschluß des Querhauses und den Aufgang zum Godehardichor gefunden werden. In seinem Wettbewerbsentwurf hatte Fricke die Erschließung über eine an der Westwand des Querhauses entlanggeführte Treppe, die auch zu dem von ihm geplanten Arkadengang geführt hätte, vorgesehen. Mit dem Verwerfen dieser Planung mußte eine neue

Lösung gefunden werden. So wurden zunächst zwei Wendeltreppen geplant, die zumindest teilweise auch ausgeführt wurden.[135] Die Zugänge lagen jeweils in der Südost- und in der Südwestecke des Nordparadieses. Sie sind bis heute erhalten. Man vollendete diese Treppenanlage jedoch nicht, da sich die Wendeltreppen als zu eng erwiesen, um als Zugang für Musiker zu dienen. Daher kehrte man zumindest teilweise wieder zu der ursprünglichen Planung zurück. Die Treppe wurde nun entlang der West- und der Nordwand des Querhauses geführt und mündete in einen Laufgang, der zu dem oberen Kreuzgang führt. Von diesem Laufgang aus kann man über einen weiteren Treppenlauf den Godehardichor erreichen. Nicht geklärt war die Ausbildung der Brüstungen und der Portalgestaltung am Zugang zum letzten Treppenlauf. Bis Fronleichnam 1953 fertigte die Zimmerei Borchard aus Holz und Hartfaserplatten daher eine «Chorschranke» und die zugehörigen Brüstungen.[136] Die geschlossene Ausbildung dieser Wand mit ihren romanischen Arkaden im oberen Drittel (Abb. 57) erinnert sicherlich nicht zufällig an die Chorschranken in St. Michael. Die ungewöhnliche Höhe der Wand erklärt sich aus den Planungen Frickes, hier eine Chororgel zu plazieren.

An Fronleichnam 1953 konnte in dem so provisorisch benutzbar gemachten Dom die erste heilige Messe gelesen werden (Abb. 59).

Vollkommen offen blieb bis zu diesem Zeitpunkt die Gestaltung des Langhauses. Fricke hatte hier eine horizontale Gliederung durch ein Gesims geplant, für dessen Lage unterschiedliche Varianten im Gespräch waren, zum einen ein Gesims kurz über den Scheiteln der Langhausarkaden, zum anderen ein solches etwa mittig zwischen diesen Scheiteln und den Sohlbänken der Obergadenfenster. Eine vertikale Gliederung sollte durch Lisenen über den Pfeilern erfolgen. Fricke bezog sich dabei auf die Reste entsprechender Lisenen an der Südwand. Für die Säulen waren romanisierende Kapitelle vorgesehen. Im Wettbewerbsentwurf von Fricke tragen sie Schilfblattkapitelle. 1952 legte er zwei Gipsmodelle für die Gestaltung der Kapitelle vor, die heute als verschollen gelten. Ungeklärt war dabei auch die Frage, ob alle Kapitelle gleichförmig ausgebildet sein sollen, oder ob man jeweils individuelle Kapitellformen verwenden solle. Noch im Januar 1953 war eine Entscheidung nicht gefallen. Auch im Domkapitel hatte man sich darüber Gedanken gemacht. Die Domkapitulare Schneider und Seeland sprachen sich für Blattkapitelle entsprechend jenen aus der Bauzeit Bischof Hezilos aus, Domkapitular Bydolek für Würfelkapitelle.[137]

Die Frage der Innengestaltung blieb nun vorerst offen. Im Januar 1953 wollte Bohland sen. farbige Entwürfe für die Innenraumgestaltung anfertigen, die heute jedoch als verschollen gelten.[138] Die Arbeiten konzentrierten sich 1953 und 1954 auf die Sicherungs- und Wiederherstellungsarbeiten am Kreuzgang und den daran anschließenden Gebäuden, wie dem Komplex Sakristei und Schatzkammer sowie dem Rittersaal.

Die Diskussion kam erst in Zusammenhang mit der Umgestaltung des Westwerks erneut in Gang.

Das Westwerk

Im Wettbewerbsentwurf von Fricke war das Westwerk dergestalt verändert, daß die beiden schlanken Turmspitzen mit einem breitgelagerten, 3 hohe Arkaden besitzenden Glockenhaus verbunden werden sollten. Doch schon früh scheint man sich im Büro Fricke mit einer Veränderung dieser Turmgruppe beschäftigt zu haben. Frau Voß errinnert sich, daß ihnen die neoromanischen Obergeschosse immer ein Dorn im Auge waren, das Problem aber darin bestand, daß damit gerade jene Teile des Domes hätten abgebrochen werden müssen, die am besten erhalten waren. Wann die Entscheidung für den Abbruch der Turmobergeschosse fiel, läßt sich beim derzeitigen kenntnisstand nicht genau rekonstruieren. Bemerkenswert ist in jedem Fall, daß das 1952/53 von Gienke geschaffene Dommodell (Kat. Nr. 12) bereits ein Westwerk besaß, das die heutige Lösung vorwegnimmt. Leider ist von diesem Modell gerade diese Turmgruppe heute verschollen.

Die Eingriffe in die vorhandene Bausubstanz betrafen aber nicht nur die neuzeitlichen Obergeschosse des Westwerks, sondern vor allem auch das Erdgeschoß. Fricke hatte ursprünglich eine Aufweitung des Westportales und eine Verlegung des Hauptportales nach Westen geplant, um die vom Domkapitel geforderten Sitzplätze im Dom unterbringen zu können. Er plante hier eine dreischiffige Halle von 6 Jochen, die mit Kreuzgratgewölben überdeckt sein sollte. Den erforderlichen Raum gewann er durch den ersatzlosen Abbruch des bisherigen Westportales und einen weitgehenden Abbruch des Westparadieses.

Bei einer Begehung am 4. Januar 1954 wies Fricke erstmals darauf hin, daß die Domtürme einsturzgefährdet seien und man daher die weitere Innengestaltung einstweilen auf-

Abb. 63 Abbau der Turmobergeschosse, 1955

schieben müsse zugunsten der Sicherung der Westanlage.[139] Bei einer gemeinsamen Besprechung im Dom zwischen dem Bischof, dem Domkapitel Fricke sowie Restaurator Bohland sen. und Bohland jr. befaßte man sich ebenfalls mit dieser Frage und beschloß, daß binnen vier Wochen «ein Modell des Westwerkes, aufbauend auf der alten freigelegten romanischen Form, vorgelegt werden» solle. Das Modell sollte das 1. Joch des Langhauses und der Seitenkapellen umfassen.[140]

Im Juni 1955 begann man mit dem Abbruch der Westtürme, allerdings ohne vorherige Zustimmung des Landeskonservators. Dabei wurden die schlanken Turmhelme bis zur Oberkante des Querriegels abgetragen (Abb. 63). Am 3. Oktober 1955 schließlich begann man auch das Westparadies teilweise abzubrechen (Abb. 64), und zwar bis auf eine Höhe von ca. 10 m über dem Bodenniveau (Abb. 65).[141] Am 28. November desselben Jahres teilte Bohland sen. mit, daß der oberste Teil des Westportales abgenommen worden sei. Der Sturz sei in drei Teile zerbro-

Abb. 64 Abbau der oberen Mauerbereiche des Westparadieses, 1955

Abb. 65 Abbau des Westparadieses bis auf eine Höhe von 11 m

Abb. 66 Entwurf zum neuen Westwerk, November 1955, Westfassade. Niedersächsisches Landesdenkmalamt, Planarchiv

Abb. 67 Entwurf zum neuen Westwerk, November 1955, Südansicht. Niedersächsisches Landesdenkmalamt, Planarchiv

chen gewesen.[142] Die Gewändesteine waren vor dem Abbruch nummeriert und von Wehmeyer photographisch dokumentiert worden.[143] Bis zum Januar 1956 war das gesamte Portal abgebaut. Parallel dazu waren durch Bohland weitere Ausgrabungen in diesem Bereich durchgeführt worden.

In dieser Zeit entstanden eine Reihe von Plansätzen im Büro Fricke. Bei den Planungen wurde versucht, das Erscheinungsbild des 1840 abgebrochenen Westwerkes zurückzugewinnen. Dabei stand das Westwerk des Mindener Domes Pate. Gegenstand der Auseinandersetzungen waren die Art und die Größe der Fenster bzw. Fenstergruppen und die Art der Anbauten an dieses neue Westmassiv. Am 1. November 1955 fand eine Besprechung statt, zu der Fricke einen kompletten Satz von Entwürfen zum Westwerk vorgelegt hat, die vom nunmehrigen Landeskonservator Karpa als Grundlage für die Detailbearbeitung anerkannt wurden - ausgenommen die Vorhalle. Das Projekt entspricht - zumindest im Außenbau weitgehend der späteren Ausführung. Die Vorhalle ist deutlich niedriger als der Vorgängerbau, das reich gestufte Portal für die Bernwardstüren ganz an die Westwand verschoben. Auf dem Mittelstück des Turmes ist ein achteckiger Dachreiter vorgesehen (Abb. 66-68). Die Unterschiede zur späteren Ausführungen bestehen vor allem bei der Innengestaltung und den Anbauten. So sollte sich das Turmmassiv, immer noch basierend auf dem dreischiffigen Erdgeschoßraum im Westparadies, in zwei Arkadenstellungen zum Langhaus hin öffnen: im Erdgeschoß eine Dreierarkade mit leicht erhöhtem und verbreitertem Mittelbogen und im Obergeschoß einer Fünferarkade, die von einen mächtigen Rundbogen überfangen werden sollte. Im ersten Joch des Langhauses öffnen sich im Obergadenbereich zwei große Bögen zu den Obergeschoßräumen über dem jeweils ersten

bis zum Jahreswechsel 1958/59 vorgelegten Entwürfe zur Gestaltung der Kapitelle keine Zustimmung gefunden hatten, wurde auf der Sitzung der Dombaukomission vom 12. Februar 1959 vorgeschlagen, einen vollkommen neuen Weg zu gehen und an Stelle der historisierenden Kapitelle moderne Kapitelle anzubringen. Bildhauer Göhre war in dieser Sitzung anwesend und erklärte, daß die Säulen in ihrer rohen Form erhalten bleiben und lediglich einen ornamentalen Schmuck erhalten sollen. Die Säulen unter der Orgelempore sollen modern gestaltete Steinkapitelle tragen. Die Vorschläge wurden von der Kommission gebilligt.[179] Am 16. Mai 1959 lagen die Modelle für die Kapitelle vor (Kat. Nr. 19). Göhre unterbreitete den Vorschlag, bei den alten Kapitellen Ornamente einzuhauen, bei den Betonkapitellen aber figürliche Reliefs zu applizieren. Dies wurde von der Kommission gebilligt. Göhre sollte bis zum 15. Juni ein Modell in natürlicher Größe ausarbeiten. Gleichzeitig fiel der Beschluß, daß die Säulen keine Basen erhalten sollten.[180] Dieses Muster wird für gut empfunden. Es wurde daher Bohland gebeten, sich mit Prof. Riebartsch am Bischöflichen Priesterseminar in Verbindung zu setzen, um ein Programm für diese neu zu schaffenden Reliefs zu erarbeiten.[181] Diese Aufstellung wird Herrn Göhre bis 1. Juli 1959 zugesagt, die Kapitelle sollten bis zum 1. November fertiggestellt sein. Im Dezember 1959 erklärte Göhre, daß es noch möglich sei, die Kapitelle bis zur Domweihe 1960 fertigzustellen.[182] Göhre schlug vor, die Reliefs in Bronze zu gießen. Bis zum 7. Januar 1960 lagen die geforderten Entwürfe noch nicht vor, so daß die Dombaukommission den Auftrag an Göhre auf zunächst 2 Kapitelle reduzierte.[183] Auch hier ist schließlich die weitere Ausführung unterblieben.

Als am 27. März 1960 der Dom neu geweiht wurde, war er in vielen Bereichen nur provisorisch fertiggestellt. Teilweise erfuhr er in späterer Zeit Umgestaltungen, teilweise haben sich diese Provisorien als überaus dauerhaft erwiesen und prägen noch heute das Gesamtbild des Domes.

Schluß

Betrachtet man heute mit dem Abstand von 50 Jahren die Entwürfe zum Wiederaufbau des Domes und die Realisierung des Projektes von Fricke, so überrachst zunächst die Selbstverständlichkeit, mit der man sich über eine Wiederherstellung des Erscheinungsbildes des zerstörten Domes hinweggesetzt hat. Auch wenn Fricke wiederholt vorgeworfen wurde, einen barocken Dom schaffen zu wollen, sein Grundentwurf beinhaltete die Rückführung des Domes auf seine vermeintlich ursprüngliche Form, aber in der Gestaltung der 50er Jahre. Den Ausschlag für Fricke hatte zunächst vermutlich der Umstand ergeben, daß er soviel als möglich von der alten Bausubstanz weiterverwenden wollte. Daß schließlich erheblich mehr Bausubstanz abgetragen wurde, steht auf einem anderen Blatt. Wichtig war auch, daß es zumindest in der Anfangszeit einen Konsens zwischen Fricke und Bischof Joseph Godehard gegeben hat. Aus welchen Gründen es schließlich zu einem eher kühlen Verhältnis zwischen Fricke und dem Domkapitel und dem Bischof andererseits kam, läßt sich nach bisheriger Kenntnis nicht beantworten. Das Aktenmaterial lenkt hier die Spur auf eine Persönlichkeit, die scheinbar am Rande, tatsächlich aber wohl doch an entscheidender Stelle auf die Gestaltfindungen eingewirkt hat - der Restaurator Joseph Bohland sen. Seine Berichte an den Landeskonservator belegen, daß er zielstrebig darauf hingearbeitet hat, die romanische Gestalt des Domes zurückzugewinnen. Die langwierige Diskussion um die Gestaltung des Westwerkes, die Ausbildung der Langhauskapitelle und die Gestaltung der Decke zeigte, daß ein solcher Ansatz aber notwendigerweise scheitern mußte. Wohl waren die Kubaturen der romanischen Anlage zu rekonstruieren, aber spätestens bei der Innengestaltung fehlten die dafür erforderlichen Anhaltspukte. Notwendigerweise konnte hier nur ein zeitgenössischer Raum entstehen.

Bemerkenswert erscheinen in diesem Zusammenhang die Anforderungen, die den Architekten bei dem Wettbewerb 1949 gestellt worden waren. Durch die rechtzeitige Auslagerung waren die bedeutendsten Kunstschätze aus dem Dom und dem Domschatz gerettet worden. Diese sollten ausnahmslos in dem wiederaufzubauenden Dom eine adäquate Aufstellung erhalten. Es galt also, nicht nur einen modernen Anforderungen genügenden Dom zu planen, sondern auch eine den Objekten und ihrer historischen Bedeutung angemessene Integration in den Baukörper auszuarbeiten. Betrachtet man die Wettbewerbsentwürfe unter diesem Gesichtspunkt, so bot der Entwurf von Fricke sicherlich die besten Möglichkeiten, diesem Wunsch zu entsprechen. Der Entwurf war alles andere als modern zu seiner Zeit - dies konnte man eher von den Entwürfen von Weyres oder von Mänz sagen. Seine Planung trat vielmehr eher hinter dem erhaltenen Bau- und Ausstattungsbestand zurück und ordnete sich diesem unter. Aus diesem Blickwinkel erschließen sich dann auch die Qualitäten der

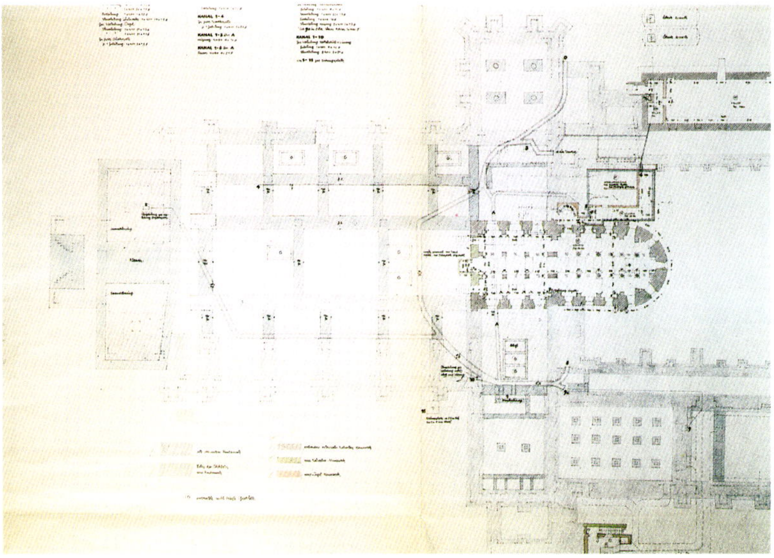

Abb. 89 Baubestandsplan. Grundriß auf Fundamentebene

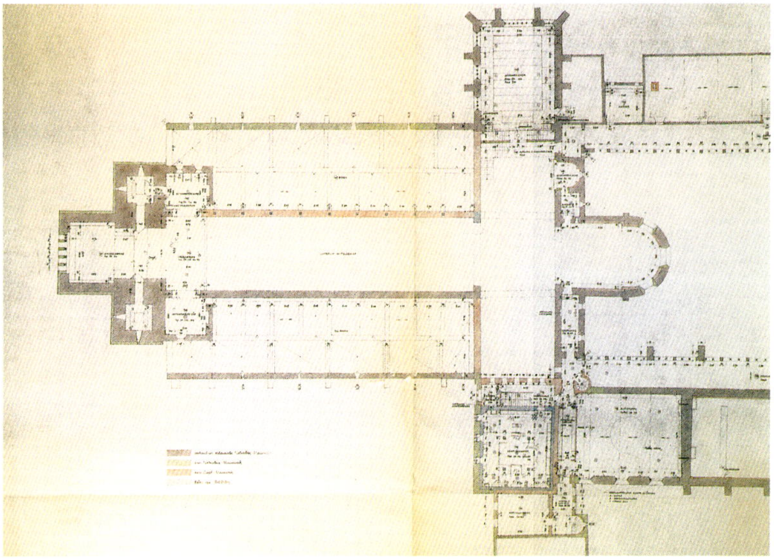

Abb. 90 Baubestandsplan, Grundriß in Höhe des Obergadens

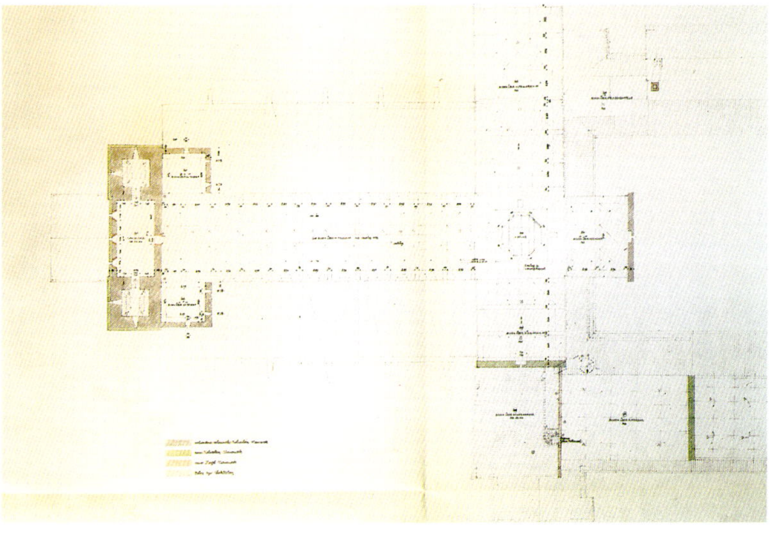

Abb. 91 Baubestandsplan. Grundriß in Höhe des Daches

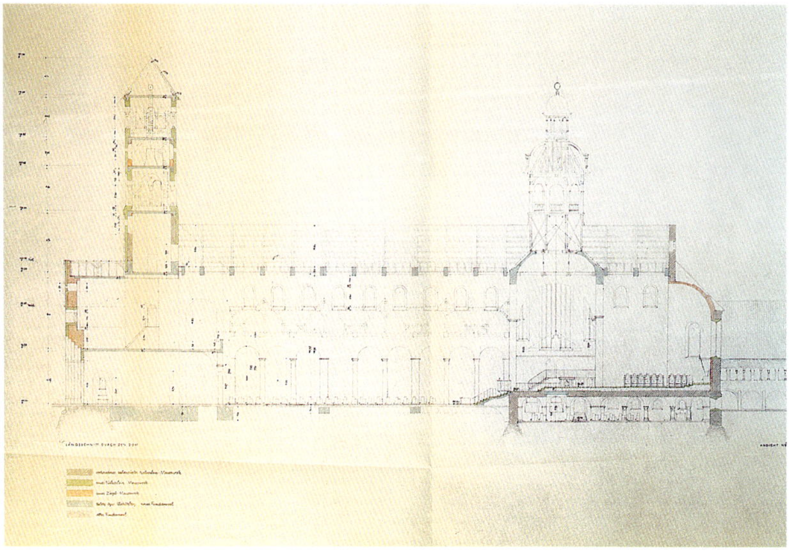

Abb. 92 *Baubestandsplan. Längsschnitt*

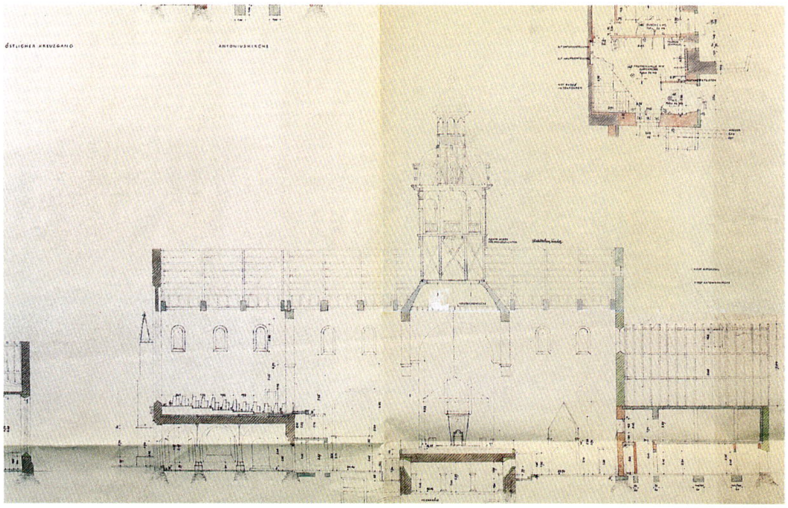

Abb. 93 *Baubestandsplan. Querschnitt Querhaus*

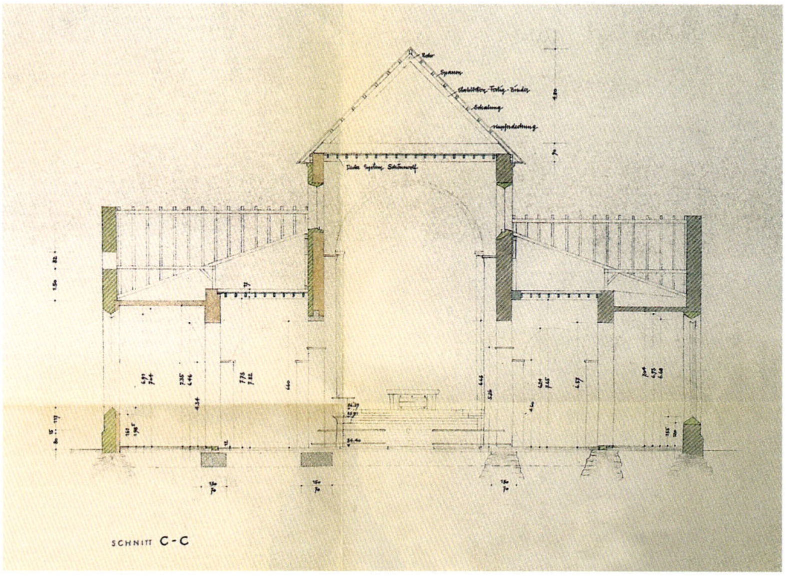

Abb. 94 *Baubestandsplan, Querschnitt Langhaus*

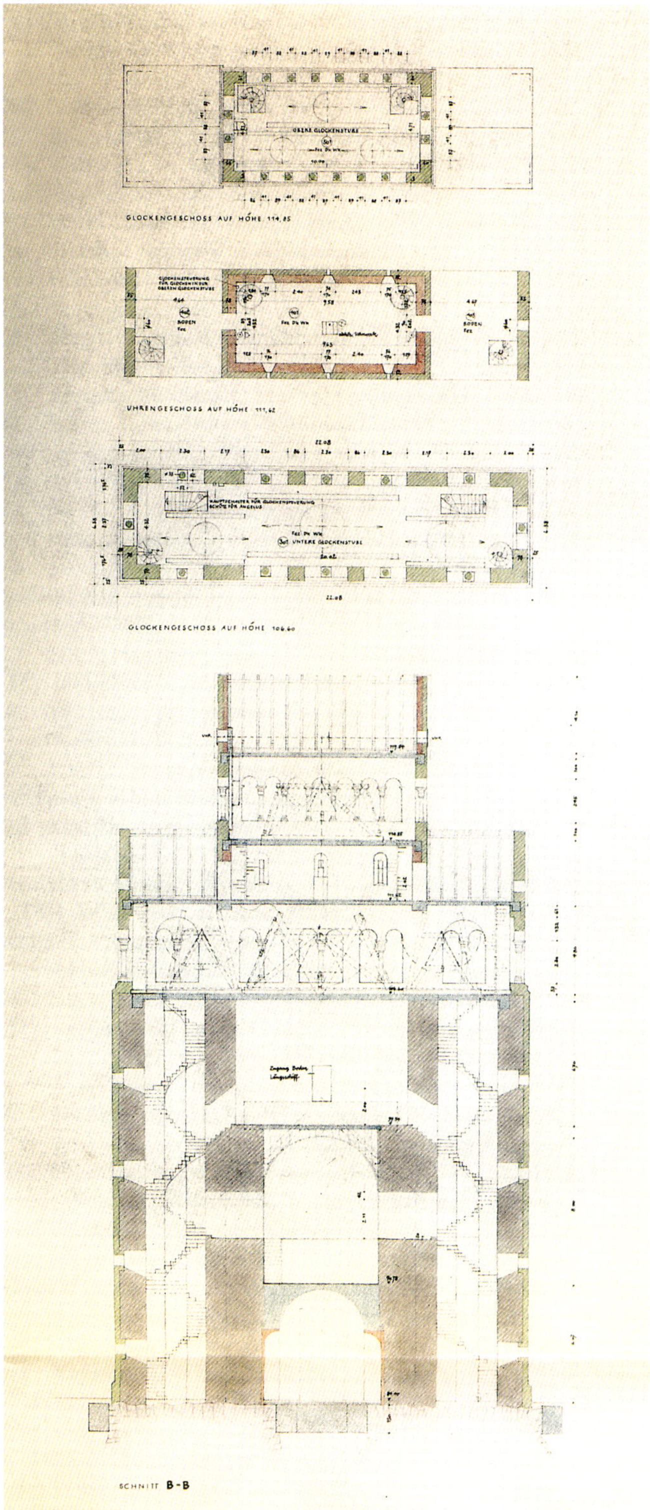

Planung von Fricke. Trotz der Bezugnahme auf den hochmittelalterlichen Bau entstand so ein Raum der 50er Jahre, der den Kunstschätzen aus dem 10. bis 13. Jahrhundert einen angemessenen Rahmen bietet. Ein Raum also, dessen Qualitäten man nicht unterschätzen sollte.

Anmerkungen

1 BAH, Bestand Domkapitel-Nachträge, Fasc. 51, Nr. 1.
2 BAH, Bestand Domkapitel-Nachträge, Fasc. 50, Nr. 2.
3 BAH, Bestand Domkapitel-Nachträge, Fasc. 50, Nr. 3.
4 BAH, Bestand Domkapitel-Nachträge, Fasc. 50, Nr. 4.
5 BAH, Bestand Domkapitel-Nachträge, Fasc. 50, Nr. 8 und 9 (Reisebericht das damaligen Provinzialkonservators Deckert vom 1. Oktober 1941).
6 NLD, Schriftarchiv, Hildesheim Dom I, Mappe 2.
7 BAH, Bestand Domkapitel-Nachträge, Fasc. 51, Nr. 37.
8 Vgl. dazu den Beitrag von Adalbert Senker.
9 BAH, Bestand Domkapitel-Nachträge, Fasc. 50, Nr. 11.
10 BAH, Bestand Domkapitel-Nachträge, Fasc. 50, Nr. 13, 15.
11 BAH, Bestand Domkapitel-Nachträge, Fasc. 50, Nr. 20 (Rechnung der Zimmerei Borchard vom 1. Juli 1943). Die archivalischen Quellen zu diesem Transport sind allerdings nicht eindeutig. Am 2. Mai 1942 schreibt Joseph Bohland an den zuständigen Konservator Deckert, «Für den Transport der Säule habe ich endlich die Hilfe eines erfahrenen Zimmermanns er-

Abb. 95 Baubestandsplan, Westturm

Abb. 96 Westturm

servierung der hochmittelalterlichen Kunstgegenstände betrugen DM 65.600,00, d. h. 1/4 der Antragssumme. Die weiteren im Zuschußantrag genannten Arbeiten beziehen sich auf den Wiederaufbau der Schatzkammer, des Rittersaales, der Bedachung des Kreuzganges und – als einzige weitere Maßnahme am Dom selbst – die Torkretierung der südlichen Chorwand.

130 So beispielsweise in der Hannoverschen Presse vom 3. Januar 1953: «Das karolingische Raumgefüge bleibt. Fronleichnam soll wieder im Dom gefeiert werden».

131 BGV Hildesheim, Registraturakten. Eingabe von Bohland sen. vom 13. Januar 1953.

132 BGV Hildesheim, Registraturakten.

133 BGV Hildesheim, Registraturakten. Gedanken zur Innengestaltung des Domes von Dmkapitular Feltmann vom 22. Januar 1953.

134 Siehe hierzu im einzelnen den Beitrag Heise, S. ***.

135 NLD, Hildesheim Dom II, Bericht von Bohland sen. vom 15. August 1954.

136 BAH, Bestand Dom Wiederaufbau, Fasc. 2, Rechnung vom 25. Juni 1953.

137 BGV Hildesheim, Registraturakten.

138 NLD, Schriftarchiv, Hildesheim Dom I, Mappe 2, Aktenvermerk Roggenkamp über die Besichtigung des Hildesheimer Domes am 9. Januar 1953, vom 12. Januar 1953. Möglicherweise entstand die kolorierte Innenraumperspektive im NLD, Planarchiv, in diesem Zusammenhang.

139 NLD, Schriftarchiv, Aktennotiv von Bohland sen. über die Besprechung vom 4. Januar 1954.

140 BGV Hildesheim, Registraturakten, Aktenvermerk über die Besprechung vom 29. März 1955.

141 HStA Nds. 120 Acc. 166/86 Nr. 1572, Mitteilung der Bauleitung an Oberregierungsbaurat Mänz vom 3. Oktober 1955.

142 HStA, Nds. 120 Acc. 166/86 Nr. 1572, Schreiben Bohlands vom 28. November 1955.

143 BAH, Bestand Dom Wiederaufbau, Fasc. 11, Rechnung vom 4. Februar 1955.

144 BAH, Bestand Dom Wiederaufbau, Fasc. 19, Rechnung vom 2. Juli 1956.

145 BAH, Bestand Dom Wiederaufbau, Fasc. 19, Rechnung vom 19. Juni 1956.

146 BAH, Betsand Dom Wiederaufbau, Rechnung vom 20. Juni 1956.

147 BGV Hildesheim, Registraturakten, Protokollergänzung vom 18. Juli 1956.

148 BGV Hildesheim, Registraturakten, Protokoll der Kapitelsitzung vom 3. Juli 1956.

149 BGV Hildesheim, Registraturakten.

150 BAH, Dom Wiederaufbau, Fasc. 10, Rechnungen vom 3. und 17. Mai 1956.

151 BAH, Dom Wiederaufbau, Fasc. 16, Rechnung vom 2. März 1956. das dort erwähnte «Kapitäl aus Sandstein mit Blattverzierung» kann mit dem Kapitell der nordwestlichsten Säule der Laurentiuskapelle identisch sein.

152 BAH, Bestand Dom Wiederaufbau, Fasc. 11, Rechnung vom 12. Mai 1956.

153 BAH, Bestand Dom Wiederaufbau, Fasc. 16, Rechnung vom 30. November 1956.

154 NLD, Schriftarchiv, Hildesheim Dom II, Vermerk vom 23. März 1955.

155 NLD, Schriftarchiv, Hildesheim Dom II, Schreiben von Karpa an Generalvikar Offenstein vom 14. Juni 1955.

156 BAH, Bestand Dom Wiederaufbau, Fasc. 11, Rechnungen vom 1. Februar 1956.

157 NLD, Schriftarchiv, Hildesheim Dom III.

158 NLD, Schriftarchiv, Hildesheim Dom II, Briefentwurf vom 25. Mai 1956.

159 NLD, Schriftarchiv, Hildesheim Dom II.

160 Sie dazu der Beitrag Heise.

161 NLD, Schriftarchiv, Hildesheim Dom II, Aktenvermerk Roggenkamp vom 22. März 1958 und das Protokoll Offenstein von der Sitzung der Dombaukommission vom 10. Februar 1958.

162 NLD, Schriftarchiv, Hildesheim Dom II. Gollert in der Sitzung vom 10. Februar 1958.

163 NLD, Schriftarchiv, Hildesheim Dom II, Sitzung der Dombaukommission vom 10. Februar 1958.

164 NLD, Schriftarchiv, Hildesheim Dom II, Sitzung der Dombaukommission vom 28. Februar 1958.

165 Heute ist in Alpirsbach diese Deckengestaltung nicht mehr vorhanden. Se wurde bei der letzten Restaurierung des Innenraumes verändert.

166 NLD, Schriftarchiv, Hildesheim Dom II, Protokolle der Sitzungen der Dombaukommission vom 28. Februar und vom 10. Juli 1958.

167 NLD, Schriftarchiv, Hildesheim Dom II, Protokoll der Dombaukommission vom 10. Juli 1958.

168 NLD, Schriftarchiv, Hildesheim Dom II, Protokoll der Dombaukommission vom 10. Juli 1958.

169 NLD, Schriftarchiv, Hildesheim Dom II, Protokoll der Dombaukommission vom 10. Juli 1958.

170 NLD, Schriftarchiv, Hildesheim Dom II, Protokoll der Dombaukommission vom 22. Juli 1958.

171 NLD, Schriftarchiv, Hildesheim Dom II, Protokoll der Dombaukommission vom 25. September 1958.

172 NLD, Schriftarchiv, Hildesheim Dom II, Protokoll der Dombaukommission vom 6. Dezember 1958.

173 NLD, Schriftarchiv, Hildesheim Dom II, Protokoll der Dombaukommission vom 25. November 1958.

174 NLD, Schriftarchiv, Hildesheim Dom II, Protokoll der Dombaukommission vom 6. Dezember 1958.

175 BGV Hildesheim, Registraturakten.

176 Die Glasmalereien im Hochchor wurden bei einer neugestaltung der Chorfenster Mitte der 60er jahre ausgebaut und befinden sich heute in der Pax Christi Kapelle. An ihrer Stelle sind heute Glasfenster nach Entwürfen von Kaldenhoff eingesetzt.

177 NLD, Schriftarchiv, Hildesheim Dom II, Protokoll der Dombaukommission vom 25. November 1958.

178 NLD, Schriftarchiv, Hildesheim Dom II, Protokoll der Dombaukommission vom 6. Dezember 1958.

179 NLD, Schriftarchiv, Hildesheim Dom III, Mappe 1, Protokoll der Dombaukommission vom 12. Februar 1959.

180 NLD, Schriftarchiv, Hildesheim Dom III, Mappe 1, Protokoll der Dombaukommission vom 16. Mai 1959.

181 NLD, Schriftarchiv, Hildesheim Dom III, Mappe 1, Protokol der Dombaukommission vom 15. Juni 1959.

182 NLD, Schriftarchiv, Hildesheim Dom III, Mappe 1, Protokoll der Dombaukommission vom 5. Dezember 1959.

183 NLD, Schriftarchiv, Hildesheim Dom III, Mappe 1, Protokoll der Dombaukommission vom 5. Januar 1959.

oben: Abb. 98 Dom von Nordwesten
S. 87: Abb. 97 Westturm von Nordwesten

S. 89: Abb. 99 Inneres nach Osten

oben: Abb. 101 Glasfenster von Ludwig Baur im Godehardichor
S. 90: Abb. 100 Blick vom südlichen Seitenschiff in die Vierung

Abb. 102 Lioba Munz, Tabernakel in der Krypta, 1960
Abb. 103 u. 104 (folgende Doppelseite): Lioba Munz, Tabernakel, Vorderseite: Erzengel Gabriel (links) und Maria (rechts)

Elisabeth Scholz

Über die Gestaltung des Inneren beim Wiederaufbau des Hildesheimer Domes

Im folgenden wird der Versuch unternommen, anhand von Plänen, Fotos und Protokollen die Planungen für verschiedene Bereiche der Innengestaltung des Domes aufzuzeigen. Dazu gehören insbesondere die Gestaltung der Krypta und Detailfragen zu den Außentüren und Windfängen, den Fenstern, der Beleuchtung, dem Gestühl, den Fußböden und den Gittern. Ein Exkurs über die Glocken befindet sich am Ende dieses Beitrags. Andere wichtige Themen wie die Problematik um den Lettner, eine neue Orgel, den Hezilo-Radleuchter und die Gestaltung des Hochchores werden in eigenen Beiträgen behandelt, so daß hier nicht näher darauf eingegangen wird.

Bildung einer Dombaukommission

Um die Mitte der 50er Jahre war der Wiederaufbau des Hildesheimer Domes soweit vorangeschritten, daß man sich mit der Gestaltung des Inneren auseinandersetzen mußte. Der niedersächsische Landeskonservator Professor Dr. Oskar Karpa weist das Domkapitel in einem Schreiben vom 27. Mai 1955 darauf hin, daß der Wiederaufbau nach der Fertigstellung des Rohbaus «in ein entscheidend neues Stadium» eintritt und «eine neue Planung notwendig» wird. «Der kirchliche Rang des Gebäudes, die reine und edle Schönheit der Räume, wie sie jetzt erlebt wird, die Wahrung aller Bestände des Baudenkmals, die Kostbarkeit der weltberühmten Kunstwerke verpflichten zu rechtzeitiger gemeinsamer Überlegung, die sowohl die kultischen wie die denkmalpflegerischen Interessen in höchster Verantwortung berücksichtigt.» Karpa bittet daher um ein baldiges Zusammentreffen in Hildesheim.[1]

Bei seinem Besuch am 1. September 1955 schlägt Landeskonservator Karpa dem Bischof und dem Domkapitel die Bildung eines Beratungsausschusses vor. Dieser soll sich aus Mitgliedern des Domkapitels, dem leitenden Architekten Wilhelm Fricke, dem ehemaligen Landeskonservator Professor Dr. Deckert, dem Hildesheimer Regierungsbaurat Mänz, dem Restaurator Joseph Bohland und dem Landeskonservator selbst zusammensetzen. In diesem Zusammenhang verweist Professor Karpa auf das Beispiel der Hildesheimer Michaeliskirche, bei deren Wiederaufbau gute Erfahrungen mit einem solchen Beratungsausschuß gemacht wurden.

Die schwere Erkrankung von Bischof Joseph Godehard Machens verzögert die Bildung einer Dombaukommission, wie sie von der Denkmalpflege angestrebt wird. In dem Entwurf eines Schreibens vom 28.5.1956 beklagt der Landeskonservator, daß der Niedersächsischen Denkmalpflege nicht genügend Einfluß für die Wahrung der «geschichtlich-denkmalpflegerischen Gesichtspunkte» eingeräumt wird. Als Konsequenz lehnt er jede Verantwortung für die Innengestaltung ab.[2] Am 14. August 1956 stirbt Bischof Joseph Godehard. Der neue Bischof Heinrich Maria Janssen wird am 14.5.1957 inthronisiert. Am 29.8.1957 kommt es zu einer Vereinbarung zwischen dem Land Niedersachsen, dem Bischof von Hildesheim, dem Domkapitel zu Hildesheim und der Domkirche, die auch die Bildung einer Dombaukommission festlegt.

Die erste Sitzung findet am 27.1.1958[3] statt. In der Kommission sitzen als Vertreter der Diözese der Generalvikar Prälat Dr. Offenstein, Domdechant Stuke, Generalvikariatsrat Dr. Mansfeld und Diözesanbaurat Fehlig. Das Land Niedersachsen wird vertreten von Ministerialdirigent Prof. Gollert, Oberregierungsrat Dr. Weiher, Dr. Roggenkamp als Vertreter für den Landeskonservator Professor Dr. Karpa und dem Restaurator Joseph Bohland sen. Außerdem gehört der leitende Architekt Wilhelm Fricke aus Hannover der Kommission an.

Krypta

Die Krypta des Hildesheimer Doms war einer der ersten Bereiche, die für den Gottesdienst wiederhergestellt wurden. Am 17. Juni 1956 meldet die Kirchenzeitung,[4] daß in der Krypta wieder allsonntäglich das Konventualamt des Domkapitels gefeiert wird. Zu diesem Zeitpunkt bildeten zwei seitliche Türen in der Westwand den Eingang zur Krypta.[5] Ein schlichter Altar aus großen Stein-

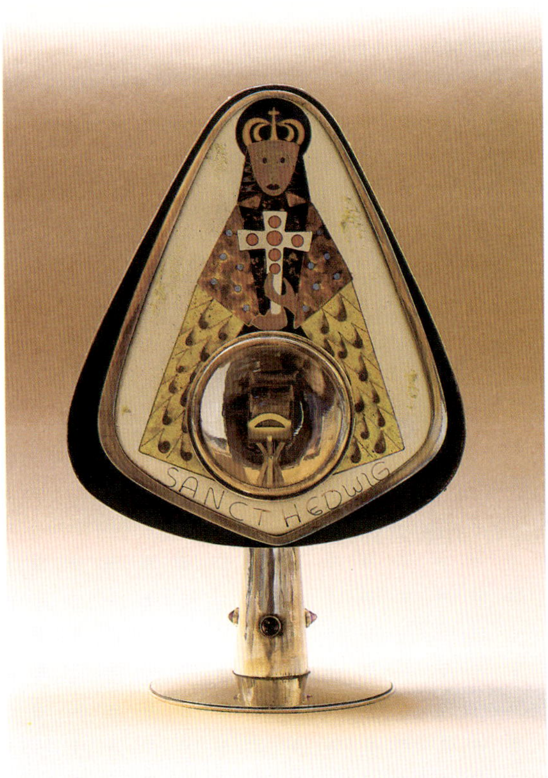

Abb. 105 Lioba Munz, Altarkreuz, Vorderseite: Gekreuzigter

Abb. 106 Lioba Munz, Altarkreuz, Rückseite: Agnus Dei

Abb. 107 Willy Polders, Reliquienostensorium der hl. Hedwig, 1960

quadern stand vor dem östlichen Fenster im Scheitel der Apsis. Auf dem Altar befand sich ein Tabernakel mit einem Altarkreuz darauf und sechs Altarleuchtern.[6] Als Fußboden hatte man 1955 einen Niello-Gipsestrich in Erwägung gezogen,[7] für den ein Entwurf vorliegt (Abb. 108).

Der Zustand der Krypta blieb aber weiterhin ein Provisorium. Einem Protokoll vom 3. Juli 1956 zufolge wollte das Domkapitel Bischof Joseph Godehard den Tabernakel in der Krypta zur Vollendung seines 70. Lebensjahres am 29. August 1956 schenken. Sr. Lioba Munz, Benediktinerin in Fulda, Möhler in Schwäbisch-Gmünd und der Bildhauer Heinrich Waldmann aus Hildesheim sollten aufgefordert werden, entsprechende Entwürfe vorzulegen, weil man ansprechende Arbeiten von ihnen aus Fotografien kannte[8].

Die Ausschreibung fordert ausdrücklich ein «formschönes, wohl gut vergoldetes, feuer- und diebessicheres Tabernakel, das das Herzstück des Domes darstellt, da die Krypta zugleich die Sakramentskapelle des Domes werden soll».[9] Aus den Unterlagen zum Wettbewerb geht auch hervor, daß der derzeitige Tabernakel ein mit weißer Seide bespannter Scheintabernakel ist. Das Motiv auf dem neuen Tabernakel soll nach dem Wunsch des Bischofs Joseph Godehard Machens eine Verkündigung darstellen. Außerdem soll die Gnadenmadonna des Domes, die seit dem 14. Jahrhundert an dieser Stelle verehrt wurde, hinter dem Altar auf einer Säule erhöht aufgestellt werden. Ein kleines Altarkreuz, das auf den Tabernakel gestellt wird, und ein Ewiges Licht sind noch einzuplanen.

Von dem Hildesheimer Bildhauer Heinrich Waldmann, der 1949 bereits den Heziloleuchter gereinigt und konserviert hatte (siehe Beitrag Wolfsbauer), haben sich fünf Ideenskizzen (Kat. Nr. 30) erhalten. Seine Vorschläge und Entwürfe stellen einen interessanten Beitrag zur Geschichte der Ausstattung dar. In seinem Schreiben vom 16. Oktober 1956[10] weist er zunächst darauf hin, daß die vom Domkapitel vorgesehene Aufstellung der Gnadenmadonna auf einer Säule mit romanischem Kapitell nicht sehr sinnvoll sei. Sein Entwurf zeigt, daß die Säule im Verhältnis zu hoch ist und die Statue der Madonna das dahinterliegende Fenster überschneidet, statt von ihm gerahmt zu werden. Zudem konkurriere das Kapitell sowohl mit der Madonna als auch mit dem Tabernakel. Waldmann schlägt daher vor, auf die Säule zu verzichten und sie durch eine niedrigere, neutrale Stele zu ersetzen. Sein Alternativvorschlag rückt den Tabernakel in den Vordergrund, hinter

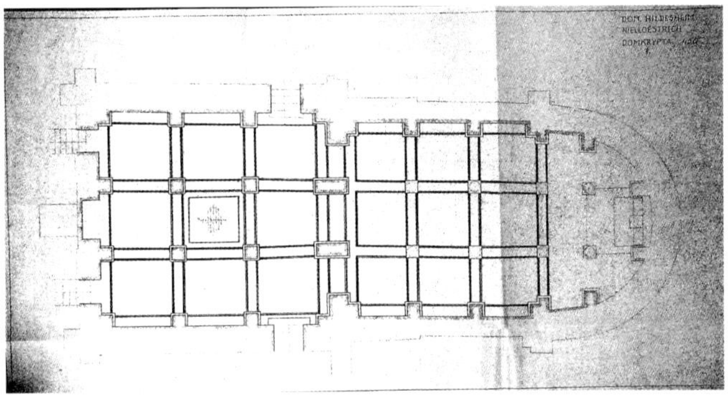

Abb. 108 Entwurf für einen Niello-Estrich in der Domkrypta, 1956

und über dem die Gnadenmadonna thront. Das rückwärtige Fenster bildet dazu den perfekten Rahmen. Die Maße der Stele sind so gewählt, daß sie gleichzeitig den Hintergrund für das Altarkreuz bildet.

Für den Tabernakel, das Altarkreuz und den Ewig-Lichtträger hat Waldmann noch jeweils einen eigenen Entwurf geliefert. Auf dem Tabernakel ist – wie gefordert – eine Verkündigungsszene vorgesehen. Sie zeigt in sehr klaren, stilisierten Formen den Engel mit der Lilie, der vor der knienden Maria kniet. Der Heilige Geist in Gestalt einer Taube kommt auf Maria herab. Die Figuren und der abschließende Rahmen sollen in Email ausgeführt werden. Das Schloß der Tabernakeltür wird durch einen großen Bergkristall verdeckt. Vier weitere Bergkristalle sind für die vier Ecken der Schauseite vorgesehen. Für die Vergoldung kommt wegen der hohen Luftfeuchtigkeit in der Krypta nur eine Feuervergoldung in Frage, da sie auch in ästhetischer Hinsicht die besten Ergebnisse erzielt. Waldmann betont, daß es sich bei seinem Entwurf um eine erste Ideenskizze handelt, die in jeder Hinsicht noch verändert werden kann.

Auch das Altarkreuz spiegelt den klaren modernen Stil Waldmanns wider. Der silberne Korpus, als Viernagelkreuz mit Anleihen bei der romanischen Kunst, schwebt vor einem goldenen Kruzifix, dessen Balkenenden mit Edelsteinen besetzt sind und dessen Sockel aus einer Bergkristallkugel auf einer schmalen, goldenen Platte besteht.

Das Ewige Licht gestaltet Waldmann nicht als Ampel, die in der Krypta schlecht unterzubringen wäre, sondern als transportablen Leuchter. Als Vorbild hat er sich an die bereits vorhandenen bronzenen Altarleuchter gehalten, auch um nicht durch ein neues Modell zusätzliche Unruhe in den Altarbereich zu bringen.

Petra Meschede

Die Farbe soll den Raum zum Klingen bringen - Der Hochchor im Hildesheimer Dom

Der Wiederaufbau des Hildesheimer Mariendomes umfaßte natürlich auch eine neue Konzeption für den Innenraum. Hierbei mußte berücksichtigt werden, daß der Chorraum wegen der Krypta, die die älteste Bausubstanz des Domes besitzt, höher liegt als das Langhaus. Es galt also, ein überzeugendes Konzept zu erarbeiten, das das Bodenniveau des Chores mit dem des Langhauses in Verbindung brachte. Erste Entwürfe für die Innenausstattung gehen auf den Hannoveraner Architekten Wilhelm Fricke zurück.[1] Diese Pläne sahen «die Zurücksetzung des Lettners vor den östlichen Vierungsbogen» vor. «Der Kreuzaltar (Lettneraltar) wird ebenfalls in den östlichen Vierungsbogen gerückt (...). Der hinter dem künftigen Lettneraltar verbleibende Raum, die Chorapsis, ist der künftige Bischofs- und Domkapitelraum.»[2] In seinem, dem Barock entlehnten Konzept[3] sollte eine breite Treppe zum Chorraum führen, an den beiden Innenseiten dieser Treppe Abgänge mit zwei weiteren Treppen zur Krypta.[4] (Abb. 57, 152) Durch den Tod von Bischof Dr. Joseph Godehard Machens[5] verzögerten sich die Baumaßnahmen. Erst 1958, nachdem auf Drängen des neuen Bischofs Heinrich Maria Janssen beschlossen wurde, den Lettner zu versetzen[6], schritt die Innenausstattung des Domes zügig voran. Diese Aufhebung der räumlichen Trennung von Hochchor und Chorapsis war entscheidend für die weitere Entwicklung bei der Instandsetzung des Domes. (Abb. 79) Der Raum war nun offener, lichter und auch für liturgische Zwecke zeitgemäß.[7] Ende 1958 beauftragten die Dombaukommission und der Bischof den renommierten Kirchenkünstler Ludwig Baur (1904-1977)[8] mit der Gestaltung des gesamten Chorraumes.[9] Er hatte zu berücksichtigen, daß der Hezilo-Leuchter in der Vierung aufgehängt werden würde[10] und daß «das Mosaik nicht figürlich gehalten sein»[11] soll.

Abb. 129 Innenansicht Chor, Zustand 1960

Die Chorapsis

Schreitet man durch den Mittelgang des Langhauses zum Hochchor, so nimmt man erst auf den zweiten Blick die Apsis mit ihrem Mosaik wahr. Zunächst einmal wird man von dem romanischen Radleuchter aus der Zeit des Bischofs Hezilo in Bann gezogen. (Abb. 154) Dieser eindrucksvolle Leuchter «verhängt» im wahrsten Sinne des Wortes den Blick auf das Apsismosaik.

Das Thema der Apsis, der Thron Gottes, bezieht sich auf die Apokalypse des Johannes (Offb 4,1-11; u. 21,3-6) und beginnt mit dem Psalm auf dem vorgelagerten Chorbogen: «Et renovabis faciem terrae. Alleluja» («Und Du wirst das Angesicht der Erde erneuern. Alleluja», Ps 104,30). Dieser in schlichten Buchstaben gesetzte Text ist Leitgedanke und Bestandteil eines von Ludwig Baur vorgelegten Gesamt-

konzeptes für den Hochchor, das die Schrift mit dem Mosaik, dem Fenster und dem Bischofsthron verbindet.[12]
Die Chorapsis läßt sich in zwei Zonen unterteilen: die Fensterzone und die darüberliegende Konche mit dem Ziegelsteinmosaik. Baurs ursprüngliches Konzept, nur den oberen Bereich mit einem Mosaik zu gestalten und durch ein farbig umlaufendes Band vom unteren Bereich zu trennen, der lediglich mit Farbe aufzulockern sei, fand in der Kommission keine Mehrheit.[13] Sein überarbeiteter Vorschlag ergänzte den unteren Bereich ebenfalls mit einem abstrakt angeordneten Ziegelsteinmosaik, (Abb. 130-132) bestehend aus kleinen geometrisch zugeschnittenen Ziegeln. In diese Wand sind zudem kleine, farbig glasierte, ebenfalls geometrisch zugeschnittene Keramiken dehorativ eingelassen, entsprechend der heutigen Ausführung.
Im Zentrum des Mosaiks (Abb. 133) steht das schlichte, in den Farben Weiß, Grau und Blau gestaltete Kreuz mit seinen gleichlangen Armen. Es erhebt sich über zwei gegeneinander gerichtete Mondsicheln. Diese werden teilweise von unruhig lodernden, weißen Feuerzungen überdeckt. Das untere Ende einer Feuerzunge überlappt eine geometrische Form, wohl ein Buch. Umgeben werden diese Bildelemente, also Kreuz, Mondsicheln, Feuerzungen und Buch, von weiteren vier trapezförmigen Mosaikflächen, die in ihrer weichen Linienführung an Wasser denken lassen. Sie sind konzentrisch im Uhrzeigersinn um das Kreuz angeordnet.
Das Thema des Mosaiks, der Thron der Wiederkunft, wird symbolisch durch die beiden Mondsicheln dargestellt.[14] Das Buch kann als Verweis auf das Buch mit den sieben Siegeln verstanden werden. Die vier Mosaikfelder kennzeichnen einerseits das Irdische, beispielsweise das Wasser oder die «vier Ecken der Erde» (Offb 7,1). Sie können durch ihre Vierzahl aber auch auf die Apokalypse bezogen werden.[15] Das griechische Kreuz, ältestes Zeichen der Christen, steht «wie eine ruhige Boje über allem».[16] In der Offenbarung des Johannes wird die Verheißung der kommenden Zeit kundgetan, wenn es beispielsweise heißt: «Und der auf dem Thron saß, sprach: Siehe, ich mache alles neu! (...) Ich bin das A und das O, der Anfang und das Ende. Ich will dem Durstigen geben von dem Brunnen des lebendigen Wassers umsonst» (Offb 21,5-6). Diesen eschatologischen Bezug will Ludwig Baur in seinem Mosaik herausstellen. Zugleich mahnen die Feuerzungen an die Schrecken am Ende der Zeiten und erinnern auch an die schreckliche Bombardierung Hildesheims im März 1945 mit der Zerstörung des Domes.

Der konzentrische Eindruck des gesamten Mosaikbildes (Abb. 146) wird durch das rote Ziegelsteinmauerwerk des Hintergrundes noch verstärkt, da auch diese Steine bis zum Scheitel hin sich zunehmend halbkreisförmig verjüngen. Durch diese plastische Anordnung im Mauerwerk erhält das Mosaik Tiefe. Es scheint, als ob sich ein weiterer Hohlraum um die einzelnen Elemente des Mosaiks legt. Der Eindruck des Schwebens, der durch die kreisförmigen Linien in Verbindung mit der Schichtung und Überlappung von Bildmotiven sowie den Farben entsteht, wird ins Unendliche gesteigert.
Ludwig Baur greift damit eine Idee auf, die in der Kirchenbaukunst der zwanziger und dreißiger Jahre dieses Jahrhunderts entstand und für Apsiden der fünfziger Jahre weiterhin von Bedeutung war.[17] Rudolf Schwarz, einer der bedeutendsten Architekten des modernen Kirchenbaus, beschreibt die Apsis als einen «eigentlich himmlische(n) Ort, in dem die Kirche offen und ihre Wand durchsichtig wird. Von der Welt her ist sie Horizont der Ewigkeit, von dort her die um die Erde gebreitete offene Höhlung und Rundung, die die Welt gütig schaffend durchwirkt und in ihrem Brennpunkt den Altar hervorbringt. Der Himmel macht sich in ihr geräumig.»[18] Diesen «zeichenhaften Ausdruck des transzendenten Ortes»[19] setzt Ludwig Baur thematisch und durch die Suggestion der unendlichen räumlichen Tiefe um.
Die Farben des Mosaiks unterstützen diesen Gedanken. Die Flächen des Hintergrundes sind mit rotfarbenen Ziegeln gesetzt. Die bildgestaltenden Elemente heben sich von diesem intensiven Hintergrund durch weiße, blaue und goldene Ziegel ab. Goldfarbene Ziegel sind verstreut im gesamten Mosaik, vor allem aber zentral im Bereich der Mondsicheln angebracht. Gold ist ein Zeichen des Lichtes und der Schöpfung.[20] Die Inspiration für die farbliche Ausführung bekam Ludwig Baur durch die bis dahin bestehende Gestaltung des Innenraumes. «Die Erneuerung des Hildesheimer Domes ging von der alten Grundform der dreischiffigen Basilika aus. (...) Der nüchterne Wechsel von Werkstein (nicht Sandstein) und geputzten Wänden im hiesigen Dom verlangte geradezu nach Farbe. Die Farbe aber sollte nach Möglichkeit die bündige Architektur des Domes ins Bewußtsein heben und – wie strenge Musik – den Raum zum Klingen bringen. (...) Das lange, hohe Mittelschiff trägt eine plastisch gegliederte Decke. Mit rotem amerikanischen Holz bekleidete Balken bilden viele Felder, die eigentlich blaugrau gehalten sind. Lediglich die Decke in der Vierung, von der auch der Hezilo-Leuchter

herabhängt, schmückt zusätzlich noch eine Reihe von rythmisch angeordneten Goldzapfen.»[21] Bewußt wollte Ludwig Baur, dessen erstes Konzept noch mehr Farbwirkungen enthielt, mit verschiedenen Farbtönen die Chorapsis als besonderen Raum in der Kirche betonen, entsprechend den Vorgaben der Dombaukommission.[22]

Die Betonglasfenster

Der apokalyptische Gedanke, der die Apsiswand bestimmt, wird in vertikaler Achse durch das mittlere der drei Glasfenster im unteren Bereich der Chorapsis fortgeführt. Die beiden seitlichen Betonglasfenster zeigen dekorative Muster. (Abb. 134, 136 u. 137) Das mittlere und zugleich größte Fenster stellt Maria, die Patronin des Domes, dar. (Abb. 138) Mit blauem Mantel bekleidet, wendet sie ihr Gesicht nach rechts. Auffallend ist die Sternenkrone, die ihr Haupt umgibt, sowie das Gelb der Mondsichel, die von ihren Füßen aus an ihrer linken Seite aufsteigt. Unter ihr, also am Boden, windet sich die Schlange mit grünem

Abb. 130 (oben) und 131 Apsismosaik, Details aus der unteren Wandzone

Abb. 132 Apsismosaik, untere Wandzone

Abb. 133 (S.115) Innenansicht Chor, Zustand 1999

VABIS FACIEM TERRAE ALLELU

Abb. 134 Chor, südliches Seitenfenster von außen

Kopf. Hinterfangen wird das Motiv des Fensters von unterschiedlich großen und farbigen Stücken aus Dickglas. Deutlich ist der Bezug zur Apokalypse. In der Offenbarung des Johannes (12,1-2) heißt es: «Und es erschien ein großes Zeichen am Himmel: ein Weib, mit der Sonne bekleidet, und der Mond unter ihren Füßen und auf ihrem Haupt eine Krone von zwölf Sternen.» Gemäß der mittelalterlichen Tradition versinnbildlicht Maria in dieser Darstellung die apokalyptische Frau. Die Sonne steht für Christus (sol iustitiae), der Mond symbolisiert die Taufe, also die Zugehörigkeit zur Kirche. Die zwölf Sterne stehen für den Tierkreis und die Apostel. Maria als Bild der Kirche repräsentiert das Volk Gottes. Die zentrale Ausrichtung des Scheitelfensters in der Chorapsis unterstreicht die Bedeutung Mariens als Patronin des Domes. Diese Anordnung greift zudem das Verständnis von Maria als Mittlerin zwischen dem Volk Gottes und Christus auf.

Die Ausführung der Fenster als Betonglasfenster ist Ende der fünfziger Jahre in Deutschland eine noch junge und sehr moderne Technik. Die Werkstatt Hein Derix, Kevelaer, mit der Ludwig Baur zusammengearbeitet hat und die auch 1959 die Fenster für den Hildesheimer Dom produziert hat, fertigte erstmals 1957 ein Betonglasfenster an.[23] In dieser Werkstatt[24] ließen unter anderem auch die Künstler Johan Thorn-Prikker und Heinrich Campendonk ihre Entwürfe umsetzen.[25] Ludwig Baur kannte sicherlich die Arbeiten dieser beiden bedeutenden Künstler, zumal auch sein Freund, Hans Dinnendahl, ein Schüler von Thorn-Prikker war.

Beton- oder Dickglasfenster wurden erstmals in Frankreich hergestellt.[26] Die Glaskünstler, die berühmtesten sind neben Thorn-Prikker und Campendonk Ferdinand Lèger und Jean Bazaine[27], waren fasziniert von den widersprüchlichen Baustoffen des massiven Betons und des fragilen, transparenten Glases, die neue, kreative und farbintensive Möglichkeiten schufen. Im Gegensatz zur Bleiverglasung mit ihrem dünnen Glas und den vielen Bleiruten, die die Leuchtkraft einschränken, ist das Betonglasfenster durch die Verwendung von Dickglas wesentlich intensiver in seiner Leuchtkraft und der Variationsbreite der Farben,[28] aber auch gröber. «Die Materialien Beton und Dickglas erfordern einen relativ flächigen Einsatz, so daß in dieser Technik die Motive eher zeichenhaft wiedergegeben werden oder zugunsten von Farbe, Form und Rhythmus ganz auf figurative Darstellung verzichtet wird.»[29] Diese Hinwendung zur Abstraktion, die im Hildesheimer Dom durch die beiden Seitenfenster der Apsis zum Ausdruck kommt, entsprach der damaligen Kunstauffassung. Da bei einem Betonglasfenster die Glasstücke je nach Vorgabe des Künstlers gebrochen und anschließend die freien umlaufenden Stellen mit Beton ausgegossen werden, ist der Künstler in seinen Entwürfen relativ frei von technischen Vorgaben. Er muß nicht, wie bei der Bleiverglasung, den Verlauf der Bleiruten bzw. des Glases beachten. Ein weiterer Vorteil dieser Fenster ist ihre Unabhängigkeit vom Tageslicht. Ihr Farbeindruck und die Leuchtkraft bleiben auch bei künstlichem Licht bestehen.[30] Beton- oder Dickglasfenster wurden bevorzugt für den modernen Kirchenbau eingesetzt. Ihre Größe konnte bis hin zur «durchsichtigen oder diaphanen Wand» gesteigert werden.[31]

In Übereinstimmung mit dem Gesamtkonzept der Chorapsis wurde die Kathedra, der Sitz des Bischofs als Vorsteher der Ortskirche, durch zwei Stufen erhöht im Scheitelpunkt der Apsis direkt unter dem Marienfenster plaziert.

Somit entsteht eine aufsteigende Linie Bischof - Kirche (Maria) - Thron Gottes. Der Sitz des Bischofs und das anschließende Chorgestühl sollten nicht aus Stein sein,[32] sondern wurden bewußt als bewegliche Möbel aus Holz mit Lederpolsterung in schlichter, strenger, klassischer Form geschaffen.
Ludwig Baur schlug vor, daß zur Akzentuierung der Bischofsthron mit dem Altar durch ein farbiges Marmorband im Fußboden, das wie ein Teppich wirken sollte, miteinander verbunden würden. Dieser und sein zweiter Vorschlag, ein im Fußboden eingelassenes diagonales Muster zum Thron des Bischofs zu führen, wurden von der Kommission abgelehnt.[33] Vielmehr sprach sie sich für eine schlichte Variante aus, die vorsah, daß der Fußboden des Hochchores mit nur einer Marmorsorte in großen Platten ausgelegt würde.

Altar und Kanzel

Zum Gesamtkonzept des Hochchores gehörten natürlich auch die Ausgestaltung von Altar und Kanzel. Alle Beteiligten waren sich darin einig, daß der Altar, der den Epiphaniusschrein aufnehmen sollte, in seiner Form schlicht und offen sein müsse. Da die Altarplatte aus einem einzigen Stein bestehen muß[34], war die Auswahl begrenzt. Ludwig Baur schlug roten Marmor vor, der sich gut in die Gesamtkonzeption fügt. Durch die leichte Abschrägung der Füße nach unten wirkt der Altar nicht blockhaft und wuchtig, sondern leicht und elegant. Die Aufstellung des Altares in der Vierung wurde als zeitgemäß begrüßt. Somit können die Handlungen am Altar von der Gemeinde auch von den Seiten, also den Querhäusern aus, verfolgt werden. Der Altar ist «der perspektivische Hauptpunkt des durch die Kirche repräsentierten Weltalls».[35]
Die Kanzel, ebenfalls von Ludwig Baur geschaffen,[36] steht am nordwestlichen Vierungspfeiler, der Evangelienseite des Domes. (Abb. 135) Die ursprüngliche Idee sah eine starke Verbindung der Kanzel mit der Architektur vor. Dieser Gedanke stand in der Tradition des ersten Konzeptes von Wilhelm Fricke.[37]
Die Themen der sieben hochrechteckigen Bronzereliefs, die das Kanzelgehäuse schmücken, sind die sieben Gaben des Heiligen Geistes. Das verkündende Wort, das von der Kanzel gesprochen wird, soll diese Gaben besitzen. Die sieben Gaben des Heiligen Geistes werden szenisch durch Vorbilder des Alten Testamentes dargestellt. Hierfür wählt

Abb. 135 Kanzel, Gesamtansicht

Baur eine relativ zurückhaltende, reduzierte Form des Erzählens, indem er sich auf die Kernaussagen der jeweiligen Themen konzentriert. Dargestellt sind:

Weisheit - Urteil König Salomos (1 Kön 3,16-28; Abb. 139)
Die thematisch erste Bronzeplatte wird leider von der Architektur leicht überschnitten, so daß das Relief stark verdunkelt wird. Es zeigt im linken oberen Bereich König Salomo auf seinem Thron sitzend. Er, der über die rechtmäßige Mutter des lebendigen Kindes entscheiden soll, hört den Klagen der beiden Frauen zu. Diese knien schräg rechts vor ihm. Die vordere Frau hält dem König bittend ihr Kind entgegen, die hintere, zweite Frau fleht ihn ebenfalls an. Das zweite, tote Kind liegt in Windeln gewickelt vor ihr. Baur realisiert die Szene vor dem eigentlichen Urteil. Denn das Schwert, das die Urteilsfindung durch

Zweiteilung des lebendigen Kindes herbeiführen soll, spart Baur aus.

Verstand - Berufung des Propheten Jesaja (Jes 6,5-6; Abb. 140)
Offen und empfangend wird Jesaia auf dem Bronzerelief dargestellt. Er sitzt zentral im Bild auf einem Thron, hebt seine Hände öffnend empor. Über ihm erscheint die Hand Gottes. Das Dreieck darüber symbolisiert Gott.

Rat - Tobias und der Engel (Tob 6; Abb. 142)
Langgestreckt wirken die drei Figuren dieser Bronzeplatte. Auf der rechten Seite führt der Erzengel Raphael behutsam den vor ihm stehenden jungen Tobias. Der zierliche Körper des Engels, seine rechte Hand liegt auf den Schultern von Tobias auf, umhüllt ihn fast. Damit wird die enge Beziehung der beiden zueinander ausgedrückt. Tobias, mit Wanderstab in der rechten Hand, die linke zu Raphael erhoben, schaut nach rechts. Dort, also auf der linken Seite des Reliefs, steht schon Raguël vor dem Haus bzw. in der Tür, die Rechte erhoben, um Tobias zu sich einzuladen.Auf Anraten des Engels wird Tobias die Tochter Raguëls, Sara, heiraten.

Stärke - David besiegt Goliath (1 Sam 17,45-50; Abb. 141)
Fast die Hälfte der unteren Bronzeplatte wird durch den übermächtigen Goliath ausgefüllt, der allerdings schon gestürzt ist und sich mit der rechten Hand an die Stirn faßt.

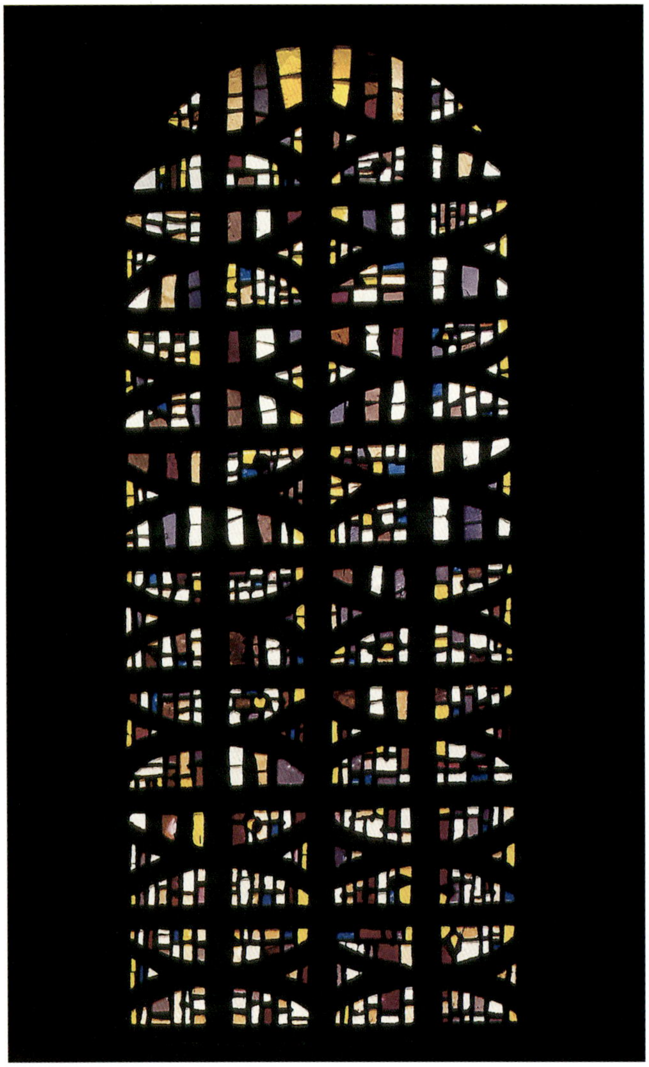

136. Chor, südliches Seitenfenster von innen

137. Chor, nördliches Seitenfenster

138.
Chor, Mittelfenster

sparsam angelegt. Diese Klarheit in der Ausführung fügt sich gut in die Gesamtgestaltung des Hochchores.
Die Innengestaltung des Hildesheimer Domes zählte sicherlich zu den wichtigsten Aufgaben von Ludwig Baur. Zur Neuweihe des Hildesheimer Domes am 27. März 1960 war der Hochchor weitgehend fertiggestellt. Ludwig Baur hat sich allerdings noch bis 1972, also über ein Jahrzehnt, mit der Innengestaltung des Domes befaßt. Somit hat er nicht nur großen Anteil an der Gestaltung des Hochchores, sondern darüber hinaus an der Gesamtkonzeption für das Innere des Domes.

Anmerkungen

1 Protokoll der Dombaukommission vom 21. April 1950. Die Protokolle der Dombaukommission befinden sich im Bistumsarchiv sowie in Kopie im Dom-Museum Hildesheim.
2 Fricke 1952, S. 38.
3 Protokoll der Dombaukommission vom 23. Juli 1956.
4 Dieser Entwurf für die Treppe wurde erst 1958 zugunsten einer breiten, durchgehenden Freitreppe verworfen. Protokoll der Dombaukommission vom 25. September 1958.
5 Der Bischof verstarb am 14. August 1956. Sein Nachfolger, Bischof Heinrich Maria Janssen, wurde am 14. Mai 1957 in sein Amt eingeführt.
6 Aktenvermerk vom 14. Februar 1958. Am 28. Februar 1958 beschloß die Dombaukommission, den Lettner in die benachbarte Antoniuskirche zu versetzen.
7 Das Domkapitel überzeugte die Vertreter des Landes davon, daß es aus «pastoralen und liturgischen Gründen» eine Fehlentscheidung wäre, den Lettner im Hochchor zu belassen. Viel zweckmäßiger sei demgegenüber ein offener Raum. Protokoll der Dombaukommission vom 10. Juli 1958.
8 Ludwig Baur wurde am 26. August 1904 in Freising geboren. Er absolvierte von 1921 bis 1923 zunächst eine Lehre als Faß- und Dekorationsmaler und schrieb sich 1924 an der Akademie der Bildenden Künste in München ein. 1927 erhielt er einen Preis für den Entwurf eines Altarbildes. Mit dem Künstler und Freund Hans Dinnendahl siedelte er 1928 nach Münster in Westfalen über. Ludwig Baur lebte ab 1936 in Telgte. Der Nachlaß des Künstlers befindet sich im Museum Heimathaus Münsterland in Telgte. Für die gute Unterstützung bei meiner Recherche danke ich dem Direktor, Dr. Thomas Ostendorf, und Frau Dr. Vera Losse ganz herzlich. Vgl. AKL 1993, Bd. 7, S. 630-631. Einen umfassenden Überblick über Leben und Werk einschließlich Werkverzeichnis von Ludwig Baur gibt der Katalog Baur 1990.
9 Protokoll der Dombaukommission vom 12. Februar 1959. Angeblich geschah diese Berufung durch die Vermittlung des Hannoveraner Pfarrers Anton Schlagheck. Bischof Heinrich Maria Janssen kannte Ludwig Baur aber schon durch dessen Arbeiten am Niederrhein. Vgl. Interview mit Prof. Dr. J. Bergsma.
10 Beschluß der Dombaukommission vom 10. Juli 1958.
11 Protokoll der Dombaukommission vom 12. Februar 1959.
12 Zur Neuweihe des Domes erläutert Ludwig Baur ausführlich sein Konzept; Baur 1960. Umso mehr verwundert es, daß die Dombaukommission am 16. Mai 1959 beschlossen hatte, daß die Schrift entfallen soll. Offensichtlich wurde dieser Beschluß aber ignoriert.
13 Protokolle der Dombaukommission vom 16. Mai und 15. Juni 1959.
14 Baur 1960.
15 Die Vier gilt als die Zahl der Welt, das heißt, sie bezieht sich auf die vier Elemente, Weltrichtungen, Jahreszeiten etc.. In bezug auf die Apokalypse steht die Zahl Vier immer im Verhältnis Gott zur Welt. LCI 4, Sp.459-460.
16 Baur 1960.
17 Dieser «Rückgriff» auf ältere Vorgaben erstaunt nicht, da viele Kirchenbauarchitekten und -künstler schon in den zwanziger und dreißiger Jahren des 20. Jahrhunderts aktiv waren. Auch Ludwig Baur prägte seinen Stil Ende der zwanziger Jahre und vor allem in den dreißiger Jahren, in denen ihm viele unterschiedliche Aufgaben übertrugen wurden, wie Glasmalereien, Mosaiken, Fresken oder textile und plastische Arbeiten. In dieser Zeit fand er zu seinem sachlichen, dem Expressionismus entlehnten Stil. Seine erste Auftragsarbeit von 1928 war ein Freskenzyklus mit Szenen aus dem Leben Jesu für die Kapelle des Kolpinghauses in Münster (im Zweiten Weltkrieg zerstört). Schnell hatte er sich einen hervorragenden Namen in der Ausgestaltung neuer und Restaurierung bzw. Umgestaltung bestehender Kirchen und Kapellen erworben. Teilweise gemeinsam mit seinem Freund Hans Dinnendahl gestaltete er viele Kirchenräume im Ruhrgebiet und im Münsterland.
18 Schwarz 1960, S. 309.
19 Kahle 1985, S. 107.
20 LCI 3, Sp.95-99.
21 Baur 1960.
22 Protokoll der Dombaukommission vom 25. November 1958. Damals lautete der Beschluß: «Die Choncha als Abschluß muß stark betont werden.» Ob durch ein Gemälde oder durch ein Mosaik, blieb noch offen.
23 Schupp 1966, S. 139.
24 Eine Aufstellung der bedeutendsten Künstler, die mit der Werkstatt Derix zusammengearbeitet haben, geben Hoff 1956, S. 405-413; Festschrift Derix 1966, S. 39-40.
25 Der Niederländer Johan Thorn-Prikker (1868-1932) und sein Schüler Heinrich Campendonk (1889-1957) sind für die moderne Gestaltung von Glasfenstern und das Experimentieren mit neuen Materialien wie dickem Glas, das schließlich zum Betonglasfenster führt, von großer Bedeutung. Schupp 1966, S. 138.
26 Erste Experimente reichen bis ans Ende des 19. Jahrhunderts zurück. Doch erst 1933 wird von der Glasmalerei Lorain aus Chartres die erste Kirche, das Institut Notre Dame de la Victoire in Dinan, mit Betonglasfenstern ausgestattet. 1937 werden auf der Weltausstellung in Paris Betonglasfenster im Glaspavillon gezeigt. Der grundlegende Beitrag zur Technik, Geschichte und Entwicklung der Fenster ist immer noch Schupp 1966, S. 137-140.
27 Ferdinand Lèger (1881-1955) schuf 1950 die Dickglasfenster ‹Passion› für die Kirche Sacré-Coeur in Audincourt, Jean Bazaine (geb. 1904) gestaltete in derselben Kirche die Taufkapelle

Abb. 146 Apsismosaik, Kalotte

mit großen Betonglasfenstern. Beide Fenster gelten als Durchbruch und somit Inkunabeln dieser neuen Technik.

28 Das Dickglas kann bis zu 3 cm dick sein. Es gibt über 150 Farben. Schupp 1966, S. 137-138.

29 Wagner 1998, S. 229.

30 Es darf aber nicht übersehen werden, daß es eine Einschränkung bei der Motivwahl gibt, da kleinteilige Entwürfe kaum umgesetzt werden können. Zudem müssen die wetterbedingten Temperaturunterschiede berücksichtigt werden, die zu Spannungen im Glas führen, die je nach Farbe unterschiedlich sind.

31 Schupp 1966, S. 137. Der Ausdruck ‹diaphane Wand› lehnt sich an den berühmten Aufsatz von Hans Jantzen an (Über den gotischen Kirchenraum, in: Mitteilungen der Freiburger wissenschaftlichen Gesellschaft, 1927, S. 7-20). Dort spricht Jantzen von der «diaphanen Struktur» des gotischen Hochschiffes und meint damit das Verhältnis von Wandkörper zum Raumgrund.

32 Baur schlug hellen Marmor für die Kathedra vor. Die Dombaukommission sprach sich für eine Vergoldung des Holzthrones aus, die aber auch nicht ausgeführt wurde. Protokoll der Dombaukommission vom 5. Dezember 1959.

33 Protokoll der Dombaukommission vom 6. Juli 1958.

34 Seit dem Missale Pius' V (1570) muß der Altar aus Naturstein hergestellt werden. Der Codex Iuris Canonici in seiner Fassung von 1919 schreibt im Canon 1198, § 1 vor: «Tum mensa altaris immobilis tum petra sacra ex unico constent lapide naturali, integro et non friabili.» («Sowohl die Tischplatte eines feststehenden Altares als auch der konsekrierte Altarstein sollen aus einem ganzen und nicht leicht zerbrechlichen Naturstein bestehen.»).

35 Schwarz 1960, S. 309.

36 Insgesamt lagen der Dombaukommission drei Vorschläge zur Abstimmung vor. Obwohl Baur nur den zweiten Platz belegte, erhielt er den Auftrag. Eine Begründung hierfür ist aus dem Protokoll vom 24. Juli 1959 nicht zu entnehmen.

37 Erst in der Sitzung vom 6. Juli 1959 sprach sich die Dombaukommission für eine eigenständigere Lösung aus.

38 Gegossen wurden die Reliefs in der Firma Heinrich Schnitzler, Frechen. BAH, Bestand Dom-Wiederaufbau, Fasc. 35.

Abb. 148 Langhaus und Domchor, Blick von Westen, ohne Lettner, zwischen 1943 und März 1945.

ners (in den Chor), ... eine Zurücknahme um 12 m ... der Lettner kleiner und zierlicher, dadurch ... der Raum grösser ... (erscheint)»,[21] spiegelt sich auch in zeitgenössischen Presseberichten wider: «Als einziger monumentaler Schmuck ist der Renaissance-Lettner wieder eingebaut worden. ... es ist ... gelungen, die beschädigten Stücke meisterhaft zu restaurieren.»[22]

Ab Anfang Juni 1953 begann Bohland mit den Wiederherstellungsarbeiten am Obergeschoß des Lettners, indem wiederum zunächst jedes Teil für sich gereinigt, Bruchflächen gesäubert, passende Teile zusammengesucht, zusammengepaßt und zusammengesetzt wurden. Ausdrücklich erwähnt werden im Juni 1953 Arbeiten an Gesims- und Bogenteilen vom Lettneraufbau[23], Mitte August/September 1953 an zwei Reliefs und verzogenen großen Bogenteilen»[24], im Oktober 1953 die Fertigstellung dreier durchbrochener Bogenfelder (Nr. 38, 42, und 44) und den Reliefs mit der Darstellung des Sündenfalls und der Jonasgeschichte (Chorseite) sowie vorbereitende Arbeiten an einem weiteren Relief.[25] Im November und Dezember 1953 wurden die Kammornamente der Bögen zusammengesetzt, des weiteren das Stifterrelief (Nr. 428), eine Grablegung (Nr. 84 oder 109) und das Oberteil einer Darstellung der Ehernen Schlange (Nr. 91 oder 106).[26] Neben Arbeiten an den architektonischen Bauteilen wurden von Januar bis Ende April 1954 die zehn Reliefs des Obergeschosses instandgesetzt; dabei wurden Einzelteile geklebt, verdübelt und geklammert, «Fehlendes z. T. ergänzt».[27] Außerdem wurde ab Juli 1954 die Kanzel restauriert[28], und im September 1954 traten Arbeiten an den seitlichen Reliefs hinzu (Sündenfall, Stifterbild).[29] An «Reliefs, Arkaden, Kapitälen und anderen Architekturteilen des Lettner-Aufsatzes ... mussten viele Stücke sofort modelliert und eingepasst werden, um die Teile zusammensetzen können.»[30] Im Februar und März, Ende April/Anfang Mai, im Juni und noch Anfang Juli 1955 erfolgten «Rest- und Abschlußarbeiten an den Architekturteilen und Reliefs» des Obergeschosses.[31] Bohland bestätigte im Zusammenhang mit seiner Abschlußrechnung am 20. August 1955 die fertiggestellte Restaurierung der Lettnerwerksteine, der – wie Architekt Fricke in einem Nachsatz bekräftigt – jederzeit der Aufbau des Lettnerobergeschosses folgen könnte.

Nachdem im Steinmetzbetrieb Dräger noch Ersatzwerkstücke aus Kalkstein angefertigt worden waren,[32] die Firma Stahl- und Leichtmetallbau Johannes Schulze nötige Eisenteile geliefert[33] und die Zimmerleute der Firma Borchard das Gerüst gestellt hatten,[34] erfolgte vom 28. November 1955 an der Wiederaufbau des Lettnerobergeschosses durch die Firma Heinrich Döring zusammen mit Joseph Bohland.[35] Unter anderem wurde der in Holz ergänzte Putto vom Lettnerobergeschoß, der «vom Holzwurm zerfressen war, ... gehärtet, verkittet und eingesetzt.»[36] Bereits am 4. Dezember 1955 meldete Bohland dem Landeskonservator, daß «der Oberteil des Lettners wieder aufgebaut (ist). ... Fehlende Teile der Kammornamente werden in Gips ergänzt. Von den Reliefs sind die gut erhaltenen auf die Schauseite (Westseite) gesetzt, die

Abb. 149 Wiederaufbau des Lettneruntergeschosses, Blick vom erhöhten Standpunkt aus auf den Lettner, Blick aus dem Chor nach Westen, Mai 1953.

stark beschädigten ohne Ergänzung auf die Ostseite.»[37] Die Reinigung und Eintönung der Teile setzte Bohland noch im Januar und Februar fort. Jetzt schuf er auch Ersatz für die acht verloren gegangenen Medaillons von den Untergeschoßpfeilern, indem er zwei Motive abformte, Gipsabgüsse herstellte (s. Kat.-Nr.16, 17) und diese bis Anfang März einsetzte.[38] Danach wurden «beide Seiten des Lettners mit Spezialfarbe eingetönt.»[39]

Bischof Joseph Godehard Machens, auf dessen Betreiben der Lettner aufgebaut worden war, verstarb bereits am 14. August 1956 (Abb. 152). Nur wenig vorher hatten die am Dombau beteiligten staatlichen Stellen angesichts ihrer sehr hohen finanziellen Beteiligung grundsätzliche Fragen aufgeworfen, die der amtierende Kapitularvikar Offenstein zunächst offenließ, um der Entscheidung des kommenden Bischofs nicht vorzugreifen.[40]

Bischof Heinrich Maria Janssen scheint mit seiner Amtsübernahme die Problematik der Innenraumplanung des Domes wieder aufgegriffen zu haben. Hatte sich u.a. schon Konrad Algermissen 1957 so geäußert, daß «der Lettner ... an seiner jetzigen Stelle keinen Sinn (hat); im Gegenteil, er verdeckt mit seinen oberen Teilen die Concha der Ostapsis. Diese müßte für ein großes Gemälde – vielleicht in Mosaik – der Himmelfahrt Mariens, des Patroziniumsfestes des Mariendomes, frei bleiben»,[41] und als neuen Standort den Godehardschor vorgeschlagen, so äußerte spätestens am 27. Januar oder 14. Februar 1958 auch Bischof Heinrich Maria Janssen diesen Gedanken.[42] Ein Abbau des Lettners stand bei den Zusammenkünften der Dombaukommission in – Verbindung mit der Erwägung von Ersatzstandorten – regelmäßig auf der Tagesordnung und wurde am 22. März mit Aussicht auf Unterbringung in der Antoniuskirche gebilligt. «Die Kommission stimmt der Auffassung zu, daß durch die Entfernung des Lettners die architektonische Wirkung des Innenraumes sehr gewinnt.»[43] Als Reaktion auf die von Landeskonservator Karpa geäußerten Bedenken stellte Generalvikar Offenstein klar, daß die Entscheidung nicht allein aus ästhetischen, sondern vor allem aus pastoralen und liturgischen Gründen getroffen wurde.[44]

So wurde am 27. März 1960 durch Bischof Heinrich Maria Janssen der Dom ohne den Lettner feierlich eingeweiht. Die großartige Leistung des Wiederaufbaus des Gebäudes wird aus heutiger Sicht durch eine nicht angemessene historische Bewertung des Vorkriegszustandes überschattet. Wurde in der Kirchenzeitung für das Bistum Hildesheim eher neutral und deskriptiv hervorgehoben, daß nun kein Lettner mehr den Blick «auf den einzigen Altar für das Hohe Domkapitel und die Gemeinde verstellt,»[45] so äußerten sich andere Blätter recht polemisch: «Auf den berühmten Renaissance-Lettner, der früher den Hauptaltar vom Kirchenschiff trennte, hat man verzichtet. Der neue Dom ist nicht in erster Linie Kunstwerk oder Museum, sondern Kirche.»[46] «Der Hildesheimer Dom ... ist im Geiste der ursprünglichen romanischen Bauform wiederhergestellt worden. Die Kathedralkirche bietet sich wieder in einem Stil dar, der den Aufgaben entspricht.»[47] Dieser Stil hätte in jedem Fall Chorschranken oder einen Lettner gefordert.

Nach den verfügbaren historischen Quellen zu urteilen, hatte sich der Lettner an seinem 1953 bestimmten Platz durchaus den liturgischen Anforderungen untergeordnet. Vor allem war der wichtige Gesichtspunkt erfüllt, daß der Hochaltar für die Gemeinde sichtbar sein sollte. Aus räumlichen Gründen hätte man jedoch auf den Aufbau der Kanzel und die ehemals seitliche Anbringung der Reliefs verzichten müssen, so daß das ikonographische Programm unvollständig geblieben wäre. Vielleicht bietet sich heute in der Antoniuskirche die Möglichkeit, den Lettner mit seiner seit 1989 wieder zentral aufgestellten Kanzel in seine ehemalige ikonographische Klammer, zwischen die Darstellung des Sündenfalls und das Stifterbild, zu stellen.

Abb. 150 Entwurf des Domes von Wilhelm Fricke, Längsschnitt durch den Dom, Mai 1949.

S. 129
Abb. 151 Blick durch das Langhaus in den Chor mit dem wiederaufgebauten Lettneruntergeschoß, um Fronleichnam/ 7. Juni 1953.

Versuche, Orchesterinstrumente zu imitieren und Crescendo, Decrescendo, Nah- und Fernwirkungen hervorzubringen, aber die Orgel wird dadurch zu einem Zerrbild ihrer selbst. Neben dem ihr eigenen Werkprinzip verschwindet schließlich auch die mechanische Traktur mit ihren Möglichkeiten zur Beeinflussung der Tongebung. Nicht nur der Orchesterklang, der mit seinem unbegrenzten Reichtum an Nuancierungen als neues Ideal seiner Zeit vor Augen steht, auch die technischen Möglichkeiten der Röhrenpneumatik und später der Elektrizität beschleunigten den künstlerischen Abstieg. In unserem Jahrhundert besann man sich von neuem auf die historischen Grundlagen der Orgelbaukunst. Albert Schweitzer, dem die ersten Vorschläge zur Orgelreform zu danken sind, förderte in Übereinstimmung mit Orgelbauern und Musikwissenschaftlern das Bestreben, die Orgel wieder als instrumentale Einheit zu verstehen und die orgeleigenen, unveräußerlichen Grundsätze in der Bauweise wiederzuverwenden.»[29] Förster, s. o., gibt zu bedenken, daß man sich nicht von vornherein bestimmten Registern, Registergruppen oder Werken verschließen sollte. In einer von ihm ausgearbeiteten Disposition sind viele Ähnlichkeiten mit der heutigen Domorgel von 1989 zu entdecken.[30] Die immer größer werdenden Instrumente des 19. und frühen 20. Jahrhunderts verfügten über eine oft unübersichtlich grosse Anzahl von Registern in gleichen Fußtonlagen vornehmlich im Grundtonbereich der 8'-Lage. So besaß die Domorgel von 1909 bei einer Anzahl von 54 Registern

Abb. 157 Blick auf den Orgelprospekt. Im Bild dominiert klar die spanische Trompetenbatterie mit 16'-, 8'- und 4'-Zungen. Darüber befindet sich das Hautwerk, darunter das Brustwerk. Zu beiden Seiten des Hauptwerks steht das Pedal. das Rückpositiv ist im Bild nicht sichtbar.

Abb. 158 Blick auf die Orgel von der Nordseite.

über 20 Stimmen allein im labialen 8'-Bereich. Dazu kamen, ebenfalls die Zungenregister nicht mitgerechnet, 9 Register in 16'- und ein weiteres in 32'-Lage. Auch enthielten sie neben Flöten-, Prinzipal- und Zungenregistern häufig verschiedene Streicherregister (die beschriebene Domorgel in jedem Werk mindestens eins), die jedoch oftmals nur «säuselnden», sentimentalen Klang hatten. Die Orgelbewegung versuchte sich im Bau neuer Orgeln auf das ‚wesentliche' zu beschränken, führte jedoch häufig zu einer Wendung um 180 Grad, nämlich genau in die Gegenrichtung. Harald Vogel übt im Aufsatz «Der Stil der Orgelbewegung nach 1950» Kritik an den Instrumenten eben dieser Zeit: «Zuletzt soll der negative Einfluß einer zutiefst antiromantischen Klangästhetik betont werden, der einerseits zu einer Intonation ohne ausreichende Grundtönigkeit und andererseits zu schrillen Mixturen und Zimbeln führte.»[31]

Die endgültige Disposition des durch die Orgelbaufirma Breil in Dorsten (Westfalen) gebauten und am 1.5.1960 durch Diözesanbischof Heinrich Maria Janssen geweihten Instrumentes lautete:

Hauptwerk (II)	Rückpositiv (I)	Brustwerk (III)	Trompeteria (IV)	Pedalwerk
1. Prinzipal 16'	14. Prinzipal 8'	25. Holzgedackt 8'	38. Spanische Trp. 16'	41. Prinzipal 16'
2. Quintade 16'	15. Gedackt 8'	26. Rohrflöte 8'	39. Spanische Trp. 8'	42. Subbaß 16'
3. Oktave 8'	16. Oktave 4'	27. Prinzipal 4'	40. Spanische Trp. 4'	43. Oktave 8'
4. Gemshorn 8'	17. Koppelflöte 4'	28. Blockflöte 4'	44. Gedackt 8'	
5. Quinte 5 1/3'	18. Oktave 2'	29. Nasat 2 2/3'	45. Oktave 4'	
6. Oktave 4'	19. Nasat 1 1/3'	30. Waldflöte 2'	46. Nachthorn 2'	
7. Hohlflöte 4'	20. Oktave 1'	31. Terz 1 3/5'	47. Mixtur 6f	
8. Oktave 2'	21. Sesquialtera 2f	32. Quinte 1 1/3'	48. Pedalzimbel 4f	
9. Nachthorn 2'	22. Scharff 6f	33. Septime 1 1/7'	49. Bombarde 32'	
10. Mixtur 6f	23. Dulzian 16'	34. Sifflöte 1'	50. Posaune 16'	
11. Quintzimbel 3f	24. Krummhorn 8'	35. Mixtur 4f	51. Trompete 8'	
12. Trompete 16'	Tremulant	36. Terzzimbel 3f	52. Trompete 4'	
13. Trompete 8'		37. Schalmey 8'		
		Tremulant		

Koppeln: I-II, III-II, IV-II; II-P, IV-P
Mechanische Spiel- und elektrische Registertraktur
3 freie Kombinationen

Disposition: Dr. Rudolf Reuter, Münster (Westf.)
(Musikwissenschaftliches Institut der Universität)
Prospekt: Dr.-Ing. Heinz Wolff, Hannover

Patronin des Domes, Maria.[3] Auf den vorspringenden Türmen stehen die Namen von Propheten und Tugenden, auf den Stadttoren die Namen der zwölf Apostel.
Die Entstehung des Leuchters und der Wiederaufbau des Domes nach dem verheerenden Brand von 1046 können in engem Zusammenhang gesehen werden. Bischof Hezilo beschäftigte sich vorrangig mit der Errichtung der teilweise abgebrannten Bischofskirche.[4] Im 'Chronicon Hildesheimense' wird der Bischof als Stifter des Leuchters genannt und auch die Inschrift am Reif nennt Hezilo.[5] Damit kann der Leuchter in die Zeit des Episkopats Hezilos (1054-1079) datiert werden. Vorgänger und wohl auch Vorbild dieses Leuchters war der Radleuchter, den Bischof Bernward (993-1022) für St. Michael stiftete.[6] Dieser Radleuchter wurde 1662 durch den Einsturz des westlichen Vierungsturmes zerstört.[7] Bernward schenkte auch dem Dom einen Radleuchter, der allerdings beim Dombrand (1046) vernichtet wurde. Thangmar, der Chronist Bernwards, beschreibt diesen Leuchter, als eine «(...) in Gold und Silber strahlende Krone von wunderbarer Größe, welche im Dom aufgehängt wurde».
Die ursprüngliche Form des Heziloleuchters wurde erstmals zwischen 1519 und 1523 durch die Entfernung der Silberplatten sowie Beschädigungen während der Hildesheimer Stiftsfehde entscheidend verändert.[8] Nach der Entfernung der Silberplatten verlor der Leuchter faktisch auch an materiellem Wert. Nach weiteren Beschädigungen, wie etwa zu Weihnachten 1595 als «Handwerksgesellen und Stadtbuben (...) versuchten, die auf dem Kronenreifen stehenden Kerzen mit ihren Hüten herabzuwerfen»[9], war der Leuchter in einem desolaten Zustand. 1600 entschloß sich das Domkapitel den Heziloleuchter reparieren zu lassen,[10]

Abb. 161 Transport des Heziloleuchters.

ein Jahr später war die Renovierung durch Sebastian Korber bereits abgeschlossen.
Im 18. Jahrhundert wurde das Dominnere umgestaltet, barocke Stuckdekorationen, Altäre und Gemälde gaben der Kirche ein neues Gewand. Das Domkapitel zog daher in Betracht, den Heziloleuchter durch moderne Leuchter zu ersetzen.[11] Es blieb erfreulicherweise nur bei der Überlegung, denn man entfernte den Leuchter nicht aus dem Kirchenschiff. 1818 wurde er dann durch Franz Wilhelm Todt zum zweiten Mal renoviert.[12] Fast ein Jahrhundert später befand sich der Leuchter erneut in Restauratorenhänden: Helfried Küsthardt restaurierte den Radleuchter von 1901-03. Er nahm für seine Arbeiten am Leuchter die Nachbildung des Heziloleuchters, die sein Vater, der Hildesheimer Bildhauer Friedrich Küsthardt für das South Kensington Museum in London[13] 1873 anfertigte, zum Vorbild. Friedrich Küsthardt verwirklichte in dieser Nachbildung seine eigene Konzeption der, wie er meinte, ursprünglichen Form des Heziloleuchters.[14] Diese letzte Restaurierung vor dem Zweiten Weltkrieg veränderte das Aussehen des Leuchters enorm: An Stelle der mit verschiedenen Symbolen – Kreuz und Sterne – durchbrochenen Platten, die Todt 1818 fertigte, ober und unterhalb der mittleren Wulstranke, setzte Küsthardt Rankenornamentleisten ein und hinterlegte den gesamten Reifen mit Blechteilen, so daß die Transparenz des Mauerkranzes unterbunden wurde.[15] Wenige Jahre nach dieser Restaurierung installierte man die elektrische Anlage, die Anfang der dreißiger Jahre verändert wurde.[16]
Nach dem Bombenangriff auf Lübeck im März 1942 wurden zum Schutz der Kunstwerke Luftschutzmaßnahmen festgelegt: Löschgeräte, Sand und Schaufeln, Wassertonnen und Eimer mußten immer zur Verfügung stehen. Leuchtmarkierungen im Dombezirk zeigten die Wege auch in der Dunkelheit. Weiterhin wurden die Städte aufgefordert, die wertvollsten Kunstschätze in sicheren Schutzräumen unterzubringen.[17] Das Auffinden von brandsicheren Bergungsräumen war zu einer wichtigen Aufgabe geworden. Landeskonservator Deckert berichtete in seinem Reiseprotokoll von 1941, daß (...)»der Hezilo-Kronleuchter nur durch Zerlegung in einzelne Teile und ihre Verwahrung an geschütztem Ort gesichert werden könnte.»[18] Erst durch den großen Einsatz des Hildesheimer Domdechant Prälat Clemens Stolte, der sich persönlich um die Auslagerung der Kunstwerke bemühte, konnte der Radleuchter in einer nächtlichen Aktion im Jahre 1942 in vier Teile zerlegt[19] und in die Grabkammern der

Familie Brabek und Westphalen unter der Seminarkirche gebracht werden.[20] (Abb. 161) In einer Notiz bezüglich der ausgelagerten Kunst- und Wertgegenstände der Bischofskirche in Hildesheim von 1942 wird unter Punkt fünf auch der Heziloleuchter aufgelistet.[21] Man erfährt, daß neben der Auslagerung in der Seminarkirche noch weitere Stätten für den Verbleib des demontierten Leuchters gewählt wurden. Zwei große und zwei kleine Türme sowie die Lichtertüllen und die kleinen Kugeln des Gestänges kamen in die Stahlkammer, Domhof[15]. Das Gestänge des Leuchters wurde allerdings in der Schatzkammer und die große Mittelkugel des Gestänges im Westparadies untergebracht.
Eine Bombe riß inmitten der Seminarkirche am 22. März 1945 einen Trichter. Durch eine Regenperiode mit Wolkenbrüchen und Dauerregen drang Wasser in die Grabkammer, so daß der Leuchter starker Feuchtigkeit ausgesetzt war. Der englische Kunstschutzoffizier Charles besorgte Wellbleche und Nägel, um die wichtigsten Räume abdecken zu können.[22] Die Grabkammer konnte aber nicht genügend geschützt werden: Der Heziloleuchter und andere Kunstschätze mußten umgelagert werden. Einige Teile gelangten in Räume des Pelizaeus-Museums, andere Teile verblieben, nur durch Wellblech geschützt, im Freien.[23] Über den Verbleib des Leuchters in den Jahren zwischen 1946 und 1949 herrschen durch die Quellenlage kontroverse Überlieferungen. Arenhövel vermerkt, daß der Leuchter 1946 im Duschraum der Staatsbauschule untergebracht war.[24] Der Bildhauer und Goldschmied Heinrich Waldmann notierte in seinem Angebot zur Reinigung des Leuchters von 1949, daß dieser vier Jahre lang in der Grabkammer der Seminarkirche gelegen habe.[25] Demzufolge müßte der Leuchter tatsächlich 1946 in die Staatsbauschule gebracht worden sein. An anderer Stelle erfährt

Abb. 162 Blick in die Werkstatt Heinrich Waldmanns, Reinigung des Heziloleuchters.

man, daß der Leuchter noch im Juli 1948 im Totenkeller der Seminarkirche lag.[26] Nowak schrieb erneut wenige Tage später, daß der Heziloleuchter nun endlich aus dem Totenkeller geborgen wurde und vorübergehend im Westteil des Domes eine Unterkunft fand.[27]
1948 beschloß man in einer Sitzung des Domkapitels den Heziloleuchter in den von der Regierung vorgeschlagenen Raum im Rathause am Hohnsen 2 unterzubringen und dort auch zu reinigen. Der Beschluß, den Leuchter in Hohnsen 2 reinigen zu lassen, ist nicht ausgeführt worden.[28] Denn 1949 erhielt der Bildhauer Heinrich Waldmann von der Regierung Hildesheim den Auftrag, den Radleuchter zur Substanzerhaltung zu reinigen.[29] Bevor die einzelnen Türme, Tore und Mauersegmente in das Atelier von Heinrich Waldmann gebracht wurden, erfolgte im Roemer-Museum zuerst eine Demontage des Leuchters. Waldmann sollte höchstens Kleinigkeiten, wie schadhafte Splinten auswechseln. (Abb. 162, 163) Vorerst wuschen der Bildhauer und seine Gehilfen alle Buntmetallbauteile in Holzbottichen und Zinkwannen. Anschließend säuerte und spülte man die Einzelteile.[30] Salzsäure, Schwefelsäure und Salpetersäure standen zur Verfügung. Sie wurden teilweise verdünnt eingesetzt. Über die genaue Anwendung der Säuren konnte Richard Waldmann keine Auskunft erteilen, allerdings waren nach Beendigung der Reinigungsarbeiten sämtliche «Pötte und Wannen» zerfressen. Viele Stellen des Heziloleuchters schwärzte Heinrich Waldmann mit Schwefelleber, wohingegen alle Bauteile mit in Terpentin aufgelöstem Wachs eingepinselt und nach dessen Trocknung gebürstet wurden. Nach dem Auftragen dieser Schutzschicht setzte Waldmann die Bauteile wieder zusammen. Am 7. Juni 1949 berichtete ein Redakteur der Hannoverschen Neuesten Nachrichten, daß die Reinigung des Leuchters in wenigen Wochen abgeschlossen werden könne und Anfang Dezember desselben Jahres erfährt man in einem Brief an das Domkapitel, daß die Instand-

Abb. 163 Blick in die Werkstatt Heinrich Waldmanns, Reinigung des Heziloleuchters.

setzung des Leuchters bereits beendet ist.[31] Nach der Reinigung des Leuchters entschied die Denkmalpflege, den Heziloleuchter in einer in Benutzung befindlichen Kirche aufzuhängen. Auch wurde damals schon festgehalten, daß er ständig kontrolliert und behandelt werden müsse, da es während der Reinigung nicht möglich war, sämtliche unsichtbaren Keimstellen des Grünspans aus dem Material völlig herauszulösen, ohne ihn zu gefährden.[32]
Ende des Jahres 1948 und Januar 1949 war der Turm C 04 des Heziloleuchters im Herzog-Anton-Ulrich-Museum in Braunschweig im Rahmen der Ausstellung «Niederdeutsche Kunst des Mittelalters» zu sehen.[33]
1950 wurde der Leuchter in der provisorisch wiederhergestellten Bernwardskirche aufgehängt.[34] Zehn Jahre später fand er – abermals in vier Teile zerlegt[35] – seinen endgültigen Platz in der Vierung der wiederaufgebauten Bischofskirche. Eine gewisse Unsicherheit bezüglich der Ausleuchtung des Altarraumes durch den Heziloleuchter veranlaßte die Dombaukommission dazu, weitere Vorschläge zur Ausleuchtung anzufordern:[36] Durch die Anbringung von Altarstrahlern, so präsentierte der Bad Pyrmonter Fachmann Kinkeldey seinen Vorschlag, könne die Wirkung des Leuchters gesteigert werden, da er bei Eigenbeleuchtung lediglich als dunkle Silhouette zu erkennen ist (s. Beitrag Scholz, S. 102). In den 70er und 80er Jahren wurde der Heziloleuchter mehrmals untersucht. 1971 ließ man den Leuchter durch Beschluß des Domkapitels das erste Mal nach seiner Montierung im Dom zur Reinigung herunter.[37] Nach dieser Aktion kam der dringende Rat, den Leuchter nicht mehr zu bewegen. Man hatte die berechtigte Sorge, daß Schwingungen und leichte Bewegungen das instabile Gerüst verziehen könnten. Dies würde sich dann sofort auf die kupfernen Reifenelemente auswirken und könnte so zu Schäden führen. Willmuth Arenhövel konnte jedoch 1973/74 bei seiner Besichtigung keine schadhaften Details feststellen. 1978 untersuchte er den Leuchter ein weiteres Mal und notierte die gröbsten Beschädigungen, wobei er allgemein feststellte, daß der Erhaltungszustand des Leuchters relativ gut sei.[38] Ein weiteres Mal analysierten Dietrich Kötzsche und Michael Brandt 1987 den Zustand des Heziloleuchters.[39] Die beiden Kunsthistoriker stellten einen erheblichen Schaden am Leuchter fest: Zum einen hatten sich alte Flickstellen von der Restaurierung durch Küsthardt von 1903 gelöst, zum anderen konnten durchgängig Oxidationsspuren entdeckt werden. Man entschied, daß der Heziloleuchter durch eine umfassende Restaurierung gerettet werden müsse. Der Beginn für diese Maßnahme wurde dabei aber noch nicht festgelegt. 1991 erstellte Uwe Schuchardt eine umfangreiche, sehr detaillierte Schadensdokumentation. Anhand dieser konnten vielfach Schäden aufgezeigt werden, die vier Jahre zuvor noch nicht dieses Ausmaß erreicht hatten. Eine baldige umfangreiche Restaurierung des Heziloleuchters wurde daher unumgänglich.

Abb. 164 Heziloleuchter, Detail Turm C 04, Rückseite.

Ein Jahr nach dieser Dokumentation waren die Türme B 05 und C 04, die Mauersegment A 16 und A 17 sowie das Tor D 08 des Heziloleuchters im Historischen Museum in Speyer in der Ausstellung ‚Das Reich der Salier 1024-1125' zu sehen.[40] Uwe Schuchardt nahm für diese Schau zwei Mauersegmente und die zwei angrenzenden Türme von den Eisenreifen ab. Statt diesen Bauteilen sind seit März 1992 aus Kupfer- und Messingblech hergestellte Ergänzungen zu sehen. Die originalen Bauteile, die nicht mehr am Reif montiert wurden, untersuchte Uwe Schuchardt im Rahmen der beginnenden Restaurierung im Dezember 1998 und stellte dabei erhebliche Schäden fest. (Abb. 164) Diese sollen nun in der geplanten Restaurierung behoben werden. Die Restaurierungsarbeiten befinden sich in der ersten Phase: Genauere Untersuchungen des sogenannten Ist-Zustandes des Heziloleuchters werden in den nächsten Wochen und Monaten in der eigens dafür eingerichteten Werkstatt vorgenommen.

Anmerkungen

1 Der Azelinleuchter wurde allerdings in gotischer Zeit stark verändert.

2 Kat. Sigmaringen 1992, S. 459.
Inschrift (Übersetzung nach Bertram):
1. obere Streifen
Hoch schwebt die Stadt, gebaut in wunderbarer Gestaltung,
Vollkommen ist sie allseits, umschlossen vom Bande des Glaubens.
Treu bewachen die Thore des Alten und Neuen Bundes Fürsten.
Fruchtbar an Tugenden, steigt sie empor als Hofburg des Lichtes;
Und durch die lebenden Blüthen der in ihr wohnenden Geister
Haucht sie aus vor dem Herrn den Wohlgeruch himmlischer Düfte.
Weißes Friedensgewand ziert die, die das Bauwerk vollendet;
Bürger sind sie in der Stadt, in welcher ihr Schöpfer, der Vater,
Einiger Gott mit dem Wort und dem Geiste regieret und herrschet.
Im selbsteigenen Licht strahlt Gott hier als Sonne der Sonnen,
Schaut der Geheimnisse Grund, umfasset, durchblickt und weiß alles.
Und er errichtet den Thron seines Reiches im Innern der Herzen.
2. untere Streifen
Quell der Gerechtigkeit, Weg des Lebens und Tilger der Sünden,
Ewiger Vater und einziger Sohn und Geist der Erbarmung,
Gieb, daß Hezilo theilhaft der Ehre sei, wie dieser Arbeit.
Gieb, daß Hoffnung und Glaube und rastlos liebendes Wirken
Ihn hinführe zum Anblick des Gottheit, zum Schauen des Friedens.
Gieb, daß er klug sei und stark, gerecht und durch Mäßigung milde,
Daß er von Herzen rein, und heilig in Wandel und Reden,
Säe und mähe die Saat, die mit Frucht füllt die Speicher des Lichtes.
Laß ein verzehrendes Feuer vertilgen des Fleisches Begehren,
Daß er zur Heimat gelange: dort münde der Weg seines Lebens!
Jungfrau voll Milde, nimm du von ihm diese schmuckreiche Gabe,
Daß wie balsamischer Duft sie geweiht sei dem Bräutigam, Christus.

3 Arenhövel 1975, S. 43.

4 Bertram 1897, S. 14-17.

5 Chronicon Hildesiense, S. 76.

6 Zeller 1911, S. 80.

7 Kat. Hildesheim 1995, S. 28.

8 Braunschweig contra Hildesheimb 1630, S. 28.

9 Bertram 1916, S. 358f.

10 Kratz 1840, S. 82, Anm. 60.

11 HStA Hannover, Hild. Br. 2 C, Nr. 45, Domk. Prot.

12 Leuchterdokument II 1818, Renovierung durch F.W.Todt. Dieses Leuchterdokument und vier weitere hat Heinrich Waldmann bei der Reinigung des Radleuchters 1949 in der großen Kugel über dem Vierpaß gefunden.

13 Im 19. Jahrhundert entdeckte man sozusagen das Kunstgewerbe. In London wurde schließlich ein Museum für Kunstgewerbe eingerichtet: ehemals South Kensington Museum, heute: Victoria & Albert Museum. Man bemühte sich, originale Kunstwerke zu kaufen. War dies nicht möglich, vergab man Aufträge die Originale in Kopie anzufertigen. Ein solcher Auftrag erging auch an Friedrich Küsthardt.

14 Küsthardt 1874, S. 193f.

15 «Helfried Küsthardt war durch eine Verkettung widriger Umstände dazu gezwungen, die Restaurierung entgegen seinen beim Auseinandernehmen des Heziloleuchters gemachten Feststellungen und daraus gezogenen Erkenntnissen durchzuführen», in: Kitt 1944, S.47.

16 Leuchterdokument V - 1933, Änderung der elektrischen Anlage durch Karl Schlichtweg.

17 Bohland 1968, S. 84ff.

18 BAH, Bestand Domkapitel-Nachträge, Fasc. 50 Luftschutz, Sicherung der Kunstschätze.

19 Bohland 1965, S. 44, Anm. 1: «Als erste rigorose Schutzmaßnahme hatte ich 1942 auf den Rat von Prof. Deckert die 6 m im Durchmesser große Hezilokrone im Dom in drei Teile zersägt und ausgelagert.» Bohland muß sich geirrt haben, das Foto von 1942 zeigt ein Teilstück mit drei von insgesamt zwölf Türmen. Somit ist ein Viertel des gesamten Umfangs zu sehen.

20 siehe Anm. 13, S. 84ff.

21 BAH, Bestand Domkapitel-Nachträge, Fasc.50 Luftschutz, Sicherung der Kunstschätze.

22 siehe Anm. 17, S. 86.

23 siehe Anm. 19, S. 48.

24 siehe Anm. 3, S. 205, Reg. 32. In einem Telefonat am 27.4.1999 bestätigt Herr Arenhövel wohl die Richtigkeit der Regeste vom 1.5.1949. Er betont aber ausdrücklich, daß dieser Angabe nur unter Vorbehalt zuzustimmen sei. Er erhielt diese Information brieflich durch den Restaurator Heinrich Waldmann am 8.2.1970.

25 Dom-Museum, Handschriftliches Angebot für die staatliche Bauleitung für den Dombereich Hildesheim von Heinrich Waldmann, 1.5.1949.

26 Josef Nowak berichtet, daß er im Totenkeller war und die beiden Leuchter (Hezilo und Azelin) angesehen habe. Er erklärt, daß durch das geborstene Gewölbe des Kellers nun wieder das Wasser auf die Leuchter tropft. Hannoversche Neueste Nachrichten 8. Juli 1948, BAH, Bestand Domkapitel-Nachträge, Fasc. 175 (II).

27 «Jetzt wurden Hezilo- und Azelinleuchter endlich aus dem To-

tenkeller im Brühl geborgen. Der Heziloleuchter fand vorläufig im Westteil des Domes eine notdürftige Unterkunft.» Hannoverschen Neueste Nachrichten 17. Juli 1948, BAH, Bestand Domkapitel-Nachträge, Fasc. 175 (II). Weitere Aktennotizen tragen leider nicht zur Klärung der Frage bei, wo der Heziloleuchter nach 1945 aufbewahrt wurde. Denn ein Vermerk hinsichtlich eines Vorhabens muß nicht immer zwingend zur tatsächlichen Ausführung gelangt sein. Prälat Stolte wollte seit 1947 den Azelin- als auch den Heziloleuchter trockener unterbringen. In keinem weiteren Vorgang ist in Kenntnis zu bringen, ob es tatsächlich zur Umsetzung dieser Bemühung gekommen ist. In einer anderen Anmerkung erfährt man, daß Stolte kirchliche und städtische Kunstwerke getrennt aufbewahren wollte. Er sprach auch davon, daß er sich um eine Unterbringungsmöglichkeit in Lamspringe kümmern möchte (16.10.1947).

28 Josef Nowak schrieb am 17. Juli 1948 in den Hannoverschen Neuesten Nachrichten auch, daß der Azelinleuchter in den Keller des städtischen Verwaltungsgebäudes, Hohnsen 2 transportiert wurde. Möglicherweise verwechselte Nowak hier Azelin und Heziloleuchter.

29 siehe Anm. 3, S. 205.

30 Schuchardt 1999, S. 1. Die Angaben zur Restaurierung von 1949 basieren auf einem Telefonat zwischen dem Restaurator Uwe Schuchardt und Richard Waldmann, dem Sohn Heinrich Waldmanns, vom 13. 1. 1999. Richard Waldmann, der zur Zeit der Restaurierung Schüler beziehungsweise Student war, half seinem Vater bei diesen Arbeiten, an die er sich noch zum Teil erinnern konnte.

31 HStA Hannover, Hann. 180 Hildesheim, Nr. 6576, Bd. 4, 1948-53.

32 ebenda.

33 Kat. Braunschweig 1948, Nr. 59 a.

34 HStA Hannover, Hann. 180 Hildesheim, Nr. 6576, Denkmalpflege in der Stadt Hildesheim.

35 Freundliche Mitteilung durch Uwe Schuchardt, 5.5.1999. Der Heziloleuchter wurde von der Bernwardskirche zum Dom getragen.

36 NLD, Schriftarchiv, Akte Hildesheim III, Mappe 2, Protokoll 5.12.1959.

37 Dom-Museum Hildesheim, Aktennotiz 21.12.1977.

38 ebenda, Protokoll der Untersuchung des Heziloleuchters im Dom zu Hildesheim am 11. Dezember 1978.

39 ebenda, Vermerk Heziloleuchter am 23.06.1987.

40 siehe Anm. 2, S. 459.

Domkapitular Prälat Adalbert Sendker

Wie ich den Untergang des Mariendomes zu Hildesheim am 22. März 1945 erlebte

Am 25. Jahrestag der Zerstörung der Stadt Hildesheim und des Domes, am 22. März 1970 – also vor 15 Jahren – hatte ich mich gedrängt gefühlt, zum ersten Mal das niederzuschreiben, was ich in diesen Tagen der Zerstörung unserer Stadt selbst erlebt habe. Am Palmsonntag 1970 hatten wir im Pontifikalgottesdienst dieses Tages des wiedererstandenen Domes gedacht – im Dom: Wir hatten beim Gottesdienst den "Lobgesang der drei Jünglinge im Feuerofen" gebetet, und in der Predigt hatte der Bischof uns gefragt, ob wir diese Feuerprobe auch wirklich bestanden hätten. (Es war Heinrich Maria Janssen, der den Untergang nicht erlebt hatte, aber den Wiederaufbau des Domes zur Vollendung hatte führen dürfen.)

Ich habe es niedergeschrieben damals zum Dank und zum Lobe des Dreifaltigen Gottes und zum Preise der Allerseligsten Jungfrau, der Patronin unseres Domes, der Stadt und des Bistums, deren Fürsprache ich nach meiner festen Überzeugung die Rettung aus den Trümmern des Domes verdankte – zusammen mit denen, die mit mir in der Sakristei gewesen waren. Von den Altären des Domes war nur der einzige Altar auf der Südseite unten rechts erhalten geblieben, weil Herr Domdechant Clemens Stolte, nachdem er an dem Tage spät abends in das brennende Hildesheim zurückgekehrt war, in der Nacht mit einem Handlöscher dann diesen Altar durch das Gitter hindurch abgelöscht hatte. Es ist ein Altar mit dem Bilde der Himmelfahrt Mariens, unserer Dompatronin!

Ich habe diesen Brief bisher still für mich (in Stenographie geschrieben) bewahrt und hatte ihn für alle Fälle meiner Sekretärin übergeben.

Nun sind aber weitere 15 Jahre verflossen. Wir begehen in diesen Tagen den 25. Jahrestag der Wiedereinweihung unseres Domes nach seinem Wiederaufbau. Neben dem damaligen Domvikar und Bischöflichen Sekretär, dem späteren Pfarrer von Itzum, Josef Haller, jetzt im Ruhestand lebend, bin ich noch der einzige meines Wissens, der den Untergang des Domes im Dom selbst erlebte.

Als einzige schriftliche Zeugnisse des Domuntergangs liegen mir in Abschrift zwei Briefe des damaligen Domdechanten Clemens Stolte vor (dem wir die Rettung des Domschatzes verdanken!), die er an zwei Freunde geschrieben hat, datiert vom 12. Mai 1946 und 9. August 1946. Er selbst war am Tage des Angriffes nicht in Hildesheim, eilte aber am Abend in die Stadt, wo seine Schwester und Nichte den Angriff überstanden hatten im Keller der Domdechanei, die dann aber völlig zerstört wurde, und diese drei blieben von dem Tage an als einzige am Domhof wohnen – in der Kurie von Domkapitular Schneider, die dieser durch Ablöschen von Brandbomben im Dachstuhl als einzige Kurie hatte retten können.

Bis zum Beginn des Jahres 1945 war Hildesheim von Bombenangriffen verschont geblieben. Erst am 22. Februar und am 3. und 14. März fielen – besonders in der Nordstadt – die ersten Bomben, die erhebliche Verwüstungen anrichteten. Diese habe ich nicht draußen miterlebt, weil ich einige Wochen im Krankenhaus lag. Dort erlebte ich mit allen Kranken, wie die Patienten in die Luftschutzkeller transportiert werden mußten und gleich nach den Angriffen Verwundete und Verletzte notdürftig auf den Fluren versorgt und untergebracht werden mußten. Die Schwestern, die Ärzte, das ganze Personal lebte in einer Spannung und Sorge, die sich auf die Kranken übertrug. Wer nicht in die Kellerräume mußte, blieb auf Fluren und Stationen auf Wachposten.

Am Josefstag, dem 19. März 1945, hatte Bischof Joseph-Godehard der schweren Kriegslage wegen auf jeden Empfang zu seinem Namenstag verzichtet und alle Geistlichen gebeten, am Abend ohne Chorkleidung an der Meßfeier im Hohen Chor des Domes teilzunehmen, weil mit schweren Luftangriffen gerechnet wurde. Es war der letzte gemeinsame Gottesdienst mit dem Bischof in aller Stille, trist wie ein Abschiedsgottesdienst für diesen unseren alten, ehrwürdigen Dom.

Am Mittwoch, dem 21. März, war schon früh wieder Alarm. Diejenigen Mitglieder der Domgeistlichkeit, die vom Domdechanten Clemens Stolte für den Luftschutzdienst eingeteilt waren, trafen sich bei jedem Alarm in Luftschutzuniform, die wir alle empfangen hatten, mit Stahlhelm in der Sakristei. Wir hatten dort auch einige Liegestühle, in denen wir bei den oft stundenlang dauernden

Alarmzeiten – bei Tag wie bei Nacht – wechselnd ruhen konnten. Wegen der gerade überstandenen Erkrankung hatte auch ich an diesem Tag davon Gebrauch gemacht. Während dieser Ruhe kam mir plötzlich ein Gedanke, den ich dann sofort Dr. Offenstein, dem damaligen Generalvikar, mitteilte: "Herr Generalvikar – was passiert, wenn unsere Ausgänge hier verschüttet werden?!" Sooft wir in den Monaten vorher schon während der Alarmzeit hier gewesen waren, war diese Frage mir noch nie gekommen. Dr. Offenstein schaute sich um, schaute mich an und sagte spontan: "Sie haben recht, - heute noch müssen die Gitter von den Fenstern!" Die Sakristeifenster, die zum Domhof herausgingen, waren vollständig mit schmiedeeisernen Stäben vergittert. Aber es war natürlich unmöglich, in dieser Zeit Leute so kurzfristig zu bekommen, die das hätten ausführen können!

So kam der 22. März, der folgende Tag. In der Nacht war wieder Alarm gewesen. Der Luftschutzbestimmungen wegen durfte vor 10.00 Uhr kein Gottesdienst für die Gemeinde stattfinden. Einzelzelebration durfte erst um 8.00 Uhr beginnen. So war es auch an diesem Morgen. Mir wurde vom Küster der Hochaltar im Hochchor des Domes zu dieser meiner stillen Messe zugewiesen. Wenn ich mich recht erinnere, war es das erste Mal, daß ich selbst an diesem Hochaltar hinter dem Lettner zelebrieren konnte. Der Lettner im Dom war schon abgebrochen und in Sicherheit gebracht. Es wurde dieses zugleich die letzte Messe, die an diesem Altar gefeiert wurde. Eine gütige Fügung hat es mir geschenkt, daß ich später auch in dem wiedererstandenen Dom noch in seinem Rohbau an dem provisorischen Hochaltar die erste Messe habe wieder feiern dürfen (Herr Domdechant Stolte hatte bereits am Tage nach der Zerstörung des Domes die erste heilige Messe in der nicht völlig zerstörten Krypta feiern können – darüber berichtet er in seinem Schriftwechsel).

Es lag an diesem 22. März eine merkwürdige Unruhe in der Luft. Für diesen Morgen hatte ich hoffen dürfen, daß einige italienische "Fremdarbeiter", wie sie damals genannt wurden, mir helfen würden, das Dach unserer Domkurie (Vikarie) Domhof 29 A in etwa wenigstens wieder zuzudecken. Unser Dach war beim letzten Luftangriff auf unsere Stadt zu etwa ein Viertel zum Pfaffenstieg hin abgedeckt. Aber die Italiener kamen nicht. Später hörte ich, daß sie wohl durch englische Sender gewarnt waren, das Lager (in Richtung Himmelsthür) zu verlassen.

Den ganzen Vormittag, einem herrlichen Frühlingsmorgen, war Vollalarm gewesen, der bereits gegen 9.00 oder 9.30 Uhr einsetzte. Gegen Mittag kam Voralarm, so daß wir im Konvikt zu Mittag essen konnten. Aber schon kurz nach dem Essen gab es wieder Vollalarm mit der Nachricht, daß feindliche Kampfverbände sich der Stadt Hildesheim schnell näherten. Wir hörten die Meldung zu Hause. Ich drängte meine Angehörigen, schnell in den Luftschutzkeller zu gehen. Dieser war im Nachbarhaus bei Domkapitular Uhrig. Er stand auch uns zur Verfügung, da unser Haus nur einen halb über der Erde liegenden, vom Hof aus zugänglichen Keller hatte. Da inzwischen höchste Alarmstufe war, wurde ich sehr ungeduldig, als Mutter noch einiges an Tafelsilber in die Handtasche steckte. Und ich drängte sie, schnell zum Keller zu eilen. (Diese Bestecke wurden das einzige, was wir von unserem gesamten Hausrat gerettet haben – noch heute benutzen wir dieses täglich.)

Ich selbst eilte in Luftschutzuniform, den Stahlhelm auf dem Kopf und einen kleinen Handkoffer mit dem Allernotwendigsten in der Hand, zur Sakristei des Domes, wo stets mein Platz mir für die Alarmzeiten zugewiesen war.

Im Nordturm waren: Generalvikar Dr. Offenstein, Domkapitular Uhrig, Dompfarrer Holze.

Im Südturm waren: Pastor Ludewig, Fräulein Döring, Domvikar Haller.

In der Sakristei waren außer den genannten Personen noch: Domküster Waldmann, Domwächter Volkmann. Letzterer war nach dem Angriff leicht verwundet.

Die Herren Dr. Offenstein, Uhrig, Haller, Ludewig und Holze gingen in die Domtürme, damit wir nicht an einer einzigen Stelle während der Alarmzeit waren. Als Jüngster blieb ich in der Sakristei mit einigen älteren Herrschaften, unter anderem mit dem früheren Dompfarrer und Stadtdechanten Böker, seiner Schwester, den beiden Damen Offenstein und wie ich glaube auch Mutter Holze.

Dechant Böker begann, den Fatima-Rosenkranz zu beten. Wir knieten alle nieder. Als die ersten Bomben fielen, kam er im Beten durcheinander. Ich versuchte, ihn abzulösen, weiß aber nicht, wieviel Ave Maria ich noch beten konnte. Ich weiß nur noch das eine: Es gab einen furchtbaren Krach. Einen Augenblick dachte ich noch, du sollst schnell deine Brille wegstecken – es war ein paarmal, als wenn das Mauerwerk einstürzte, dann weiß ich nichts mehr. Sehr viel später kam es mir beim Überlegen und Nachsinnen erst zum Bewußtsein, daß ich etwa eine halbe Stunde bewußtlos gewesen sein mußte.

Als ich wieder klar denken konnte, lagen wir völlig im Dunkeln, meine Brille war weg. Der Stahlhelm vom Kopf geschleudert – ich tastete herum und griff einen Stahlhelm. Ob es der meinige war, weiß ich nicht. Ich stülpte ihn als erstes, so wie er war, mir über den Kopf und merkte erst dann, daß ich ihn voll Geröll und Staub übergestülpt hatte. Ich wußte im Augenblick nicht, ob wir wieder herauskommen würden.

Von den anderen hörte ich nichts. Ich blieb noch eine Zeitlang still in halb liegender, halb kniender Haltung und betete das Tedeum, daß ich überhaupt noch lebte. Ich bat Gott um Verzeihung für die Flieger, die den Bombenabwurf durchgeführt hatten – ich betete auch für die, die diesen Befehl zum Angriff auf die Stadt gegeben hatten.

Dann erst schaute ich umher und suchte mir einen Begriff zu machen von dem, was geschehen war. Da sah ich einen Schimmer von Tageslicht und kletterte darauf zu. Dabei wurde mir klar, daß – wenn überhaupt – hier die einzige Rettung sein mußte. Es war das geschehen, was ich am Tage vorher gesagt hatte: Die drei Ausgänge zum Dom hin, zur Laurentiuskapelle und nach draußen waren verschüttet. Alle Fenster waren vergittert. Nur im äußersten linken Fenster war die Laibung der Fenster mitsamt dem Gitter nach außen herausgebrochen. Zu der Höhe der Fensterbank hin erkannte ich an der Wand entlang einen ansteigenden Trümmerhaufen. Darauf konnte ich auf allen Vieren hinaus- und wieder hinunterkriechen, denn draußen lagen auch Trümmer. Draußen stellte ich fest, daß über mir die Schatzkammer brannte. Das Dach hing so weit herunter, daß dieser Ausstieg durch das Fenster von oben her gegen Brand und weiter herabfallenden Schutt geschützt war. Als ich diese Öffnung so entdeckt hatte, kletterte ich wieder zurück in den Raum der Sakristei. Es wurde mir klar: Hier müssen wir alle heraus, und zwar so schnell wie möglich. Sonst würden wir alle hier verbrennen.

Wir in der Sakristei waren derart mitgenommen von diesem Angriff, daß wir wie erschlagen waren und in dem Toben und der Zerstörung einander kaum noch wahrnahmen.

Da kamen von draußen her durch die Trümmer die Herren, die in den Domtürmen gewesen waren, Dr. Offenstein, Josef Ludewig, Josef Haller, Dompastor Holze habe ich nicht mehr gesehen. Sie waren um die Sakristei herum gekommen und suchten offenbar einen Eingang, hatten aber keinen gefunden. Ich rief ihnen zu und winkte ihnen zu, daß sie nach vorn wieder kommen müßten; da sei ein Einstieg und Ausstieg durch das eine Fenster möglich. Sie hatten das von außen her nicht erkannt.

So kamen sie durch dieses Fenster, durch das ich selbst aus- und eingestiegen war, herein. Sie waren alle unversehrt geblieben. Einer rief noch von außen her: "Raus! Ihr verbrennt hier alle." Noch weiß ich meine Antwort: "Mensch, halt die Klappe! Faß an und mach die Leute hier nicht aufgeregt. Ich weiß, was da über uns los ist."

Fräulein Offenstein (ich glaube, es war Olga) war das eine Bein abgeschlagen. Josef Haller hat sie aus dem Loch herausgezogen, ein anderer Helfer schob von der zerstörten Sakristei aus: Wer es war und wo Fräulein Offenstein blieb, weiß ich nicht mehr.

Als so diese Mitbrüder als Helfer gekommen waren – "relativ frisch" – dachte ich: ‚Jetzt darfst du heraus und mußt nach deinen Leuten sehen, was da los ist.' So kletterte ich wieder heraus. Da ich sehr kurzsichtig bin, konnte ich ohne Brille nichts Genaues erkennen. Ich war auch zu aufgeregt. Ich sah nur, wie aus dem Dom die Flammen schlugen – vor allem, als ich an den Domtüren vorn vorbeiging: Aus dem mittleren großen Fenster zwischen den Türmen im Westwerk. Sie umloderten die Madonna, die in diesem Augenblick noch unversehrt zu stehen schien. Da kam mir der Gedanke, daß wir unsere Rettung dem Rosenkranzgebet verdankten.

Als ich dann weiter um den Dom herumging über den großen Domhof in der Richtung meiner Wohnung Domhof 29 A, humpelten mir Lazarettinsassen entgegen aus dem Lazarett, das im damaligen Waisenhaus am Pfaffenstieg (heute Kolpinghaus) untergebracht war. Ich redete einige Soldaten an, die auch vorbeikamen: "Dort hinten hinter dem Dom sind noch Menschen, die rausgeholt werden müssen." Aber niemand reagierte darauf. Alles strömte dem Garten des Regierungspräsidenten neben dem Landgericht zu. Offenbar war dort eine Möglichkeit, vom Domhof und aus der brennenden Stadt herauszukommen.

Als ich an meinem Hause Domhof 29 A ankam, schlugen aus meinem Arbeitszimmer und dem Schlafzimmer im ersten Stock die hellen Flammen heraus. Ich sah, daß nichts mehr zu machen war, und versuchte daher gar nicht, in das Haus einzudringen. So wandte ich mich dem Nachbarhaus zu, wo Domkapitular Uhrig wohnte. Dort war ein Keller unter dem Haus, wie schon gesagt, wo meine Angehörigen bei diesem Alarm auch die Zuflucht gesucht hatten. Das Haus stand noch – wie mir schien – unversehrt. So tastete ich mich in den Keller, den ich nicht kannte. Alles war dunkel und niemand da. Dann tastete ich weiter im Keller umher und stieß auf einem Bord an einen Topf: Als ich ihn nahm, merkte ich, er war voll Milch. Ich setzte ihn an und

trank ihn in einem Zuge aus. Das war "der schönste Schluck" meines Lebens!
Ich tastete weiter umher – sehen konnte ich in der Dunkelheit und ohne Brille nichts – und stieß mit der Hand an einen kleineren Koffer, nahm ihn mit und dachte: Vielleicht ist das das einzige, was jemand noch hat (so war es, wie ich nach Wochen feststellte, es war das einzige, was Domkapitular Uhrig auf diese Weise gerettet hatte, denn auch seine Kurie verbrannte total).
Vorn im Hause Domhof 29 sah ich auch niemanden mehr, alles brannte. So ging ich wieder auf den Domhof zurück, um nun selbst aus den Bränden ringsum herauszukommen. Beim Bernward-Denkmal, das ja noch in der Mitte des Domhofes stand, kam ein Soldat auf mich zu – vielleicht ein Sanitäter aus dem Waisenhaus am Pfaffenstieg: "Kamerad, wie siehst du aus! Du verblutest ja! So kannst Du ja nicht mehr herumlaufen." Dann setzte er mich auf den Sockel zu Füßen des hl. Bernward und verband mich am Kopf. Ich selber hatte bis dahin nicht gemerkt, daß ich auf dem Schädel eine blutende Wunde hatte, wohl von einem herabfallenden Stein in der Sakristei, nachdem der Stahlhelm abgerissen war. Das Blut sickerte nun unter meinem Stahlhelm hervor. Auch die Hände schmerzten. Ich konnte kaum den Koffer halten und wechselte immer von einer Hand in die andere. (Später stellte sich für mich heraus, daß ein Handwurzelknochen gebrochen war und einige Finger verletzt waren – daß auch irgendwie die Schädeldecke angeschlagen war.) Auf all das achtete ich vor lauter Aufregung nicht.
Da ich keinen Bekannten sehen konnte und ich selbst allmählich spürte, wie meine Kräfte nachließen, schloß ich mich denen an, die dem Garten des Regierungspräsidenten zugingen. Darunter waren Soldaten, die an ihren Krücken kamen, aber in der Krankenkleidung waren; darunter waren Helfer, darunter waren Zivilisten. Dort an der äußeren Mauer dieses Gartens ließen mich dann Helfer auf den Leitern an der hohen Mauer des Domhügels herab. Dort wandte ich mich dem Bernward-Krankenhaus zu, das noch stand. Ich sah im Binnenhof nur, wie der eine Dachstuhl im östlichen Querflügel brannte. Ich wurde durch das Haus zum Garten geführt und zum Gartenhaus geschickt. Dort sei wohl ein Arzt. Ich sah, daß das ganze Personal eine Kette vom Haus zum Mühlengraben zur Innerste hin gebildet hatte. Von Hand zu Hand reichten sie die Eimer mit Wasser zum Löschen des Dachstuhles. So blieb das Haus erhalten. (Später hörte ich, daß eine schwere Bombe in dem Gebäude über der Kapelle eingeschlagen war und in dem Fußboden des Wohnzimmers des Hausgeistlichen steckengeblieben war, ohne zu explodieren. Sie wurde später entfernt. – Dort hatte auch ich einmal gewohnt!)
Im "Gartenhaus" jenseits des Mühlengrabens fand sich dann der Assistenzarzt Dr. Vieten. Als Erstes gab er mir, als er meinen Zustand sah, eine Tetanusspritze, wohl weil er um Gefährdung durch Wundstarrkrampf fürchtete. Dann wurde ich auf die Rückseite des Hauses auf den Wall hinausgeführt. Dort lagen schon die Patienten in langer Reihe. Hier kam ich zur Ruhe und Besinnung: ‚Hier darfst du nicht bleiben – heute kannst du noch hingehen, wohin du selber willst. Morgen wirst du irgendwohin verschickt, und weißt nicht wohin und niemand weiß, wo du bist!' Ich sprach eine Schwester an, die vorbeikam und sagte, daß ich wohl gern nach Itzum in das Pfarrhaus wollte. (Dorthin hatte ich noch in den letzten Tagen einen kleinen Koffer schicken können. Den Ort hatte ich ausgewählt, weil er in der Nähe der Stadt lag, aber doch abseits der großen Durchgangsstraßen.)
Die Schwester wollte mich nicht allein gehen lassen und suchte eine Pflegerin, die bereit war, mich zu begleiten (den Namen habe ich leider vergessen, es war wohl eine dienstverpflichtete Frau aus der Stadt): Diese fand dann einen kleinen Handwagen, packte ein großes Kopfkissen hinein und mich darauf. So verließ ich Hildesheim.
Beim Josefsstift draußen auf der Marienburger Straße überholte uns zum ersten Mal ein Fahrzeug, ein Trecker mit Leuten und Sachen darauf. Er hatte einen Gummiwagen angehängt. Dem winkte ich zu, und er hielt an. Man war bereit, die Pflegerin und mich mitzunehmen. Den Handwagen stellte die Pflegerin schnell im Josefsstift ab. Wir stiegen auf und fuhren mit bis zur "scharfen Ecke". Von dort marschierten wir beide Arm in Arm dem Pfarrhaus zu.
Als ich dort an die Tür klopfte, erkannte man mich wohl kaum, war aber doch sofort bereit, mich aufzunehmen. Später hat Fräulein Grams, die Haushälterin von Pfarrer Johannes Ernst, gesagt: ‚Als sie mich gesehen habe, habe sie gedacht: Das ist der erste Geistliche, den wir auf unserem Friedhof hier beerdigen können.'
Ich wußte nicht, daß das Pfarrhaus schon Gäste aus Hildesheim vom Domhof aufgenommen hatte. Es war dieses: Prof. Dr. Algermissen und Frl. Schmalbach mit einer Schülerin, die in ihrem Haushalt war, und die beiden Schwestern Agnes und Maria Brockmeyer. Dankbar muß ich hier erwähnen, daß Maria Brockmeyer mir wohl in der

Pflege (das zweite Mal) das Leben gerettet hat: Sie hielt in den nächsten 14 Tagen Tag und Nacht Wache an meinem Bett und versorgte, pflegte und fütterte mich.
Hier in Itzum fanden sich nach einigen Tagen – wann weiß ich nicht – auch meine Angehörigen ein. Sie hatten auf der Suche nach mir sich an den Koffer erinnert, den wir im Pfarrhaus zu Itzum untergebracht hatten. Sie waren zunächst zum Moritzberg gegangen und in der Siedlung Glockenfeld bei Bekannten unseres gefallenen Bruders untergekommen. Sie hatten diesen Unterschlupf gesucht und auch gefunden.

Interview mit Weihbischof Heinrich Pachowiak

Herr Weihbischof Pachowiak, Sie wurden am 15. Mai 1940 im Hildesheimer Dom zum Priester geweiht.
Nein, nicht im Dom, sondern in der Annenkapelle.

Aber Sie können sich sicher noch an die barocke Innenausstattung des Domes erinnern. Wie hat sie Ihnen gefallen? Was war herausragend an der Ausstattung?
Also, damals, als ich geweiht wurde, war ich natürlich relativ jung. Und da hatte man den Zugang zum Barock noch nicht so recht, jedenfalls ich hatte ihn noch nicht so recht. Ich habe später erst, durch anderes, was ich in Süddeutschland gesehen habe, mehr Zugang zum Barock bekommen. Der Dom war ja insgesamt barockisiert, und so hat man den Dom – wie soll ich sagen – zur Kenntnis genommen, wie er war. Er wirkte ja nicht sonderlich groß, weil der Lettner da stand und den Chorraum abtrennte, und erst als nach dem Krieg der Lettner weg war, merkten wir, daß der Dom eine gewisse Ausdehnung hatte. Das ist meine Antwort, wenn Sie fragen, wie mir der Dom gefallen hat.

Ich möchte darauf hinaus, ob Ihnen die barocke Ausstattung besser gefallen hat oder nachher, 1960, die neue Innenausstattung des Domes.
Ich war ja irgendwie eingebunden und wußte, wieviel zerstört war und daß man neu aufbauen mußte. Wir, die Jüngeren, fanden die Art des Neuaufbaus des Domes sympathischer. Das ist überhaupt keine Frage. Der Barock hat ja nun sowieso in unserer Gegend nicht gerade seinen Ursprung und seine Heimat. Und so waren wir eigentlich mit dem Wiederaufbau ganz zufrieden.

Die Zerstörung des Domes, als wie schwerwiegend haben Sie die empfunden? Hätte man - nach Ihrer persönlichen Einschätzung und wenn man die Trümmer gesehen hat - es für möglich gehalten, den Dom wieder aufzubauen, oder gab es auch Diskussionen, einfach zu sagen: Wir fangen etwas vollkommen Neues an?
Ich war ja nicht hier, als der Dom zerstört wurde. Ich war in Kriegsgefangenschaft. Und als ich das erste Mal nach Hildesheim kam – das weiß ich noch – und sah die Trümmer vom Bahnhof aus, etwa im September 1945, relativ früh. Man sah damals vom Bahnhof aus die Ruinen der Kreuzkirche. Dazwischen lag alles flach. Und ich meine mich zu erinnern, daß ich damals gesagt habe: "Hier lohnt sich nichts mehr an Wiederaufbau, man muß vielleicht an einer anderen Stelle neu anfangen." Was natürlich töricht ist, weil man gar nicht beachtet hat, was alles in der Erde ist. Aber das war zunächst der allgemeine Eindruck, als ich im September 1945 das erste Mal wieder nach Hildesheim kam.

Waren Sie denn erleichtert und froh, daß es dann dazu kam, daß ein Wiederaufbau initiiert wurde, ab 1948?
Ja, das vollzog sich dann langsam, eins nach dem anderen, kleinere Dinge zunächst. Aber man begriff natürlich sehr bald, daß die Stadt an alter Stelle - vielleicht zum Teil mit gleichem Gesicht - wiederaufgebaut wird. Das war die allgemeine Einstellung. Man hat natürlich den Wiederaufbau zunächst selbstverständlich so hingenommen, wie er passierte, und war froh über den Wiederaufbau. Wie gesagt, ich war erst sehr pessimistisch. Ich war überhaupt pessimistisch während des Krieges. Ich weiß noch, ich war lange Zeit in Chartres als Soldat, da habe ich mir viel theologische Literatur gekauft, weil ich damals gegen Kriegsende – etwa 1943/44 – der Meinung war, auf zwanzig Jahre hin wird es in Deutschland keine Bücher mehr geben, jedenfalls keine neuen Bücher.

Im Dezember 1948 hatte man beschlossen, einen Architektenwettbewerb zu veranstalten. Diese Pläne lagen im Mai 1949 vor. Sind die Pläne damals ausgestellt und in der Öffentlichkeit diskutiert worden?
Also, ich kann mich an öffentliche Ausstellungen und auch Diskussionen darüber nicht erinnern. Nun muß man ja wissen, es war alles sehr zerstört, alles lag in Trümmern. Wer damals den Domhof gesehen hat, war bedrängt und bedrückt von den Trümmern. Ich kann mich nur erinnern – damals war ich bischöflicher Sekretär und Kaplan –, daß der Bischof Joseph Godehard in die Regierung gebeten

wurde, um sich die Zeichnungen für den Wiederaufbau anzusehen. In die Regierung deshalb, weil damals noch die Regierung den Wiederaufbau des Domes beaufsichtigte. Die Regierung hat zwar versucht, herauszukommen aus dieser Wiederaufbaupflicht für den Dom, aber das ist nicht gelungen. Ich weiß von damals noch, daß ein Beamter der Regierung einmal sagte: "Es ist zum Heulen für uns. Alles, was wir finden, spricht gegen uns. Alles spricht dafür, daß die Regierung aufbauen muß."
Die Regierung hat ja auch den Prozeß in zwei Instanzen verloren.

Waren Sie denn ab 1948 Sekretär und Kaplan bei Bischof Joseph Godehard?
Nein, schon seit 8. Mai 1946. Ich bin im September aus der Kriegsgefangenschaft gekommen, und dann ging alles ein bißchen hoppla-hopp. Dann kam ich nach Hildesheim, man hatte sofort eine Stelle für mich. Ich hatte an sich vor, noch etwas zu studieren. Mein Studium war ja im Grunde abgebrochen. Aus der heutigen Sicht ist das etwas anders, aber man brauchte ja unbedingt die Priester, die zurück kamen. So wurde ich also Kaplan in Celle. Da kam eines Tages Bischof Joseph Godehard und eröffnete mir, daß er mich ausersehen habe, sein Kaplan und Sekretär zu sein. Ja, stellen Sie sich das vor: Ich hatte studiert, dann kam der Arbeitsdienst, nach dem Arbeitsdienst kam der Sanitätsdienst/Kriegsdienst – und dann schließlich die Kriegsgefangenschaft. Und dann endlich war ich so weit, wo ich hin wollte, ich hatte natürlich nie die Idee, Domkapitular oder irgend so etwas zu werden. Ich dachte, irgendwo Pastor sein, das wollte ich, das war für mich auch das Wesentliche. Dann war ich in Celle Kaplan, es gefiel mir sehr gut, aber es war auch sehr anstrengend wegen der Außenstationen. Dann plötzlich taucht der Bischof auf und eröffnet mir, daß er mich ausersehen habe, sein Kaplan und Sekretär zu sein. Naja, ich war einigermaßen schockiert und versuchte, dem Bischof klarzumachen, daß so etwas nicht gerade meine beste Seite sei. Wie Joseph Godehard so war, sagte er: "Oh, das überlassen Sie bitte meinem Urteil." Ja, gut, so war das.

Noch einmal zurück zum Wiederaufbau. Sie haben ja dann als Sekretär sicherlich die verschiedenen Architekturpläne gesehen. Können Sie sich daran erinnern?
Kann ich mich. Ich weiß, daß Joseph Godehard eines Tages sagte, er müsse zur Regierung, da lägen die Pläne für den Wiederaufbau. Und er ging ja sowieso nicht gern allein durch die Stadt, also mußte ich ihn begleiten. Was mir natürlich auch ganz lieb war, denn ich war neugierig, was so vorlag. Und damals waren da die Pläne ausgebreitet, vier Entwürfe für den Wiederaufbau. Vielleicht habe ich sie später dann auch noch einmal beim Bischof gesehen, das weiß ich nicht, aber ich meine sie damals in der Regierung gesehen zu haben. Und da war ein Plan dabei, ein Wiederaufbauplan, von dem damaligen Kölner Dombaumeister Weyres, Nummer zwei war Prendel, der damalige Leiter der evangelischen Bauhütte für den Wiederaufbau der evangelischen Kirchen in Hildesheim. Der hat auch einen Plan gemacht. Und mir, als jungem Domvikar, gefiel der Plan am besten.

Wie sah der aus?
Ja, wenn man so will, ein Stück konservativ. Aber was bemängelt wurde: Damals stand von dem zerstörten Dom noch die südliche Arkadenwand, von der nachher dann doch nicht viel geblieben ist, denn von den sechs Säulen stehen ja nur zwei, zwei Originale. Aber nun, der Prendel wollte nun in seiner Planung die Wand opfern und große Bogen setzen.

Wie fanden Sie denn den Vorschlag von Herrn Fricke?
Also es war noch der Vorschlag von Fricke da, und dann war noch ein vierter Vorschlag von einem Regierungsbaurat Mänz. An den Vorschlag von Mänz kann ich mich überhaupt nicht erinnern, der hat auf mich keinen Eindruck gemacht. Fricke war mir zu kleinkariert. Wissen Sie, da war alles weg, was ein bißchen Größe und Weite gab. Er hatte überall die kleinen Treppen eingezeichnet. Also, der Frickesche Vorschlag hatte meine persönliche Sympathie nicht. Aber ich merkte sofort in der Besprechung bei der Regierung, daß der Bischof Joseph Godehard damals sehr auf den Frickeschen Vorschlag einging. Er hatte natürlich einige Vorteile, z. B. in der Optik, daß die südliche Arkadenwand stehen blieb. Er hatte auch den Lettner wieder eingezeichnet.

War die Aufstellung des Lettners im Hochchor ein Vorschlag von Bischof Joseph Godehard oder von Herrn Fricke? Oder ging das ineinander über?
Da trafen sich die beiden. Die trafen sich beide etwa a) auf einer mehr konservativen Linie, b) auf einer barocken Linie. Joseph Godehard war ein Mann, der in den Barock verliebt war, soweit ich das in den sechseinhalb Jahren der Sekretärszeit herausbekommen habe. Fricke und Joseph

Godehard gelang es dann auch, den Regierungsvertretern klar zu machen, daß der Frickesche Plan den Vorrang bekam. Ich habe mir gesagt, daß ich vielleicht ein bißchen hart über die Frickeschen Barockgeschichten geurteilt habe. Das habe ich so formuliert. Ich habe gesagt, was im Barock Schwung ist, das wirkt bei Fricke steif. Na, er lebt nicht mehr, und er würde mir das todübel nehmen.

Worin bestand dieses barocke Element in der Frickeschen Planung?
Er brachte überall so kleine barocke Elemente an. Wo er die angebracht hat in dem Plan, weiß ich nicht mehr. Wenn Sie die Eingangsfassade beim Mutterhaus der Vinzentinerinnen ansehen, da hat er ja auch so ein bißchen barocken Schwung hereingebracht. Wenn im Barock etwas ungeheure Ausmaße hat, zum Beispiel an den Pfeilern, bei Fricke waren das fünf Zentimeter. Naja, ich möchte ihm nicht zu nahe treten, das habe ich nie getan. Er hat dann ja auch im wesentlichen den Wiederaufbau des Domes vorangetrieben.

Können Sie sich noch an die Frickeschen Pläne für den Westbau, für den Westturm erinnern?
Nein, für das Westwerk hat Pate gestanden – leider nicht ganz zu Ende gedacht – das Westwerk von Minden. Nur ich behaupte ja immer noch, daß das westliche Querhaus einen Dachreiter braucht. Aber das ist nur meine Ansicht. Das würde ein wenig auch die Spannung, die ja jetzt in dem Dom steckt, wenn ich ihn von außen sehe oder von etwas weiter, dann sieht man, Westwerk und Vierungsturm, das steht ja irgendwie in einer Spannung. Wir haben uns daran gewöhnt. Vor einigen Jahren wurde einmal gesagt, für den Fall, daß ich Bischof würde, dann soll ich mir zur Bischofsweihe wünschen, daß auf das Westwerk ein Dachreiter kommt.

Können Sie noch kurz etwas zu dem Plan von Herrn Weyres sagen?
Ja. Der Bischof Joseph Godehard hatte die Forderung gestellt, der neue Dom müsse tausend Sitzplätze haben. Und Weyres hat das Problem so gelöst, daß er in der Nordseite eine Empore eingezogen hat in Beton und da – ich weiß nicht wieviel – Plätze untergebracht hat. Fricke hat, wo er nur konnte, überall noch kleine Bänkchen hingestellt, bis hin in das Westparadies. Auch dort gab es noch so kleine Bänke rechts und links vom Mittelgang. Und der Vorschlag von Weyres hatte eine unglaubliche innere Spannung. Auf der einen Seite im Norden, der Norden war ja weggebombt, diese hochgezogene Empore mit den Plätzen darauf, und auf der anderen Seite hatte Weyres das stehen lassen, was wir Arkadenwand genannt hatten. So kam es im Inneren zu einer großen Spannung. Manche haben gesagt, der Weyres war sich wohl darüber klar, daß das eine Idee von ihm war, aber daß sie nie so verwirklicht würde. So wurde damals gesagt.

Abb. 165 Am Abend der Bischofsweihe 1957 im Dom: Einzug mit den Bannern der Jugend.

Der Entwurf von Weyres zeigte eigentlich eine Art und Weise, wie man mit einer Ruine umgehen kann – im Rheinland war das ja gerade in den fünfziger Jahren weit verbreitet. Meinen Sie, wenn er ausgeführt worden wäre, daß er hier in Hildesheim auf Verständnis gestoßen wäre?
Nein, das glaube ich nicht. Weyres hatte damals gesagt, ich meine mich zu erinnern, alles, was noch da ist, ist uns heilig. Aber da, wo wir neu bauen müssen (Nordseite), da bauen wir im Material und im Stil unserer Zeit. Ich glaube, das wäre nie angekommen in Hildesheim. Kann ja auch nicht. Die Spannung war zu groß, auf der einen Seite diese südliche Arkadenwand mit dem berühmten niedersächsischen Stützenwechsel, auf der anderen Seite Beton durchgezogen.

Vermutlich durch den Tod von Bischof Joseph Godehard, 1956, kam ja dann der Wiederaufbau ins Stoppen. Warum hielt dieser Baustopp bis ca. 1958 an? Bischof Heinrich Maria Janssen kam ja schon 1957.
Ja, er kam 1957, fand aber ein Bistum vor, in dem sehr viel zerstört war. Und Bischof Heinrich Maria hatte die Linie, zunächst dafür zu sorgen, daß draußen in der Diözese der

Wiederaufbau passiert. Und er hat, wenn ich mich recht erinnere, dann gesagt: 'Ich gehe erst heran an den Wiederaufbau des Domes, wenn im Bistum schon eine ganze Reihe Dinge passiert sind. Damit man nicht sagen kann, in Hildesheim, da haben sie das Weihwasser näher, da segnen sie sich zunächst einmal selbst.' Und so hat er ein Stück gezögert. Und dann kam allerdings das Jubiläumsjahr 1960 '1000 Jahre Bernward - 1000 Jahre Godehard'. Das setzte sich dann Heinrich Maria sozusagen als Zielpunkt: Im Jahre 1960 muß der neue Dom stehen, der wiederaufgebaute Dom!

Der Rohbau stand ja.
Der Rohbau stand. Bei der Weihe von Heinrich Maria, die passierte ja in der Godehardikirche, ich war damals Diözesanjugendseelsorger. Wir haben am Weihetag des Bischofs abends eine Art Jugendkundgebung gehalten in dem roh wiederaufgebauten Dom. Die Fenster waren noch nicht drin. Ich finde, es war eine tolle Sache. Ich weiß nicht, wieviel da waren. Auf jeden Fall war das, was an Platz war im Dom, picke-packe voll.

War der neugeweihte Bischof auch anwesend?
Natürlich war er das, und wie. Ja, damals begann dann die Friedensmesse am Samstagmorgen. Und das war so eine Art Feier im Dom. Ihm wurde ein Geschenk überreicht, so ein kleiner Reliquienkasten. Der steht jetzt unter dem Altar der Clemens-Kirche in Hannover, weil wir Reliquien hatten, Reliquien von Niels Stensen. Die haben wir damals fassen und so ein kleines Reliquiar machen lassen. Und das wurde dann von einigen, die damals Unterschrift geleistet und damit gleichzeitig dieses Reliquiar finanziert hatten, überreicht. Der Bischof Heinrich Maria war ja leicht zu begeistern. Er war natürlich begeistert, den Dom voller Jugendlicher zu sehen. Es war eine gute Stimmung! Also, er kündigte an, er werde von jetzt ab jeden Samstagmorgen um 6.00 Uhr eine Friedensmesse feiern. Und dann rief er in den Dom hinein: "Kann ich mich auf Euch verlassen?" Und dann kam eine dünne Mädchenstimme: "Ja!" Und dann rief er noch einmal: "Kann ich mich auf Euch verlassen samstags morgens, um 6.00 Uhr?" Und da brüllte der ganze Dom: "Ja!" Ich war damals Diözesanjugendseelsorger, und ich kriegte einen Schreck und dachte: "Was schreien die ja?" Als das erste Mal die Messe gefeiert wurde – da hatten wir noch gar nicht an den Dom gedacht, ich glaube, das war noch in der Laurentiuskapelle – kam ich morgens da hin. Es stand eine Riesenmenge vor der Tür. Und ich sagte zu ihnen: "Warum geht Ihr denn nicht hinein?" Sie sagten: "Herr Domvikar, was heißt hier hineingehen? Hier paßt niemand mehr hinein!" So standen die Massen draußen, und dann sagte der Bischof Heinrich Maria, der in seinen Entschlüssen rasch war, sagte also: "Wir gehen in den Dom!" Und dann hat er da, im Dom, an der Altarattrappe zelebriert, und wir bildeten uns ein, ich glaube, daß das nicht übertrieben war, es waren tausend junge Leute, tausend! Diese Friedensmesse wurde zum Winter wegen der Kälte in die Bernwardskirche verlegt. Nach der Neuweihe wurde sie wieder im Dom gefeiert, aber auf den Freitagabend vorverlegt, so wie es heute noch üblich ist.

Die Altarattrappe stand vor dem Hochchor, oder wo stand sie im Dom?
Ja, die stand etwa da, wo der jetzige Altar steht. So in etwa, plus - minus muß man sagen.

Wenn wir richtig recherchiert haben, hatte Bischof Heinrich Maria Janssen ja auch sehr viel Einfluß auf die Innengestaltung. Können Sie dazu noch etwas sagen?
Ja, also unter den Planungen von Fricke war eine Kassettendecke, die paßte also auch einmal wieder nicht zu dem übrigen Dom, und Heinrich Maria sagte: 'So nicht!' Und dann hat er sich Ludwig Baur geholt für die Innenausstattung des Domes.

Die Kassettendecke, die wurde ja nicht nur in einem Modell 1 : 10, sondern auch im Maßstab 1 : 1 in den Dom gebaut. Versuchsweise, es war mehr Attrappe. Können Sie sich daran noch erinnern?
Ich kann mich nicht daran erinnern. Ich war Kaplan und Sekretär. Vieles habe ich nicht gesehen. Das wurde im Bischöflichen Bauamt besprochen, und auch die Regierung redete ja noch stark mit. Ich kann mich nicht erinnern, daß ich diese Decke gesehen habe.

Wie fand Bischof Heinrich Maria Janssen denn die Aufstellung des Lettners?
Schlecht. Als er das erste Mal in den Dom kam und den Lettner sah, faßte er ihn an und sagte: "Der muß wieder hinaus. Das geht so nicht!" Er hat das gesagt – und er hat es auch gesagt in Gegenwart einiger Domkapitulare. Später, als sich alle ein wenig auf den neuen Bischof eingestellt hatten, hätte er es wahrscheinlich nicht mehr durchgesetzt, den Lettner herauszunehmen. Und es war von vornherein

seine Idee. Die Versetzung des Lettners in die Antoniuskirche, die auch noch nicht aufgebaut war. So ist der Lettner dann wieder herausgekommen. Und wir haben dann nur gesagt, als der Lettner wieder abgetragen war: "Jetzt haben wir einen Dom!" Jedenfalls in gewisser Weise wirkte vorher alles wie eine große Pfarrkirche.

Haben Heinrich Maria Janssen und Ludwig Baur eng zusammengearbeitet, oder ging das über das Domkapitel und die Landesregierung?
Domkapitel und Landesregierung wurden natürlich unterrichtet, aber die Zusammenarbeit war sehr stark zwischen Baur und dem Bischof selbst.

Wie finden Sie das Apsismosaik und die Neugestaltung des Hochchors gegenüber der Arbeit von Fricke bis 1956?
Demgegenüber würde ich den Hochchor als gelungen bezeichnen. Aber man kann natürlich auch da noch viel daran aussetzen. An welcher Wiederaufbauform kann man nichts aussetzen?

Aber entsprach es Ihrer Kunstrichtung, daß jetzt ein Mosaik, ein Ziegelsteinmosaik eingesetzt wurde? Es war ja wohl geplant, entweder ein Gemälde oder ein Ziegelsteinmosaik.
Jawohl. Und Baur kam dann mit dem Vorschlag des Mosaiks. Und wir fanden das schön, ich fand es schön. Ob alle Herren vom Domkapitel es schön fanden, das weiß ich nicht. Ich vermute, nicht.

Sie sind am, 15. Juni 1958 in St. Godehard zum Weihbischof konsekriert worden. Waren Sie damals traurig, daß die Weihe nicht schon im Dom geschehen konnte?
Da hat ja überhaupt niemand mit gerechnet, daß das im Dom möglich wäre. Das war 1958. Der Dom wurde ja erst am 27. März 1960 neu geweiht.

Wie haben Sie denn die Domweihe empfunden? Wir haben einige Fotos und Dias gesehen. Sie, als Weihbischof, standen ja sozusagen in der ersten Reihe.
Naja, in der ersten Reihe stand zunächst der konsekrierende Bischof, ich war unter 'Ferner liefen' da. Ich war auch nicht das, was ich sonst bei Joseph Godehard war bei solchen Handlungen, was man damals Oberzeremoniar nannte. Das war ich nicht. Ich habe ja, während der Bischof, während Heinrich Maria den Hochaltar konsekrierte, habe ich parallel (das durfte eigentlich nicht sein nach

Abb. 166 Tag der Bischofsweihe am 14.5.1957. Lichterfeier der Jugend abends im Dom.

strenger römischer Auffassung) den Altar, nicht den jetzigen, den damaligen Altar in der Krypta konsekriert. Aber ich glaube, da ist nie eine Urkunde darüber gemacht worden. Bischof Heinrich Maria und ich haben uns immer gut verstanden, und so bin ich auch immer eingegangen auf seine Pläne und seine Ideen. Er war natürlich immer der nach vorne Preschende, und ich war Weihbischof. Ein Weihbischof muß wissen, wo er steht.

Eine Frage noch zum Altar bzw. zur Aufstellung des Altares. Er ist ja relativ weit nach vorne gesetzt, wenn man bedenkt, daß das II. Vaticanum erst 1963 begann.
Ja, also, ich weiß wohl die Diskussion darüber. Der neue Domdechant Stuke wollte das Tabernakel auf dem Hochaltar haben und hatte irgendwo in einem Liturgiebuch gefunden, daß das Tabernakel auf dem Hochaltar wohl den besten Platz hat.

Und sollte der Hochaltar hinten in der Apsis stehen oder weiter vorn?
Nein, da war der Altar schon geplant, wo er jetzt steht. Aber der Bischof fand bezüglich des Tabernakulums dann eine andere Notiz, daß diese Regelung nicht gilt für Domkirchen und Kollegiatskirchen. Und so ist das Tabernakel an dem jetzigen Platz. Damals hat man sich entschieden, das Tabernakel in die Krypta zu setzen und im Chorraum eine weitere Möglichkeit zu schaffen, um nicht jedes Mal, wenn die Kommunion ausgeteilt ist, erst hinunter in die Krypta zu müssen.

Abb. 167 Tag der Bischofsweihe am 14.5.1957. Lichterfeier der Jugend abends im Dom.

Und die Aufstellung des Altares vorne im Hochchor hat nichts mit dem II. Vaticanum zu tun?
Nein, aber damals lebten solche Ideen schon. Und Bischof Heinrich Maria hat das irgendwie gespürt. Ich meine, das sei seine Idee auch gewesen, den Altar in die Vierung zu setzen. Natürlich, das war kühn damals. Und die ersten Pontifikalämter, die Bischof Heinrich Maria damals im Dom gehalten hat, die hat er noch so gehalten, daß der Wortgottesdienst - wie wir heute sagen würden - hinten am Sitz, am Bischofssitz stattfand und man erst zum eucharistischen Teil nach vorne in die Vierung hineinging. Daran kann ich mich erinnern. Die Lesungen wurden vom Ambo aus gehalten, aber z. B. das Tagesgebet, das der Bischof gesprochen hat, das hat er damals von der Apsis aus getan.

Welche Änderungen gab es denn noch in bezug auf den Treppenaufgang zum Hochchor? Es gab ja wohl die Frickesche Lösung, nämlich kleinere Treppen.
Ja, aber die sind ja nie gebaut worden. Wenn ich mich recht erinnere, hat Baur von vornherein die großzügige Treppenanlage geplant.

Nachdem der Lettner entfernt worden war, sollte die Kanzel in die Architektur mit eingebaut werden, hieß es erst. Also, zumindest gab es Überlegungen, daß sie sehr eng in den Vierungspfeiler mit einbezogen wird. Können Sie sich daran erinnern?
Das ist möglich, ja, positiv weiß ich aber nichts davon. Ich weiß nur, daß dann Heinrich Maria sagte: "Wir haben so viele alte Dinge im Dom in der Bronze-Gußform, und das könnten wir im Ambo wiederholen." Und ich meine, das war seine Idee, daß er gesagt hat: "Die sieben Platten, die sieben Gaben des Heiligen Geistes, in alttestamentlichen Bildern darzustellen." Kann aber auch sein, daß Ludwig Baur diese Idee hatte, ich weiß es nicht. Ja, wie gesagt, Heinrich Maria und ich, wir haben sehr viel darüber gesprochen, vieles vergißt man auch oder man erinnert sich falsch oder nicht vollständig.

Noch ein Wort zur Orgel. Die Orgel ist ja erst später, also nicht zur Domweihe, fertig geworden. Wie hat man das Problem gelöst? Denn zur Domweihe gab es doch sicherlich Orgelmusik.
Ja, gab es, aber da fragen Sie mich zuviel. Ich glaube, man hatte zunächst eine Art Behelfsorgel – aber es kann sein, daß ich das jetzt mit St. Clemens in Hannover, verwechsele – oben in den Godehardichor gestellt, wie man überhaupt zunächst überlegt hat, ob die Orgel nicht besser auf den Godehardichor zu stehen kommt. Dann hat man es akustisch ausprobiert. Man hat gesagt, für den gesamten Dom ist es akustisch besser, wenn die Orgel dahin kommt, wo sie nachher auch hingekommen ist.

Was sagen Sie heute zum Dom? Gefällt er Ihnen oder eher nicht?
Ach, im ganzen gefällt er mir schon. Natürlich gibt es Einzelheiten, z. B. kann man ja darüber streiten, ob auf der Nordseite die Rundbogen richtig sind oder ob man nicht auf der Nordseite hätte auch die gotischen Spitzbogen setzen können. An sich ist er gar nicht so schlecht, der Dom. Man hat ja die Fenster auch auf der Nordseite wieder in der gotischen Form gestaltet.

Wenn man jetzt, so im Abstand von vierzig, fünfzig Jahren den Wiederaufbau betrachtet - meinen Sie, es war die richtige Entscheidung, den Dom so wiederaufzubauen, oder meinen Sie, man hätte vielleicht etwas mehr Mut aufbringen sollen?
Also, gedankenmäßig schien mir die Planung von Prendel damals besser. Und ich weiß nicht, ob man vielleicht hätte doch etwa in dieser Weise wieder aufbauen sollen. Ich sagte Ihnen ja, ich war damals ein junger Domvikar, und ich hatte ein bißchen auch dem Kapitel gegenüber mit manchen Ideen schwer zu kämpfen. Das Domkapitel, das damalige, favorisierte natürlich alles, ich möchte mal sagen, was mehr historisch konservativ verstanden wurde. Das

lag auch an der Zusammensetzung, vielleicht auch am Alter, ich weiß nicht.

Könnte es vielleicht sein, daß die extreme Zerstörung in Hildesheim, letztendlich dazu geführt hat, daß man sich beim Wiederaufbau des Domes für eine rekonstruierende Lösung, also für einen Teil der Geschichte entschied?
Ja, ja, natürlich. Die Grundtendenz im Domkapitel war natürlich, möglichst viel zu erhalten und möglichst viel auch vom alten Bild wiederherzustellen.

Wobei das alte Bild dann das barocke Bild war oder das ganz frühere romanische?
Ja, das ging hin und her. Das hatte man ziemlich schnell raus, das Barocke ließ sich nicht rekonstruieren.

Auffallend ist, daß es eine ganze Reihe von Ansätzen gibt, die Baugeschichte des Domes aufzuarbeiten. Das Interesse lag immer auf der frühen Baugeschichte des Domes, also auf den frühmittelalterlichen Bauteilen, während die jüngeren Bauteile eigentlich selten gewürdigt worden sind.
Ja, wenn ich da einhaken darf. Beim Wiederaufbau des Domes, spätestens nach Einschreiten von Ludwig Baur, aber auch vorher hat man etwa die Formel gefunden: Wir bauen wieder auf, auf den alten Altfriedschen Fundamenten, also - wenn man so will - in einer frühen romanischen Form. Zusätzlich werden die gotischen Seitenkapellen wieder errichtet. Das war etwa die Formel insgesamt für den Wiederaufbau. Und Ludwig Baur hat sich dann in diese Aufbauformel hineinbegeben. Ich meine, daß die Gestalt der Decke im Mittelschiff auch von Baur stammt.

Herr Weihbischof Pachowiak, wir bedanken uns herzlich für dieses Interwiew.

Das Interview mit Weihbischof Heinrich Pachowiak führten Dr. Ulrich Knapp und Dr. Petra Meschede.

Interview mit Domkapitular Professor Dr. Joop Bergsma

Herr Professor Bergsma, Sie sind Holländer und 1951 nach Hildesheim gekommen. Was hat Sie bewegt, hierher zu kommen?
Ich war seinerzeit in Holland im Priesterseminar des Bistums Haarlem, und wir hatten so viele Berufungen, und die Kurse waren so groß, daß ich überlegte, wo kann ich besser hingehen, zu den Jesuiten oder nach Frankreich in die große Provinz, wo so großer Priestermangel herrscht? Und dann kam ein Brief des Bischofs von Hildesheim, Joseph Godehard, an die Bischöfe von Holland. Der Brief wurde vorgelesen, und dann haben sich aus meinem Kurs zwei gemeldet, Martin Verdiessen, der jetzt pensioniert wurde als Dechant von Wolfsburg (er war einmal Zwangsarbeiter in der Nähe von Peine gewesen), und ich. Ich meldete mich, weil ich deutsche Verwandtschaft hatte, die ich aber nicht kannte - man mußte einen Grund nennen. Ein Großvater stammte aus Hopsten. Ich bin Ende September 1951 gekommen und Martin Verdiessen im Januar 1952, wenn ich mich recht erinnere. So waren wir hier in der Diaspora. Ich hatte mit dem Sekretär des Bischofs, das war damals Heinrich Pachowiak – ich wurde 1952 sein Nachfolger und später noch einmal als Regionaldechant in Hannover – korrespondiert.

Als Sie 1951 nach Hildesheim kamen, war das die erste Begegnung mit der Stadt, oder kannten Sie Hildesheim schon vorher und auch noch die barocke Ausstattung des Domes?
Nichts kannte ich. Das war der erste Schritt über die Grenze von Holland. Ich war noch nie im Ausland gewesen und bin dann an einem Tag – mein Bruder hat mich gebracht – mit dem Wagen bis hierher gekommen. Er fuhr dann gleich zurück, und ich steckte im Priesterseminar, und weil ich nicht mal allein aus dem Hause durfte – das war damals Seminarerziehung –, habe ich an dem Nachmittag vom 30. September 1951 im Garten des Seminars Birnen gepflückt.

Welchen ersten Eindruck hatten Sie von dem Dom?
Wir kamen über die Bundesstraße 1 –, die Autobahn nach Norden war noch nicht da – und dann sahen wir den Moritzberg liegen, die beiden Kirchen. Wir dachten, das eine ist wahrscheinlich eine evangelische Kirche, und St. Mauritius wäre der Dom, und wir bogen schon fast ab. Dann stellte sich heraus, daß die Stadt jetzt erst richtig vor uns lag, und dann sahen wir das kaputte St. Michael sehr deutlich. Wir sind dann rechts zum Priesterseminar gefahren. Den Dom habe ich erst später gesehen.

1952 sind Sie hier in Hildesheim zum Priester geweiht worden. Wann wurden Sie Sekretär von Bischof Joseph Godehard?
Zum Mittagessen am Tage der Priesterweihe. Ich war noch kein Jahr in Deutschland. Es war sicher nicht klug, einen Neupriester zu nehmen, es hat mir auch nicht gutgetan, daß ich etwa sieben Jahre lang als erste Aufgabe Sekretär beim Bischof war, aber interessant war das schon. Der Bischof hatte gemeint, wenn er den Holländer nehme, dann könne der das Bistum kennenlernen. Der Bischof könnte mich dann selbst einführen und ich könnte Deutschland kennenlernen. 1953 war ich mit dem Bischof ad lumini in Rom. Es war für mich hochinteressant, das alles mitzumachen. Da wir sehr viel Latein in Holland gelernt hatten und auch Lateinexamina machten, lateinische Bücher hatten, konnte ich die Eingaben nach Rom schreiben. Und schließlich, wenn der Bischof mit den Engländern verhandeln müßte, da war ein Holländer besser als ein Deutscher. Der Fall trat aber nicht ein.

1949 wurden für den Wiederaufbau des Domes Architekturpläne vorgelegt. Kennen Sie die Pläne? Können Sie sich daran erinnern, und wenn ja, welcher hat Ihnen am besten gefallen?
Ich kenne die Pläne nicht mehr. Ich weiß, daß das geschehen war, aber das war doch schon drei Jahre her, und die Entscheidungen waren im Grunde gefallen. Ich habe immer wieder gehört, daß um einige Entscheidungen gerungen wurde, einmal um die Frage des Westwerkes, ob man die beiden Türme wieder hinsetzt, oder ob man ein romanisches Westwerk macht – da war Minden immer das große Beispiel.

Und die zweite Frage, deren Entscheidung ich immer ein bißchen bedauert habe, war der Vierungsturm. Wir hatten doch Bilder von dem romanischen Vierungsturm (auch ein gemaltes Bild war noch da). Bischof Joseph Godehard hatte aber entschieden, daß er seinen Jugendtraum, so wie er es immer erlebt hatte, wieder aufbauen wollte, und setzte diesen barocken Vierungsturm darauf. Ich habe das nie als ganz passend empfunden.

Sollte denn der Vierungsturm ursprünglich einmal vergoldet werden?
Das war eine eigene Sache. Diesen kleinen Turm kannte der Bischof nur mit vergoldeter oberer Kuppel, und er hatte schon Geld zur Seite gelegt, um die Vergoldung zu unterstützen – er bekam ja die Kirchenzeitungsgelder, was bis zu seinem Tod niemand so richtig wußte. Er hat diese Gelder auch nie privat gebraucht. Aber er legte davon schon etwas zur Seite, um die Kuppel zu vergolden. Und dann kamen die Vertreter eines Vereins, ob Josephinerverein oder ein anderer, das weiß ich nicht mehr genau, und sie sagten dem Bischof, sie hätten beschlossen, daß die Kuppel wieder vergoldet wird, und werden dafür sammeln. Da Bischof Joseph Godehard ganz gut contra geben konnte – auch wenn er keinen Grund hatte – sagte er: 'Es wird überhaupt nicht vergoldet, das können wir in dieser Zeit gar nicht machen'. Und dann hat er seinen Plan stickum – niemand wußte davon – aufgegeben, und auch die Herren konnten nichts erreichen, weil das von ihm abgelehnt wurde.

Können Sie sich denn an den späteren Dombaumeister Fricke erinnern und an seine Entwürfe? Wieviel Einfluß hatte er auf den Wiederaufbau des Doms?
Also der Dombaumeister Fricke ist bei mir nicht in bester Erinnerung. Er hat auch das Bischofshaus gebaut. Und währenddessen hat er einige Male auch dem Bischof Dinge so vorgespielt in den Preisen und auch über den Bau selbst, daß das Bischofshaus anders wurde, als der Bischof sich das gewünscht hatte. Der Bischof wollte nach der Zerstörung viel tiefer in den Garten hineinbauen, d. h. ein breiteres Haus haben. Und dann hat Herr Fricke gesagt: 'Das geht nicht, ich muß genau auf den Fundamenten bauen, denn das spart uns viel Geld.' Als es dann soweit war, holte er den letzten Stein heraus. Da ist kein Stückchen von den Fundamenten mehr drinnen geblieben. Das wäre verwittert, hat er dann später gesagt, das ginge nicht mehr. Das war also eine Enttäuschung mit Herrn Fricke bezüglich des Wiederaufbaus. Also die große Linie hat Bischof Joseph Godehard selbst bestimmt. Und als Heinrich Maria kam, war das alles eigentlich schon entschieden. Hier ging es nur noch um Inneneinrichtung.

Können Sie sich an Modelle erinnern, die in dem Dom aufgebaut wurden? Wir haben gelesen, daß immer wieder Modelle angefertigt wurden entweder 1:1 oder in anderen Maßstäben. Können Sie sich daran erinnern?
Ja. An zwei Modelle kann ich mich gut erinnern. Das eine Modell war zum Godehardichor, also vor dem Nordparadies von innen her gesehen, da mußte der Aufgang geplant werden. Es wurde ein Modell 1:1 gemacht, und in den Ecken waren zwei runde Türmchen. Ich weiß noch, daß wir das alles besichtigt haben, und ich mußte zufällig das Protokoll dafür anfertigen. Alle waren sich einig: So nicht! Denn wenn dort oben einmal ein Orchester spielen müßte, dann könnte man größere Instrumente über eine Wendeltreppe gar nicht nach oben bekommen. Deswegen gibt es jetzt diesen offenen, leichteren Zugang zu dem Chor nach oben.
Und das andere Modell, das war vorne, wenn man in die Krypta hinein möchte und zum Priesterchor hinauf will. Es war eine ganz durchgearbeitete Planung, daß Zugänge auf der Vorderseite wären. Das wurde damals abgelehnt, weil es viel zu mickerig wurde. Es wurde zu klein, die zwei Treppchen nach unten, eine kleine Treppe nach oben, das war kein Domaufgang mehr. Und deswegen ist dann der große, breite Aufgang entschieden worden und rechts und links die Aus- und Eingänge zur Krypta.

Ist das unter Bischof Heinrich Maria entschieden worden oder schon unter Bischof Joseph Godehard?
Ich habe den Eindruck, das war Heinrich Maria, der das entschieden hatte, oder es war in der Zeit kurz davor entschieden worden.

1956 war die Krypta schon fertig. Wissen Sie, wie man in die Krypta kam? Kam man durch die kleinen Stufen am Altar herein oder von der Seite?
Ich meine, daß die Seiten offen waren, aber ich bin jetzt nicht sicher, ob ich selbst einmal hindurchgegangen bin oder ob es nur eine Probesache war, um es dann so zu machen. Es ist wohl deutlich, wenn man jetzt in die Krypta geht, daß dort noch in Richtung Dom, noch vor dem Godehard-Schrein ein eigenartiger Raum ist, der nicht ganz gelungen ist. Aber ich denke, das muß man dann jetzt so hinnehmen.

Und der Lettner, sollte der probeweise aufgestellt werden, wurde er zwischenzeitlich auch wieder abgebaut, oder wurde er einmalig 1952 bzw. vielleicht 1953 aufgebaut und blieb stehen, bis Bischof Heinrich Maria kam?
Ich kenne den Aufbau nur einmal, und dann stand er da zur Hälfte, der obere Bau ist nicht aufgesetzt worden. Und dann kam er endgültig weg durch eine Entscheidung von Heinrich Maria, der gleich sagte, als er es sah: "Das kann so nicht bleiben." Er konnte sich nur einen offenen Dom vorstellen. Er kannte den Dom auch nicht von früher.

Zwischen 1956 und 1958 gab es so etwas wie einen Baustopp, zumindest, was die Innengestaltung angeht. Der Rohbau stand ja schon. Warum? Hing das mit dem Tod von Joseph Godehard am 14. August 1956 zusammen und der Nachfolge durch Bischof Heinrich Maria, oder gab es noch andere Gründe, z. B. in bezug auf die Landesregierung?
Da kenne ich nur die Gründe, daß der Bischof gestorben war. Der Kapitularvikar Dr. Offenstein wollte so etwas nicht entscheiden und sagte: "Dafür habe ich nicht genug Gespür". Und er durfte auch keine Entscheidungen treffen, die wichtig waren. Die Frage ist doch, wie wichtig ist so eine Inneneinrichtung eines Domes, die für Jahrzehnte Bestand haben soll. Und das ist der Hauptpunkt gewesen. Der neue Bischof wurde im Februar 1957 ernannt. Er wurde am 14. Mai 1957 geweiht, d. h., fast ein Jahr war hier keine Entscheidung möglich. Bischof Heinrich Maria kam mit eigenen Vorstellungen. Ob beispielsweise ein Lettner bleibt oder nicht, ist ganz entscheidend für die Inneneinrichtung. Er holte dann Ludwig Baur von Telgte, den er kannte.

Kannte er Ludwig Baur vom Niederrhein?
Ja, den kannte er vom Niederrhein!

Nicht über Pfarrer Schlagheck in Hannover, sondern vom Niederrhein?
Pfarrer Schlagheck ist sicher ein zweiter Zugang. Bischof Heinrich Maria kannte Ludwig Baur gut und hatte ja auch privat schon mal angerufen. Am Ende bekam er den großen Auftrag für das Ganze, könnte man sagen. Er sollte auch die Farbgebung bestimmen und hat dieses Blau bestimmt im Fußboden, Stufen, Läufer und Decke– das sollte eine ganze Sache werden.

Wie empfinden Sie das Ziegelsteinmosaik?
Ja, das ist schade. Wenn man mit der Nase davor steht, ist es ein kostbares Mosaik, und guckt man aus der Ferne, würde man in Holland sagen, das ist eine reine Mauer. Also, das ist für viele gar nicht gelungen. Ich denke, da ist etwas nicht gelungen in der Technik. Es müssen vielleicht noch einmal, wenn der Leuchter für ein oder zwei Jahre weg ist und die Leute alle auf die Mauer gucken und auf das Mosaik und auf das Fenster, was jetzt wieder die gute Mitte ist, die Goldstücke geputzt werden, damit wir eine neue Lichtschattierung bekommen. Man muß bei der Mauer versuchen, durch eine gute Beleuchtung das Mosaik als kostbare Mauer zu zeigen.

Noch einmal zu Bischof Joseph Godehard. Wie war er als Bauherr?
Als Joseph Godehard starb, kamen die Beschreibungen seiner Bischofszeit und auch sein Wirken als Bauherr. So schrieb die Zeitung 'Das Wort' am 19. August 1956 einen ganzen Artikel. Man wußte ja im Vorfeld, daß der Bischof bald sterben würde. 'Das Wort' war somit schon vorbereitet, und dort steht dann auch noch einmal die Großplanung beschrieben, daß der Bischof beschlossen hatte, «daß aus dem Geist des mittelalterlichen Zustandes ein Westwerk kommen sollte. Die Bauplanung, um die sich der Bischof bis ins einzelne kümmerte, sieht bekanntlich im wesentlichen eine Restauration des alten Domes vor.» Und dann kommt der Kommentar dazu, vorsichtig. «Unbestreitbar bringt sie viele schöne Elemente in das Bauwerk, sie findet aber auch Kritik bei denen, die sich in den Baugedanken einer modernen Zeit bewegen. Es war dem Bischof nicht mehr vergönnt, das Werk so vieler Sorgen und Wünsche selbst zu beenden. Erst sein Nachfolger wird den Dom weihen können, schreibt man 1956. Ich denke, daß es hier besonders um Westwerk und Vierungsturm ging. Bei den gotischen Seitenfenstern wird wohl niemand daran gedacht haben, diese nicht wiederherzustellen.

Welchen Einfluß hatte Bischof Heinrich Maria Janssen auf den Wiederaufbau bzw. auf die Innengestaltung des Domes?
Er hat die großen Linien bestimmt, und als die in Gesprächen mit den Fachleuten und mit dem Künstler erledigt waren, hat er es auch laufen lassen. Er war ja unheimlich besetzt mit dem neuen Bistum und mit vielen Kirchweihen. In einem Brief schreibt er irgendwann, welche Kirchen zu gleicher Zeit mit dem Dom im Bistum ge-

weiht werden sollen. Es waren sechs im Bau: Empelde, Vöhrum, Böckum, Walkenried, Groß Ilsede und Bodenwerder. Und von daher ist der Dombau eine seiner Hauptaufgaben gewesen. Und er ist ja auch damals schon, am Tag seiner Weihe mit der Jugend im Dom gewesen.

Ja, das hat Weihbischof Pachowiak auch erzählt.
Das war ein großes Erlebnis, als der Bischof gerufen hat und er die ganze Jugend fragte: "Kann ich mich auf Euch verlassen?" Die Antwort war ein lautes "Ja!" Dann hat er sie beim Wort genommen und gesagt: "Dann möchte ich gerne jede Woche mit Euch eine Jugendmesse Samstagsmorgen früh um 6.30 Uhr oder um 6.00 Uhr feiern", und vorher saß er dann im Beichtstuhl. Aber das ist ein anderes Thema.

Wie war es mit den beweglichen Gegenständen, also mit der Bernwardstür, Bernwardsäule? Waren die Plätze schon von vornherein vorgegeben, oder sollte z. B. die Bernwardsäule an einem anderen Platz stehen?
Ich meine mich zu erinnern, daß die Bernwardsäule auch anderswo gestanden hat, und zwar, wenn man in den Dom kommt, so etwa zwei, drei Meter vor der Tintenfaßmadonna. Und ich habe selbst einmal dummerweise gesagt: "Kann man sie nicht einmal als Pfeiler benutzen?" Und dann haben alle gesagt: "Nein, das wäre sie nie gewesen, das sollte man auch nicht tun." Aber da wurde gleich gesagt, der Platz, wo sie jetzt steht, ist sicher besser. Von der Sicht des Seitenschiffes her und auch von der Möglichkeit zu besichtigen her, ohne zuviel zu stören.

Und der Heziloleuchter? Es war vermutlich vorgegeben, daß der immer in der Vierung hängen sollte, oder war auch dafür ein anderer Platz vorgesehen?
Da kenne ich keinen anderen Platz als nur die Vierung. Man hat auch überlegt, ob beide Leuchter im Dom hängen sollten, wie es früher einmal gewesen ist. Für den Heziloleuchter war wichtig, wo der Lettner stehen und wie dann die Sicht sein würde.

Können Sie sich daran erinnern, daß probeweise eine Decke im Kirchenschiff eingebaut worden ist?
Ich bin mir nicht sicher, aber ich meine da war teilweise eine Probekassettendecke, mit Rosetten angebracht. Das war so eine Spezialität von dem Baurat Fricke. Sie waren sehr leicht. "Sie würden nie auf den Kopf fallen, sie würden nur heruntersegeln", hat er dann einmal gesagt, "wenn sie fielen". Aber die Fachleute sagten: "Das geht doch wohl nicht bei diesem Dom. Man müßte das Romanische dann so halten, wie es gehe, es sei keine Barockkirche."

Wie empfinden Sie die gesamte Apsisgestaltung von Ludwig Baur, also mit dem Schriftzug und den Apsisfenstern?
Also, beschäftigt hat mich der Schriftzug, der ganz aus dem Rahmen fällt innerhalb der Decke, obwohl der Text natürlich schön ist. Aber er paßt nicht zum Ganzen. In der Gestaltung ist das Ziegelmauerelement sehr stark geworden, und das paßt auch nicht gut zur Innenseite des Domes. Ich persönlich komme nicht so gut mit den vier Gestalten zurecht, mit dem Kreuz oben, es ist mir zu wenig, es ist zu abstrakt geworden. Aber das ist ganz persönlich, das muß niemand anders so sehen.
Ich finde, das schönste Stück ist immer noch das Fenster mit der Frau aus der Offenbarung und zugleich Maria. Diese Kombination ist ja Urtradition in der Kunstgeschichte. Daß man sie beide darin sehen kann und daß hinter oder zugleich mit dem Leuchter als Bild des himmlischen Jerusalems die Frau aus der Offenbarung zu sehen ist, das finde ich auch theologisch sehr gelungen. Und dazu kommt – was früher auch schon war –, daß man von den Türen bis vorne im Dom die Geschichte der Menschheit von der Schöpfung bis zum Ziel verfolgen kann. Es wird aber wichtig sein, wenn der Leuchter vorübergehend nicht da ist, daß man dann in der Zeit eine Gemeinde auch auf das Fenster und auf die Abbildung im Mosaik aufmerksam macht. Daß man das sieht: Die vier Lebewesen aus der Offenbarung, die immer wieder erwähnt werden, und das Kreuz als Thron.

Die Aufstellung des Altares ist ja relativ weit vorne und war 1960, noch vor dem II. Vaticanum, so beschlossen worden Würden Sie das als revolutionär bezeichnen, oder gab es schon Tendenzen, daß man den Altar nach vorne setzt?
Es ist nicht revolutionär für Abteien und Kathedralen. Sie finden durch alle Jahrhunderte, auch vor dem Konzil, in Domkirchen solche Altäre. Und von daher war das hier eigentlich schnell entschieden, daß er nicht mehr so weit weg sein könne. Es stellte sich die Frage, ob er noch weiter nach vorne und ob man so hoch bauen solle oder ob man noch ein paar Stufen herunter könne. Aber die Stelle war eindeutig: Weil man damals auch noch mit Nebenaltären arbeitete und die Krypta für die kleineren Dienste und dann später die Antoniuskirche noch dazu kam. Da war für einen Bischof auf dem Bischofssitz hinten in der

Apsis, der Altar in der Mitte eigentlich idealer. Ich weiß wohl noch, das ist nur so am Rande erwähnt, als wir einmal nach Uelzen fuhren, in der Lagerkapelle, da war der Priester Walter Jansen, der später Weihbischof in Köln wurde. Er war ein ausgeliehener Kölner Priester, und der hatte den Altar für die Firmung umgedreht. Das war in den fünfziger Jahren unter Bischof Joseph Godehard. Als ich es sah, habe ich sofort gedacht: "Was machst du denn jetzt?" Da sagte er: "Das muß man hier im Lager einmal tun dürfen." Und der Bischof Joseph Godehard zog den Pfarrer zur Seite und sagte überraschend: "Gute Sache!" Das hat er sofort mitgemacht, zum Volk hin zelebriert. Also, da war er beweglich, da er auch wußte: Lagerpfarrer sind Ausnahmepfarrer und Lagersituationen auch.

Ansonsten war Joseph Godehard eher ein strenger Bischof?
Ein strenger Bischof und auch etwas eng in diesen Dingen. Er wußte auch genau Bescheid, kannte alle Vorschriften. Als wir einmal, noch vor dem Konzil, in St. Godehard die Karwoche hatten, da hatte ich als Zeremoniar einen Fehler gemacht und hatte eine Lesung auf deutsch lesen lassen und nicht wie noch vorgesehen auf Latein. Im Auto, als wir zurückfuhren, hat er gesagt: "So, Herr Kaplan, das war nun mal nicht gerade nach den Rubriken, aber eine Ausnahme bestätigt die Regel." Aber sonst hat er alles gespürt und gewußt und gemerkt. Er war ja auch ein ein wenig bitter gewordener Mann durch das Dritte Reich, wo er allerdings eindeutig seine Meinung gesagt hat. Aber danach wurde er kränklich. Er hatte mich auch wohl als Sekretär genommen, weil er dachte, so ein, zwei Jahre und dann würde ich wieder abgelöst werden. Doch dann brach seine Krankheit durch, und dann mußte er mich sozusagen behalten bis zu seinem Tod. Er hatte keine Freunde, als er starb.

Wie haben Sie die Neuweihe des Domes am 27. März 1960 erlebt?
Ich kam 1959 nach Rom, und Wolfgang Freter wurde mein Nachfolger als Sekretär. Mein Vorgänger war ja Weihbischof Pachowiak gewesen. Insofern waren hier zwei Personen, die gut Bescheid wußten über Kirchweihen und über den Ritus dabei. Aber der Bischof hatte mich zur Domweihe gebeten, ob ich aus Rom kommen, auf die Vorlesungen verzichten und hier mithelfen könnte bei der großen Liturgie. Er schrieb mir auch öfter. Ich habe Briefe von ihm, so von Oktober 1959 an, wo fast in jedem Brief etwas über den Dom steht. November 1959: "Im Dom geht es gut voran. Der Altar ist aufgestellt. Die drei Chorfenster und die ganze Apsis sind fertig. Sehr schön! Die großen Stufen sind gelegt und zum großen Teil auch der Fußboden in den Seitenschiffen. Die Decke ist fertig und wird noch an einigen Stellen gestrichen. Die Seitenkapellen sind noch nicht in Angriff genommen, d. h. sie werden schwerlich fertig. Der Hückedahl-Flügel ist vor dem Abschluß der Arbeiten – ich denke, wir können zum 1. Januar oder 1. Februar einziehen." Dann kommen die weiteren Briefe. Ich werde eben noch einmal kurz daraus lesen. Der Bischof schreibt: "Ich weiß, daß Sie gerne von hier hören, besonders in der ersten Zeit, doch wissen Sie, daß ich doch arg dran muß und kaum einmal zur Ruhe komme. Das ist jetzt besonders so, weil sich kaum jemand um den Dom kümmert und auch das Jubiläumsjahr doch viel fordert. Aber der Weihbischof ist ein ganz prächtiger Mitarbeiter, der ganz zu einem steht. Fast alle anderen haben in ihrem Inneren doch erhebliche Reserven und stehen nicht im Letzten bei einem. Das merkt man ja doch." Und so geht das weiter in den Briefen. Im Januar 1960: "Zur Domweihe sollen Lübke und Adenauer, der Präsident und der Bundeskanzler, eingeladen werden. Dr. Krone, der hier aus der Nähe stammt, aus Harsum, hatte das gewünscht. Adenauer wird nicht kommen, Lübke wahrscheinlich. In Herstelle haben wir die violette Kapelle für den Weihetag bestellt". Aus dem selben Brief von Januar 1960: "Morgen werde ich die Eingabe nach Rom schicken über den Prälaten Weinbacher, das war mein Rektor in der Anima bis er Weihbischof in Wien wurde. «Sie können vielleicht mal mit ihm sprechen. Es ist eine Huldigungsadresse an den Heiligen Vater (in der Hoffnung, einen Gruß zur Domweihe zu erhalten für die Gläubigen). Ferner, auf Anraten des Prof. Schnitzler, die Bitte, die verkürzte Weiheform für den Dom wählen zu dürfen.» Dann die Bitte um einen Jubiläumsablaß und die Prälatur für Domdechant Stuke und um Gewährung des deutschen Hochamtes in den Gesängen im Pontifikalamt für den Sommer für das Bernwardsjubiläum". Dann am 25. Februar 1960: "Die Domweihe rückt nun in greifbare Nähe, der Bauzaun draußen ist weg, man ist bemüht, das Gelände gangbar zu machen. Im Dom ist man beim Einbau der Orgel. Domschule und Seelsorgeamt sind voll in Betrieb, das Letztere ist wirklich schön geworden. Der Weihbischof hat daran den größten Anteil. Heute ist der Weihbischof mit Baurat Fehlig nach Heidelberg gefahren zum Glockenguß für die Canta Bona. (...) Der Ablaß ist von Rom schon zurück. Ob sonst noch etwas kommt? (...) Es wäre gut, wenn Sie zur Domweihe

kommen können. Wir haben uns das so gedacht, daß der Weihbischof Pachowiak, während ich den Hochaltar konsekriere, den Krypta-Altar konsekriert. Ebenso verteilen wir die Apostelkreuze, auch die Segnung des Wassers usw. Dadurch wird eine Verkürzung erreicht und eine Beteiligung des Weihbischofs." Der letzte Brief vor der Domweihe trägt das Datum 12. März 1960. Der Bischof schreibt: "Ich komme soeben aus dem Dom und glaube, daß alles fertig wird." Wenn ich zeitig komme – schreibt der Bischof mir –, "dann könnte ich die Weihe der Canta Bona noch mitbekommen. Wir wollen sie am Sonntag, dem 20. März, um 10.00 Uhr, weihen." Und dann faßt er noch einmal zusammen und schreibt zur Orientierung: "Gewährt wurde der Ablaß, gestattet wurde das deutsche Hochamt, abgelehnt die verkürzte Weiheform. Es stehen aus die Prälatur für Stuke und ein Gruß vom Hl. Vater, und um das Letztere wäre mir besonders zu tun. Es haben ziemlich alle führenden Leute abgesagt, Lübke, Adenauer, Kopf (Ministerpräsident), einige Minister. Voigt (Kultusminister) dürfte die höchste staatliche Spitze sein. Darum müßte kirchlich schon was leuchten." Das sind die Briefe, und dann bin ich gekommen und habe mitgeholfen. Ich konnte im Bischofhaus wohnen, weil ich da früher schon gewohnt hatte, und habe insofern Freude an der Weihe gehabt. Aber die Weihe selbst war natürlich anstrengend, eine ziemliche Arbeit. Ich wurde eingesetzt als Zeremoniar. Es war eine Erleichterung für den Domvikar Freter und für den Weihbischof.

War denn zur Domweihe die Orgel fertig?
Ich meine, ja. Aber ich muß gestehen, erinnern kann ich mich daran nicht. Aber auch nicht, daß sie nicht fertig war.

Wir haben einige Hinweise, daß sie erst zwei, drei Monate später fertig geworden ist.
Ich erinnere mich nicht. Aber aus dem Brief könnte man meinen, daß sie fertig war.

Herr Professor Bergsma ich danke Ihnen herzlich für dieses Interview.

Das Interview mit Professor Dr. Joop Bergsma am 3. Mai 1999 führte Dr. Petra Meschede.

Domglöckner Johannes Gassmann

Erinnerungen an die Zeit zwischen Zerstörung und Neuweihe des Hildesheimer Domes

Der sonntägliche Gang zur Krypta erfolgte durch die als erstes wieder aufgebaute heutige Meßdienersakristei. Rechts, wo jetzt ein Wandschrank ist, war die Tintenfaß-Madonna aufgestellt. An der rechten Wand stand ein Gasofen mit seinen furchtbaren Rippen und rauschendem Feuer. Die Sonn- und Werktagsgottesdienste fanden für die Dompfarrgemeinde in der St. Laurentiuskapelle statt: zunächst nur die 6.00 Uhr-Frühmesse und nachdem die Domkrypta wieder hergerichtet war – das Wellblechdach lag in Höhe des Hochaltares aber als Regenschutz weiter darüber – auch das Kapitelsamt als Choralamt. Als Choralisten fungierten die Herren Johannes Beelte, Sorsum, und Ernst Wiegmann, Hildesheim, die beide Angestellte im Bischöflichen Generalvikariat waren. Der Dompfarrer, Dr. Alfons Rohmann, feierte die Hl. Messe sonntags um 7.00 Uhr in St. Magdalenen und um 10.30 Uhr in St. Godehard. Zwischen der Frühmesse und dem Kapitelsamt zelebrierten mehrere Domherren, meines Wissens mindestens Generalvikar Dr. Wilhelm Offenstein und Domkapitular August Uhrig am sogenannten Seitenaltar der St. Laurentiuskapelle, heute letzter Ankleidetisch zur St. Antoniuskirche hin. Es konnte aber auch passieren, daß am eigentlichen Altar der St. Laurentiuskapelle – auf dessen Tabernakel die Gnadenmadonna aufgestellt war – und gleichzeitig am sogenannten Seitenaltar zelebriert wurde.

Der Durchgang von der St. Laurentiuskapelle zur Domkrypta war kaum abgesichert, so daß wir als Ministranten aus lauter Neugier in den Dom gingen. Dieses war – was ich heute verstehen kann – für den Domglöckner Richard Waldmann und den Domküster Wilhelm Brunotte ein Ärgernis.

Was nach der Grundsteinlegung (1950, Stein am Nordwestportal vorhanden) von Bischof Dr. Joseph Godehard Machens mit dem Architekten Fricke verhandelt worden ist, weiß ich nicht. Bald nach dem Amtsantritt von Bischof Heinrich Maria Janssen wurde die Bauaufsicht auf den Diözesanbaurat Joseph Fehlig übertragen. Ich selbst habe noch erlebt, daß der Lettner vor dem letzten Joch am heutigen Eingang zum sogenannten Prälatengang errichtet wurde. Die Arbeiten wurden ausgeführt von den Restauratoren Gottlieb Hesse, der später in St. Godehard tödlich vom Gerüst gestürzt ist, und Dr. Joseph Bohland. Vor dieser Kulisse haben wir mindestens zweimal das Fronleichnamsfest im Dom gefeiert. Von der Vierung hing eine große Girlande herunter, und die schmucklosen Kapitelle des Mittelschiffs waren mit Tannenkränzen geschmückt. Die Prozession verließ aber den Domhof nicht. Der erste Altar stand an der Ruine (Toreinfahrt) zum Gymnasium Josephinum, der zweite Altar vor der Kurie Haus Nr. 15 (Pistorius). Der dritte Altar war vor der bereits fertiggestellten Treppe zum Haus Nr. 25 (Bischofshaus) und der vierte Altar vor dem Nordparadies. Bischof Heinrich Maria Janssen hatte noch am Abend seiner Bischofsweihe (14. Mai 1957) vielen hunderten Jugendlichen im Beisein des Bischöflichen Jugendseelsorgers, Domvikar Heinrich Pachowiak, das Versprechen abgenommen, daß sie mit ihm künftig jeden Samstagmorgen im Dom die sogenannte Friedensmesse feiern würden. So feierte fortan der Bischof in der fast überdachten Halle des Domes mit ca. 500 Jugendlichen aus Stadt und Stift an einem Notaltar das Meßopfer. Dabei standen wir im schmucklosen Dom auf einem Betonfußboden. Bei den einzelnen vorgefundenen Grabstätten (z.B. Fürstbischof Franz-Egon von Fürstenberg, Bischof Joseph Ernst) waren in den Beton die Namen eingeritzt und dann mit einer schwarzen Masse (Bitumen ?) ausgegossen. Weiterhin waren in dem Fußboden in gleichmäßigen Abständen ca. 15 cm breite Schlitze, die mit Brettern abgedeckt waren, in denen später die elektrische Versorgung untergebracht wurde. Darüber wurden dann die Marmorplatten im Mittelschiff und in den Seitenschiffen sowie die Stufenkanten zu den Seitenkapellen in Wirbelau gelegt. Erst nach 1972 wurde der Estrich in den Seitenkapellen durch Wirbelauplatten ersetzt. Federführend für diese Maßnahme waren Diözesanbaurat Joseph Fehlig und der Kustos des Domes, Domkapitular Regens Bernhard Treuge.

Bei den letzten vorbereitenden Arbeiten für die Dom-Wiedereinweihung wurde die Friedensmesse in die St.

Bernwardskirche verlegt, wo zu der Zeit noch der Hezilo-Radleuchter hing.
Ich erlebte viele Jahre die Besuchergruppen, die an der St. Laurentiuskapelle vorbei durch die offene St. Antonius-Kirche (ohne Dach) zum 1000jährigen Rosenstock geführt wurden. Wo sich heute die kleine Mauer, mit Durchlaß zur St. Antonius-Kirche, Heizung und Gang an St. Antonius außen befindet, stand bis ca. 1962 eine starke ca. 3 m hohe Sandsteinmauer, die in den oberen Eingang in St. Antonius hereinführte. In einer Mauernische stand eine Sandsteinplastik, die ich aber nicht mehr beschreiben kann, ich habe sie auch nie mehr wieder gesehen. Hinter dieser Mauer befand sich, bis an die Kirchenmauer von St. Antonius, der Schulgarten des Gymnasium Josephinum, der bis Anfang der 50er Jahre von Oberstudienrat Dietz bewirtschaftet wurde. Die Besucher warteten vor einer dicken Gittertür und wurden dort vom Domküster abgeholt und auf den St. Annenfriedhof und in die St. Annenkapelle geführt. Darin waren gleich hinter der Eingangstür die Bernwardstüren, in der Mitte das Taufbecken und seitlich die Bernwardsäule aufgestellt. Eine Bilddokumentation auf dem alten Barockaltar zeigte den Besuchern Fotos vom Dom vor der Zerstörung. Der Altar liegt heute im Magazin der Hohen Domkirche.
Im Domkreuzgang hingen auf großen Holzgerüsten die Domglocken, die vom Glockenfriedhof aus Hamburg zurückgeholt worden waren. Sie wurden ca. 1955 an einzelne Gemeinden im Bistum als Leihgabe gegeben. 1956 wurde ein Großteil der Glocken zur Firma F.W. Schilling nach Heidelberg gebracht, wo aus der Glockenspeise 1957 das neue Geläut gegossen wurde.
Vor der Domweihe am 27. März 1960 wurden die Türen, die Säule und das Taufbecken von der Zimmereifirma Borchard und der Schlosserei Schulze in den Dom gebracht. Das Einhängen der Bernwardstür wurde unter der Aufsicht von Zimmerei-Polier August Hartmann, Ach-

Abb. 168 Fronleichnam am Domhof 1958 oder 1959. Erster von rechts: Johannes Gassmann als Ministrant.

tum, durchgeführt. Für das Ausführen der Maurerarbeiten durch die Firma Rudolph war der Polier Theo Eikenköter verantwortlich.

Ein Situationsbericht zur Verlagerung der Pontifikalämter nach St. Godehard

Als Ersatz nach der Zerstörung der Hohen Domkirche diente bis zur Reliquienübertragung bei der Domweihe am Sonntag Laetare 1960 die St. Godehard-Kirche - heute Basilika. Viele große liturgische Feiern wurden dort abgehalten, z.B. alle Pontifikalämter des Kirchenjahres, Priesterweihen und zu Bischof Joseph Godehards Zeiten auch die Fronleichnamsprozessionen. Ich habe mit meinen Mitministranten und denen, die uns als Oberministranten einwiesen, viel Zeit in der Sakristei von St. Godehard verbracht. Der Domküster Wilhelm Brunotte mußte nach Gottesdiensten alles liturgische Gerät, was er am Tag vorher in die St. Godehard-Sakristei gebracht hatte, unverzüglich wieder abbauen und mit einer luftbereiften Karre wieder in die Domsakristei zurückfahren. Tags zuvor wurde auch der Thron des Bischofs vom Domküster und dem Küster von St. Godehard, Karl Heese, aufgebaut.
Die Pontifikalämter in St. Godehard verliefen immer in derselben Form: Bischof Joseph Godehard Machens wurde von der Humboldtstraße von seinem Chauffeur Wilhelm Kollmann vorgefahren, sein Sekretär, Domvikar Heinrich Pachowiak, öffnete ihm die Autotür. Am Nordwestportal wurde er vom Domkapitel und Domdechanten, Johannes Stuke, empfangen. Der Bischof empfing dann vom Domdechanten das Aspergil und segnete die Priester, die Ministranten und das Volk. Dann gab er das Aspergil zurück, und erst danach erfolgte der Einzug segnend durch das Mittelschiff. Je nach Festfeier zog der Bischof mit Cappa magna und Hermelin oder mit Mozetta ein. Im Presbyterium angekommen, ging der Bischof nach der gemeinsamen Kniebeuge zu seinem Thron. Dort wechselte er die Schnallenschuhe in Pontifikalschuhe um, sie hatten die jeweilige Farbe der liturgischen Gewänder. Weiterhin legte er die Gewänder an - noch mit Tunicella -; zum Schluß wurden ihm von einem Silberteller die Pontifikalhandschuhe gereicht, die er erst vor der Gabenbereitung an den Silbertellerträger zurückgab. Während der gesamten Eucharistiefeier assistierten dem Ordinarius der Presbyter-Assistent, der Domdechant mit dem Digitus. Er wurde eingerahmt von zwei Ehrenleviten, die Domkapitulare waren, die jedoch nicht die Aufgabe von Diakon und Subdiakon hatten. Mit dem Schlußsegen des Bischofs ging dann der Kleiderwechsel in umgekehrter Reihenfolge vor sich. Nach dem Auszug in der Sakristei angekommen, stritten wir Ministranten miteinander, wer Bischof Joseph Godehard den Stab und die Mitra zu seiner Wohnung in die Humboldtstraße bringen durfte. Für die Überbringer gab es dann nämlich eine Tafel Tick-Tack-Schokolade. Für uns war das eine ganz köstliche Zuwendung Anfang der 50er Jahre.
Auch nach dem Bischofswechsel 1957 änderte sich an dem Ablauf der Eucharistiefeier in St. Godehard nichts, nur die Personen waren andere. Als erster Sekretär wirkte Domvikar Joop Bergsma, und als Chauffeur war Bruno Schmidtke zuständig. Als dann der Dom 1960 wiederaufgebaut war, wurden diese Einzugsprozessionen vom Bischofshaus, Domhof 25, vorgenommen.

Anhang 1

Ausgewählte Quellen zum Wiederaufbau des Domes

1. Gutachten zum Erhaltungszustand der Trümmer

Dipl. Ing. Wiegand

Gesch. Nr. 17/48 betr. Dom zu Hildesheim

Hildesheim, den 5. Mai 1948

Kurzgefaßtes Urteil über den Erhaltungszustand des Domes zu Hildesheim und Maßnahme zur Erhaltung des Bestandes.

1.) Befund:
Nord-Paradies: Sockelgut, Mauerwerk i. a. genügend, nur oben z. T. lose. Schwache Fensterrisse in der N-Seite. Die 4 das Gewölbe tragenden Säulen sind wegen ungünstiger Gurtführung nach außen durchgeknickt, z. Z. durch dagegengespreizte Holzstreben gesichert.
Rest der N-Seite: Ein halber an das Querhaus anschließende Giebel und der nächste ganze stehen noch mit 2 Fenstern, Mauerwerk oben z. T. lose, Giebelschrägen abgelöst.
NW-Ecke (Eingang): stark zerstört, Mauern geborsten und schief, z. T. stark nach außen geneigt.
Türme: im wes. In Ordnung. Gewölbe erhalten, z. Z. nicht zugänglich, scheint in Ordnung zu sein.
Westl. Vorhalle: Mauerwerk in Ordnung.
Kapellen-S-Wand: Mauerwerk gut, Pfeiler ohne Schäden, nur letzter Pfeiler oben wenig gelockert.
Nördliches Seitenschiff: Quadrat am NW-Turm in den Ecken gelockert, mehrere Risse.
Südliches Seitenschiff: Zerstörungen gleicher Art, aber besser erhalten als das nördliche Quadrat.
Nördl. Hochschiffwand: völlig zerstört, geringer am n. Quadrat anschließender Rest kürzlich wegen Einsturzgefahr abgebrochen.
Südl. Hochschiffwand: im wes. lotrecht stehend; einschl. Gesims erhalten. Stark schwächende Nut und Balkenlöcher in mittlerer Höhe der S-Seite. An einigen Pfeilern und Säulen geringe Haarrisse, z. T. infolge von Splitteraufschlägen, Säule neben Vierungspfeiler hat älteren Sprung in NS-Richtung quer durchgehend. Oberes Mauerwerk ohne wes. Risse, anscheinend genügend fest, nur am O-Ende Fensterbogen oben gelockert, Verband mit Querhauswand lose.
Vierungspfeiler: Zustand mäßig, nach außen verkrümmt (wohl alt), senkrechte Fugen z. T. gelockert, besonders an der O-Fläche.
Südl. Seitenkapellen: ziemlich gut erhalten, wenige schwache Risse in Gewölben, einige Risse in den Querwänden nahe Seitenschiff. Übergang zum sö. Querhaus schlecht.
Südl. Vierungsbogen: von alters stark verklammert und durch Eisen zusammengehalten, etwas verformt, einige Wölbsteine gebrochen.
Querhaus: Ostwand beiderseits des Hochchores sehr schlecht; an sich lockeres Mauerwerk, alt, stark zerstört, bedenklichste Teile wegen Gefahr kürzlich abgebrochen. Reste noch bedenklich.
Östl. Vierungsbogen: von alters stark verklammert und Halteeisen, Schub scheint nach n. Kämper durchzudrücken, da kein Gegenhalt mehr.
Hochchor: N- und S-Wand ziemlich schlecht, nach außen gedrückt, Risse und Lockerungen, besonders in den oberen Teilen.
Apsis: 3 starke Spalten bis zu 12 cm in Sohlbankhöhe aufklaffend; kürzlich größere Stücke an den 2 noch stehenden seitl. Fensterscheiteln herausgefallen. Pfeiler gegen Auseinanderstreben unlängst durch 2 Eisenanker gesichert (Ausführung infolge fehlenden und ungeeigneten Materials jedoch minderwertig). Im n. Pfeiler oben ein Stück Mauerwerk nach außen getrieben. Rundwand stark nach außen überhängend, obwohl im Gefüge ziemlich fest.
Krypta: Alle Fensterpfeiler zeigen das Auseinanderreißen der oberen Wände (durch Bombenwirkung) durch schräge bis waagrechte Risse. Gewölbe erhalten, jedoch sicherungsbedürftig. Pfeiler im Ostteil in Ordnung. Im Westteil (Vierung) unlängst 4 neue Pfeiler mit Erfolg untergestellt. Öffnung inzwischen durch Eisenbetonplatte geschlossen.

2.) Erforderliche Erhaltungsmaßnahmen:
Nordparadies: Gewölbesicherung, Säulenaussteifung durch 4 zwischen Säulen und Außenwände gespannte dünne Zwischenmauern. Risse ausfüllen, vorl. Abschlußwand gegen Querhaus einziehen, Dach aufbringen, Fensteröffnungen abschließen, Fußboden über Gewölbe verlegen und Zugangstreppe instandsetzen. Dadurch würde ein größerer Abstellraum geschaffen.
NW-Ecke: abbrechen und Steine lagern; wäre später neu aufzuführen.
Türme und Vorhalle: abdecken.

lichste Erhaltung vorzusehen. Aufgrund einer Besprechung mit Herrn Baurat Algermissen vom Dombauamt wird hierin nur ein kurzer Bericht gegeben mit Anführung der augenblicklich notwendig werdenden Stützungsmaßnahmen, wobei vorläufige Erhaltung und späterer Wiederaufbau als Richtschnur angenommen wird.

A. Befund: Die Wände von Chorquadrat und Apsis des durch Fliegerangriff zerstörten Domes sind beträchtlich nach außen ausgewichen. Es wurden an Lotabweichungen festgestellt
an der Apsis innen 1,4 – 3,0, außen 1,3 – 2,5 %
an der Chorwand innen 1,2 – 4,4, außen - %
die niedrigeren Werte an den inneren Ecken, die höchsten in den Wandmitten. Diese Ausbauchungen haben bereits starke Risse zur Folge, die sich an den Wänden des Chorquadrats mehr verteilen, an der Apsis sich als 3 klaffende Längsrisse in den Fensterachsen darstellen; der in der Mittelachse hat bereits 12 cm Breite in Höhe der Fenstersohlbank über dem Rosenstock, also etwa in halber Mauerhöhe. Das Mauerstück über dem Fenster ist hier bereits ganz herausgebrochen. An diesen Spalten tritt die eine Mauerflucht mehr oder weniger vor die andere nach außen vor, am NO-Fenster in Sohlbankhöhe bis zu 3,5 cm. Im übrigen wäre äußerlich an der Apsiswand der Zustand des Mauerwerks noch ziemlich gut. Es finden sich außer den großen Spalten nur leichte Sprünge.

Bemerklichere Risse sind jedoch auch an den beiden seitlichen Strebepfeilern vorhanden, besonders am südlichen. Schrägstellung innen gemessen 3,2 % am südlichen (Lot 13) und 1,8 % am nördlichen (Lot 8). Diese Risse, die unmittelbar in den Ecken zwischen Pfeilerseite und anschließenden Mauern hinlaufen, erklären sich mehr oder weniger dadurch, daß das Mauerwerk der Pfeiler wesentlich quer gegen das der Längswände geführt ist, wobei die tieferen Pfeiler mehr Widerstand leisteten, während das dünnere Wandmauerwerk sich mehr nach außen abbog, wie besonders an der Südseite ersichtlich.

In der Krypta ist zu bemerken, daß offenbar Fundamente und Grundmauern noch gut sind. Die Abkantung der aufgehenden Mauern zeigt sich in den Fensterpfeilern durch im wesentlichen waagrechte Risse an, die sich nach der inneren Wandseite zu erweitern. Die Einwirkung der Gewölbeschübe bedeutet im jetzigen Zustand keine Gefahr, da noch eine genügende Auflast über den Widerlagern vorhanden ist.

Da die unteren Mauerteile gut erhalten sind, wird angenommen, daß der Zustand der Fundamente ebenfalls genügt. An mehreren inzwischen aufgegrabenen Stellen der Domnebengebäude zeigen sich sogar ungewöhnlich tiefreichende Fundamente in ziemlich gutem Zustand. Die Bodenverhältnisse sollen demnächst noch näher untersucht werden.

B. Vorgeschlagene Maßnahmen: Es ist beabsichtigt, die beiden Epitaphplatten an der Außenseite des südlichen Pfeilers herauszunehmen, da sie gesprungen und bei einem Weitergehen der Pfeilerausweichung gefährdet sind. Andererseits wird auch der Bestand des Pfeilers, der jetzt bereits unsicher ist, durch das Herausnehmen dieser Platten gefährdet, die vorläufig noch mehr oder weniger im Steinverband mitwirken und Kantenpressungen erhalten. Eine Abtragung des Chores ist zunächst nicht beabsichtigt. Infolgedessen wird eine vorläufige Abstützung notwendig, und zwar wesentlich für die beiden Strebepfeiler. Da sich beide nach außen neigen, erscheint es am einfachsten und zweckmäßigsten, sie nach Anbringen einer Queraussteifung im Chorinneren durch 2 an beiden Seiten der Pfeiler durch die Mauern geführte Zugankerpaare zusammenzuhalten. Hierbei wären die Pfeiler mit senkrechten, wenn möglich vom Boden aus durchgehenden Hölzern zu fassen, um ein Auseinanderbrechen zu verhindern, und die Zuganker um diese Pfosten mit herumzuführen. Damit dürfte eine Abstützung der Pfeiler nach außen, die bei den bestehenden Bodenverhältnissen doch unsicher wäre, unnötig sein, und der Raum zwischen Chorwand und Kreuzgang würde für ebenfalls notwendige Abstützungs- oder Sicherungsmaßnahmen des Kreuzganges freibleiben.

Die beigefügte Skizze zeigt die zur Zeit vorhandenen wesentlichen Risse und Ausweichungen sowie das Schema der vorgeschlagenen Notsicherung.

Wenn bei einem späteren Wiederaufbau der Chor über dem jetzigen Grundriß wiederhergestellt werden soll, wird sich empfehlen, die Wände bis etwa in Höhe der Fenstersohlbänke der Apsis abzutragen und dann darüber mit dem alten Steinmaterial wieder frisch aufzumauern, da die Überhänge ein starkes, bereits in die Augen fallendes Maß angenommen haben, und da besonders der Zustand des Chorquadrat-Mauerwerks schlecht ist. Ein Wiederaufrichten der alten Wände würde außerordentlich kostspielig und mühsam sein.

C. Hinweis auf den Zustand des Kreuzganges: Seit meiner ersten Besichtigung des Kreuzganges vor 2 Jahren hat sich der Zustand der Gewölbe zumal im Südarm sehr verschlechtert, so daß dringend baldige Erhaltungsmaßnahmen notwendig sind. Andernfalls kann mit dem beginnenden Einsturz nach der nächsten Frostperiode gerechnet werden. Da die Schrägstellung und Aufspaltung der starken Stützpfeiler an der Hofseite nicht auf die Wirkung der Gewölbeschübe allein gesetzt werden kann, wurde eine Lockerung des Untergrundes durch Gräber vermutet und bei einer vorgenommenen Aufgrabung bestätigt gefunden. Die Fundamente gehen im übrigen auch verhältnismäßig tief, doch ist dies wesentlich mit auf eine allmähliche Auffüllung des Bodens im Innenhof zurückzuführen. Außerdem wurde aber bekannt, daß die oberen Böden des im Süden anschließenden Gebäudeteils lange Zeit als Kornböden benutzt worden sind. Die Ausweichung der Strebepfeiler dürfte sich also auch auf eine Schubbelastung aus den dort aufgestützten schwer belasteten Bindern der Nachbardächer erklären. Diesen Umständen wäre beim Neuaufbau Rechnung zu tragen. Zumindest aber wird eine alsbaldige Abdeckung der Kreuzgangsarme mit Notbedachungen angeraten, wobei die am stärksten gefährdeten Stellen wenigstens vorläufig zu sichern wären, wenn nicht alsbald endgültige Wiederherstellungsmaßnahmen mindestens durch Säubern und Vergießen der Gewölbe getroffen werden können.

Die großen Strebepfeiler wären an sich für die Standfestigkeit des Kreuzganges nicht notwendig. Bei dem jetzigen Zustand der Gewölbe jedoch, die bereits beträchtlich ausgewichen sind – die Ablösungen an der Hofseite betragen bis zu 10 cm, wozu die Einsenkung im Scheitel hinzukommt -, sind besondere Sicherungen für ihre Standfestigkeit notwendig. Infolgedessen erscheint es angebracht, die Pfeiler stehen zu lassen und wo erforderlich auszubessern. Andernfalls würde die Einziehung besonderer Gewölbeanker mindestens an der Südseite als Ersatz für fortfallende Strebepfeiler erforderlich werden. Zu ihrer Belassung wird umsomehr geraten, als auch die spätere Gestaltung der Lastverhältnisse mit den Nachbarbauten heute nicht übersehbar ist.

D. Weitere Abdeckungen. Zuletzt wird bei dieser Gelegenheit noch darauf hingewiesen, das eine Abdeckung des Paradies (NO)-Vorhauses geboten und lohnend ist, am besten endgültig nach vorläufiger Aufmauerung einer vielleicht _ Stein starken Abschlußwand mit 2 Verstärkungspfeilern. Dieser Gebäudeteil kann dann nach Ergänzung der Fenster wieder benutzt werden.

Außerdem wäre mindestens Notabdeckung der Steinberg- und der Kleinen Annenkapelle am nördlichen Kreuzgang wünschenswert.

5. Bericht über den baulichen Zustand der Mittelschiffsüdwand und der südlichen Seitenkapelle und Vorschlag zu deren Notsicherung

Dipl. Ing. Wiegand
Am Stein 1
Gesch. Nr. 46-1a/50

Hildesheim, den 17.1.1950

Dom zu Hildesheim
Notsicherungsvorschläge zur Erhaltung des Bestandes für Südkapellen und südliche Hochschiffwand.
Hierzu 3 Zeichnungen Blatt W 46-2a, 3 und 4

A. Veranlassung und Vorarbeiten.

Bei meiner Rückkehr von Ostfriesland gegen Ende vor. Jahres bemerkte ich, daß in der ersten Kapelle von Ost (Nr. 4 der Zeichnung 4) einige Steine am Gewölbescheitel herausgefallen waren. Bei einem Gespräch mit dem Niedersächsischen Landeskonservator, Herrn Prof. Dr. Deckert, wurde die Abgabe eines kurzen Berichts über die dringende Notwendigkeit der schon früher vorgeschlagenen Notsicherungsmaßnahmen vereinbart. Bei den hierfür notwendigen näheren Untersuchungen zeigte sich jedoch, daß inzwischen umfänglichere Maßnahmen notwendig geworden waren, deren Ausarbeitung nunmehr vorgenommen wurde. Indessen stürzte bereits am 28.12.49 die Kappe, die die ersten Schäden gezeigt hatte, herab. Am 29.12. wurden die notwendigen Maßnahmen mit dem Vertreter des Landeskonservators in Hildesheim, Herrn Kirchenmaler und Konservator Bohland, dem Beauftragten für die Denkmalpflege bei der Regierung Hildesheim, Herrn Regierungs- und Baurat Mänz, sowie dem die Arbeiten am Dom leitenden Herrn Baurat Algermissen anhand einer Skizze besprochen. Gemäß Ferngespräch des Niedersächsische Landeskonservators wurde ihre umgehende Einleitung nahegelegt. Herrn Baurat Algermissen wurde am 2.1.50 eine Lichtpause "Skizze der Notsicherungsmaßnahmen" im Maßstab 1 : 100 nach Blatt W 4 übergeben und mit ihm und einer herangezogenen Baufirma durchgesprochen. Nähere Erklärungen darüber bei der Dienststelle des Landeskonservators in Hannover am 6.1. Die Aufstellung des Lehrgerüsts in Kapelle 4) wurde dann zum 21.1. fertig.

Es ergab sich, daß zur genaueren Beurteilung des Zustandes der Hochschiffwand eine erneute und eingehendere Ablotung zweckmäßig war, die am 10. und 11.1. vorgenommen wurde. Die Angaben aus der in Lichtpausen vorliegenden photogrammetrischen Ausmessung des Domes von Herrn cand. geod. Frenkler vom Sommer 1948 werden entsprechend dem Vorgang dieses Verfahrens hierfür nicht als ausreichend angesehen. Nach Angabe von Herrn Baurat Algermissen wurden z. B. hier am Dom Abweichungen bis zu 30 cm von den photogrammetrischen Messungen festgestellt. Außer den früheren Angaben zur Notsicherung des Kreuzganges 1945 und später wurden von mir folgende Vorschläge an Landeskonservator und Regierung Hildesheim eingegeben:

1) Bericht über den Erhaltungszustand des Ostchores mit Sicherungsvorschlag Nr. 46-26/47 mit Zeichnung Blatt W 46-1 vom 6.10.47,
2) Kurzgefaßtes Urteil über den Erhaltungszustand des Domes und Maßnahmen zur Erhaltung des Bestandes Nr. 46-19/48 mit Zeichnung Blatt W 46-2 vom 5.5.48

Eine Notsicherung des Chores gem. 1) wurde anschließend ausgeführt – allerdings infolge Geld- und Materialschwierigkeiten in stark vereinfachter und unzulänglicher Form. Eine Sicherung des Bestandes nach 2) unterblieb noch. Im Nachstehenden werden die zum Schutz der S-Kapellen und der s. Hochschiffwand heute erforderlich erscheinenden Notsicherungen dargestellt.

B. Vorgeschlagene Notsicherungsmaßnahmen.

1.) Südkapellen:
a) Südöstliche Kapelle 4)

Der Einsturz des ersten Gewölbeteils erfolgte durch Nachgeben der ö. und n. Gewölbebegrenzung, sodaß die an der NO-Ecke anliegende Kappe durchsacken konnte. Die got. Kapellen sind um 1400 stumpf an die S-Wand des rom. Seitenschiffes angebaut worden und öffnen sich mittels großer in die alte S-Wand eingebrochener Bögen, sodaß die letzte schwächere Quermauer und der letzte Bogen nicht als Widerlager der Gewölbe ausreichen konnten, nachdem die aussteifende Decke herausgebrannt war, während Wind und Wetter Gelegenheit erhielten, 5 Jahre lang ungehindert einzuwirken. Auch zeigt sich, daß die Einbindung der Gewölbe sehr schlecht ist. Da die Mauerzungen wegen ihrer ebenfalls sehr schlechten Einbindung in die anstossenden Wände leicht nachgeben können, ist damit zu rechnen, daß die weiteren Kappen des betroffenen Gewölbes und anschließend die übrigen z. T. gerissenen Gewölbe in absehbarer Zeit nachstürzen, wenn die fehlende Kappe nicht unverzüglich wieder ersetzt wird. Daß die ursprünglichen Gratrippen in der Barockzeit abgenommen worden sind, falls sie überhaupt vorhanden waren, scheint keinen nachweisbaren Mangel hinterlassen zu haben.

Um aber die neue Kappe zu halten, müssen die begrenzenden Mauerteile zunächst durch kräftig angekeilte Holzstreben widerstandsfähig gemacht und dann durch Anker, vorgelegte und in Nachbarwände eingelegte drucksteife Profilträger sowie möglichst bald durch neue versteifende Deckenplatten oder Gegengewölbe endgültig festgelegt werden. Die einzubauenden Versteifungsträger möchten nach Höhenlage und Abmessungen so gewählt werden, daß sie ihre spätere Aufgabe als Deckenträger mit übernehmen können, ohne daß man sie wieder beseitigen muß. Als Mindeststärke wären I 16 anzunehmen. Die sichtbaren Ankerteile können nach Einbau der endgültigen Deckenplatten oder neuen Gewölbe und Vergießen der Wände wahrscheinlich wieder entfernt werden.

Nach Einbau der fehlenden Kappe - auf neuem, gut eingebundenem Anfängerstein in der alten Technik hergestellt - wären zunächst die übrigen 3 Kappen durch Beseitigen der inzwischen gebildeten Humusschicht darüber, Auskratzen und Ausblasen der Fugen, soweit erforderlich, und Neuvergießen wiederherzustellen. Diese Arbeiten dürfen nur um je etwa 1 qm vorsichtig weitergeführt werden, wobei tiefer freigelegte Fugen mit kleinen Eichenholzkeilen zwecks Erhaltung und Verbesserung der Spannung im Gewölbe auszukeilen sind. Dabei Ausgießen der Mauerspalten mit dünnflüssigem Mörtel; soweit nötig. Anschließend Überziehen der Gewölbeoberseite mit einem dünnen Schutzestrich. Festlegen abrutschender Teile der Giebelschrägen. Nach Ausschalen Ausbesserung von Rissschäden an der Unterseite des Gewölbes.

b) Übrige Kapellen und Anschlußteile:
Nach Fertigstellung des ersten Gewölbes wären dieselben Wiederherstellungsarbeiten unter Wiederbenutzung des Lehrgerüstes und der Bockgerüste im s. Seitenschiffgang der Reihe nach an den übrigen 3 Kapellen und dem SW-Eingang durchzuführen. Mit diesen Arbeiten zu verbinden wäre eine Erneuerung der oberen gelockerten Teile der aufgehenden Mauern, von denen aber nicht zuviel weggenommen werden darf, um die wenig festen Gewölbe nicht zu gefährden. Falls die jetzt noch über der Bogenwand (Gewölbeseite) liegenden alten Seitenschiffgesimssteine sich als brauchbar erweisen, können sie zu späterer Wiederverwendung eingelagert werden. Die gesamten Mauerkränze der S-Kapellen, einschließlich des Absatzes hinter den Seitengiebeln, wären mit einem zusammenhängenden Eisenbetonkranz abzugleichen, der über den Querwänden zur Auflagerung der Abstützträger für die Hochwand, über den Bögen zur Auflagerung der versteifenden massiven Decke des Seitenschiffganges und insgesamt zur Festigung der Gewölbewiderlager dient, die an sich unzureichend sind. Dieser Kranz oder Rost muß mit den zusammenfassenden Mauern sehr gut - etwa auch durch in die Mauern einzementierte Hafteisen - verbunden werden und soll später durch Decke und Dachstützen möglichst schwer belastet werden, damit ein Verschieben unterbunden wird. Die darüber oder daneben zu liegen kommenden Versteifungsträger sollen mit ihm durch Befestigungseisen verklammert sein. Die Gewölbeoberseiten müssen zugänglich bleiben. An den Dreieckgiebeln die notwendigen Ausbesserungen, besonders gegen Abrutschen der Schrägen.

Zur Vermeidung neuer Witterungsschäden wäre die Kapellenreihe samt Eingangsquadraten mit einem Notdach abzudecken, die Abwässerung wohl einfacher nach innen zu. Die Abwässer müssen dann durch Rinnen genügend weit nach außen abgeführt werden, um nicht durch Versickern an den Fundamenten diese zu gefährden. Abschließen der Zwickel zwischen den Giebelschrägen und der offenen Enden durch Stülpschalung.

Der sö. Eingang kann wieder überwölbt werden, wenn die Standfestigkeit der Querschiffmauer wiederhergestellt ist. Diese möchte vorläufig durch Stützböcke im Querhaus gehalten werden und wäre in das der Versteifung der Hochschiffwand dienende später beschriebene Trägernetz mit einzubeziehen. Wenn die Mauerauflast im niedrigen Teil der Restwand nicht ausreicht, um die Verspannung durch das Trägernetz wirksam werden zu lassen, so ist in diesem Teil die durch spätere große Öffnungen geschwächte Wand bis mindestens 1 m über Netz-Oberkante aufzumauern; u. U. müssen größere Teile erneuert werden. Danach können die Stützböcke wieder entfernt werden. Eine Trümmerräumung in diesem Teil möchte solange aufgeschoben bleiben, sofern die Abstützung nicht sehr sorgfältig auf festen Untergrund ausgeführt werden kann, da der dahinter liegende hohe Schuttberg möglicherweise die dorthin ausweichende Mauer noch stützt.

2.) Südliche Hochschiffwand:
a) Eigentliche Arkadenwand:

Ähnlich dringend und möglichst gleichzeitig zu betreiben dürfte die Notsicherung der noch stehenden Arkadenwand sein. Diese Sicherung war schon im Vorschlag Nr. 2) vom Mai 1948 als vordringlich bezeichnet worden, es wurden aber nur Deckennut und Balkenlöcher vermauert. Während bei ihrer damals noch geringeren Neigung und gutem Zusammenhalt ein Durchstecken von aussteifenden Profilträgern durch die entsprechenden Balkenlöcher über die Trennwände der S-Kapellen ohne weiteres möglich gewesen wäre, muß jetzt eine Versicherung durch hölzerne Stützböcke vorgenommen werden. Die 1948 und jetzt gemachten Ablotungen ergeben eine - auch durch Augenschein - deutliche Zunahme der Neigung nach N und der Ausbauchung. In Tabelle I auf der folgenden Seite sind die wesentlichen Ausrechnungen aus den gemachten Ablotungen zusammengestellt; zum Vergleich auch die Maße aus der photogrammetrischen Aufnahme, die im Sommer 1948 etwa gleichzeitig mit der Ablotung 1) ausgeführt wurde.

Tab. I. Ergebnis der Messungen: s. auch Blatt W 3

	Pfeiler	1)	2)	3)	4)	Bemerkungen
1	Photogramm. Vermessung	+5	+6	+4	-5	+ = Neigung nach N, - = Angaben nach S
2	Ablotung 1, 13.6.1948	+12,0	+12,5	+5,5	-6,0	Lotlänge 14,75 m
3	Ablotung 2, 10.1.1950	+15,0	+ 17,5	+6,5	-3,0	
4	Zunahme	+3,0	+ 5,0	+1,0	+3,0	
5	Neigung der - Pfeilerachsen	+1,02	+1,19	+0,44	-0,20	Durchschn. Neigung in Bezug a. d. Schwerpunkt d. Basen in %

Tabelle II enthält abgerundete Prozentzahlen der jetzigen Neigungen von Pfeilern und Säulen, bezogen auf Basismitte.

Tab. II. Neigung der 10 Pfeiler und Säulen:

	1)	1a)	1b)	2)	2a)	2b)	3)	3a)	3b)	4)
10.1.50	+1,0	+0,7	+1,15	+1,2	+1,0	+0,8	+0,4	+0,1	-0,5	-0,2

Der Höchstwert von 1,20 % auf 15,40 m Wandhöhe = 18,5 cm ist verhältnismäßig noch nicht allzu groß und dürfte bei einer Erneuerung des Gotteshauses kaum ins Auge fallen. Zum Vergleich sei bemerkt, daß nach unverbindlichen Ablotungen die größte Neigung der s. Hochschiffwand der Godehardikirche von 1930 - 45 etwa von 1,7 auf 2,8 % zugenommen haben könnte (von 25 auf 42 cm), während sich bei der Michaeliskirche die größte Neigung mit etwa 1,1 % ebenfalls an der s. Hochschiffwand in der Ecke zum sw. Querhaus (Mohrmann) findet, welche Ecke neben der w. Vierung lange frei gestanden hat. Die übrigen Ausweichungen der s. Hochschiffwand sind dort unbedeutend. Die größte Ausbuchtung fand sich in der n. Gesimskante früher zu 14 cm, jetzt durch Ausgleich für den eisernen Dachstuhl an beiden Seiten je etwa 10 cm.

Hier jedoch bei der bemerklichen Zunahme der Neigung an der freistehenden, Wind und Wetter ausgesetzten Domwand ist dies ein bedenklicher Zustand und müßte alsbald behoben werden, wenn ein Bestreben zur Erhaltung der Reste des Domes und ihrer Einfügung in einen Neubau besteht. Bei einem Einsturz dieser Wand würden das sw. und das nw. Seitenschiffquadrat, deren Notsicherung 1948 unter 2) mit angegeben wurde, wegen ihres mangelnden Zusammenhalts nachstürzen, ebenso der s., wahrscheinlich auch der ö. Vierungsbogen, wobei die noch stehenden Teile des Querhauses und des Chores nicht unberührt blieben, durch deren Einsturz die letzthin abgeräumte Krypta wieder gefährdet wird. Auch die Gewölbe der S-Kapellen erscheinen dann infolge der Erschütterung im jetzigen Zustand nicht ungefährdet. Der Einsturz dieser Hauptwand würde also die gleichzeitige Aufgabe nahezu sämtlicher alten Teile des Domes bedeuten.

Ein Vergleich der Aufzeichnung der Verbiegung der Gesimskante an der S-Seite der Wand mit den Ablotungen ergibt die genaue Deckung der Linien, woraus sich eine größte Zunahme des Überhanges um 7 cm im mittleren Joch in 1 $^{1}/_{2}$ Jahren entnehmen läßt. Es wird ersichtlich, daß der Vierungspfeiler 4) früher durch den Schub des w. Vierungsbogens nach S gedrückt wurde, während er jetzt nach und nach unter dem Schub des Seitenschiffbogens und von der übrigen Wand mitgenommen nach N strebt. Da er S-förmig verbogen ist und seine Fugen bemerklich gelockert sind, besteht für ihn eine höhere Gefahr, obwohl seine Neigung sehr gering und sogar immer noch nach S, auf die Querhauswand zu, gerichtet ist. Von dieser ist er aber im wes. bereits abgelöst.

Das starke Zurückhalten der Biegungslinie des Gesimses am festen Turmbau deutet eine schon weit zurückliegende Neigung der gesamten Hochwand an, die in ihrem ganzen Verlauf zwischen Turm und Vierung einwärts gebogen war und diese Neigung nach Fortfall der Deckenversteifung bei der Auflockerung und Durchfeuchtung des Bodens gerade im Mittelschiff nunmehr verstärkt aufgenommen hat. Ihre gesamte Ausbauchung, seit der Erbauung könnte nach dieser Ausbiegungslinie sogar auf 22 cm geschätzt werden (gegenüber den nach den Tabellen errechneten 18,5 cm). Eine Aufnahme des abschnittweisen Verlaufs der Verbiegung in senkrechter Richtung konnte mangels Zugänglichkeit bis jetzt nicht durchgeführt werden und ist von geringerer Bedeutung. Aus Tabelle I ist ersichtlich, daß die photogrammetrische Vermessung genaueren Anforderungen nicht genügt. Gerade bei den stark geneigten mittleren Pfeilern 1) und 2) ist der Unterschied entscheidend. Eine statische Berechnung ergab bei den Werten von Reihe 1 der Tabelle I eine Gefährdung nur bei heftigem Sturm, während nach den zu gleicher Zeit tatsächlich abgeloteten Zahlen der Reihe 2 schon bei mittlerem Wind aus südlicher Richtung Kippen eintritt. Die jetzt festgestellten Ausweichungen der Reihe 3 ergeben im Verein mit der auch sonst weiter fortgeschrittenen Schwächung des Zusammenhalts eine unmittelbare Gefahr bei Auftreten starken Windes aus südlicher Richtung.

Tab. III. Kantenpressung aus Ablotung vom 1.10.50: s. auch Blatt 3 *Eigengewicht* höchste vorhandene, zulässige und Bruchspannungen

in kg/qcm	vorh.	zul.		Br
Ort	1b)	2)	nach heut. Bestim.	bekannt oder geschätzt
Säule/Basis	80	(20)	zul. = Br : 25 = 24 für Säulenmat.	600 lt. Zeugnis des Nds. Pr. A. d. Hahn v. 24.4.48
Fundament	20	20	10 (in Zem.M.1:4)	kann bemerkl. höher sein,
Bodendruck	5,5	5,5	3 (wenn trocken)	kann bei Nässe leicht geringer als 3 werden

Winddruck Der Bauteil muß hier mit entsprechender Sicherheit aufnehmen können: w = 96 kg/qm. Es tritt jedoch bereits Kippen ein an Säule/Basis bei 24 (1b) bzw. 50 (2) kg/qm zusätzlichen Winddruck.

Der Bruch erfolgt noch vor Erreichen der Kippgrenze durch Überlastung des Materials. Durch stoßweisen Wind und im Mauerwerk aufgenommene Nässe kann die Sicherheit noch weiter herabgesetzt sein. Andererseits läßt sich vielleicht annehmen, daß die Form der Wandbiegung weniger ungünstig ist, als sich aus der rohen photogrammetrischen Auswertung entnehmen läßt, und daß ein Sturm aus südlicher Richtung selten auftritt und durch die davorstehenden Gebäude, Bäume und die Seitengiebel der S-Kapellen gehemmt wird. Es muß daher aber damit gerechnet werden, daß bei zu erwartenden Frühjahrsstürmen und Regengüssen die Wand einstürzen kann. Im Erhaltungsfalle darf jedenfalls die Sicherung nicht länger aufgeschoben werden.

Art ihrer Sicherung: Nach Vorsicherung durch die erwähnten Stützböcke wäre ein Festhalten und Versteifen der Wand ebenso wie 1948 durch knicksteife Profilträger von den S-Kapellen her vorzuschlagen. Durchstecken dieser 5 Träger - mindestens I 16 cm - und einer späteren Verwendung als Deckenträger angepaßt - durch gegenüber den Trennwänden der S-Kapellen wieder durchzubrechende Balkenlöcher. Festlegen der Wand durch 2 angeschraubte (oder angeschweißte) L-Eisen. Festlegen der Träger durch je 1 L-Eisen an der n. und der s. Außenseite der Kapellenlängswände, das äußere über, das innere unter den L-Eisen befestigt. Auflagern der Versteifungsträger auf den Trennwänden, so daß ein festliegendes zusammenhängendes Eisennetz entsteht, das im O die Querhauswand und im W die ö. Abschlußwand des sw. Seitenschiffquadrats mit einschließt. Umschließung der Querhauswand durch ein U-Eisen gleicher Höhe (mind. 16 cm), das an beiden Enden von je 2 L-Eisen der Langseiten gefaßt wird (obere und untere Lage der Zeichnung). Hierzu müßte zuvor der unter B,1,b beschriebene zusammenhängende Eisenbetonkranz auf den S-Kapellen hergestellt sein.

Beim endgültigen Ausbau wird die Aussteifung des umschließenden Eisennetzes durch eine den ganzen Seitenschiffgang überspannende massive Deckenplatte für wesentlich gehalten, die bei guter Einbindung in Hochschiff- und Querhauswand diese Mauern zusammenhält und einen Gegenhalt gegen den Gewölbeschub der S-Kapellen bildet. Das sö. Eingangsquadrat kann dabei wie früher wieder eingewölbt oder mit der gleichen Deckenplatte versehen werden. Bei entsprechend gut ausgeführter Einbindung ersetzt diese Deckenplatte das umschließende Eisennetz, dessen auf den Wänden sichtbare Teile dann wieder entfernt werden können. Durch eine solche Platte würde zusammen mit dem Eisenbetonkranz über den S-Kapellenwänden eine weitere Bewegung dieser Bauteile wirksam eingeschränkt werden.

Beide Maßnahmen - sowohl Stützböcke an der N-Seite wie Versteifungsträgernetz von der S-Seite her - werden für notwendig gehalten, da größere Stemmarbeiten an der Mauer bei dem noch ziemlich harten alten und dem neu ausgeführten Füllmauerwerk in den früheren Balkenlöchern untunlich erscheinen, und da gleichzeitig die wenig widerstandsfähigen Abschlußbögen der S-Kapellen einen Gegenhalt haben müssen, bevor eine neue Deckenaussteifung vorhanden ist.

Es wird sich überdies empfehlen, die zur Vorsicherung gebrauchten Stützböcke (s. Blatt W 4) auch nach Einbau der Profileisenlage stehen zu lassen, bis das neue Kirchenschiff durch Aufrichten des Dachgebälks gleichsam als Rahmenkonstruktion standfest fertiggestellt ist. Die Böcke wären demzufolge in sauber abgebundener Arbeit herzustellen. Der Hauptstiel zugfest mit dem Grundbalken verbunden, durch Aufbringen einer Steinauflast von etwa 2 m^3 gegen Abheben und durch Festlegen gegen jede Verschiebung gesichert. Aufstellung vorsichtig, um die Arkadenwand nicht zu gefährden. Die Hauptstreben etwa 20 - 22 cm stark. Die beiden Böcke am Mauerwerk fest anliegend und auf einer durchgehenden, zusammenhängenden Grundschwellenlage aufgestellt; diese in waagrechter Ebene durch (sonst festgelegte) Eichenholzkeile nachkeilbar. Die ganze Konstruktion wäre wetterfest zu imprägnieren und von Zeit zu Zeit auf ihre Wirksamkeit nachzuprüfen, erforderlichenfalls nachzurichten. Inwieweit eine Erneuerung der Säulen notwendig wird, kann später entschieden werden.

b) Anschlußteile:
Beim Abstützen der s. Hochschiffwand empfiehlt sich im besonderen auch (wie angedeutet) eine Absteifung des Vierungspfeilers, Pfeiler 4), obwohl seine Neigung nicht sehr stark und gegen die Querhauswand gerichtet ist. Deutlich ist eine Abknickung auch bei der benachbarten Säule 3b), während sich in der Gegend der Säule 3a), einem Drehpunkt früherer Bewegungen, die Wand ungefähr lotrecht zeigt. Ein durchgehender Längsriß, der den Übergang vom vorgeneigten zum zurückgeneigten Teil der Wand anzeigen könnte, findet sich schon vor Pfeiler 3) im jetzt bereits schwach nach N geneigten Teil und ist nicht besonders ausgebildet. Die Sicherung des Vierungspfeilers wäre vorläufig durch Abstützen und Anheften an das Profilträgernetz, später an die massive Seitenschiffdecke zu erreichen. Außerdem Vergießen der gelockerten Fugen, soweit heranzukommen. Für später muß eine Mörteleinspritzung unter Druck vorgesehen werden, um ihn wieder genügend standfest zu machen. Überhaupt wird geraten, die alten Pfeilervorlagen an allen Vierungspfeilern unter den Vierungsbögen wiederherzustellen, und zwar mit sorgfältiger Ein-

bindung in das alte Mauerwerk bei knirschen Fugen, da anders eine genügende Standfestigkeit zum Aufbau eines Vierungsturmes nicht erreichbar sein wird.

Ebenso empfiehlt sich gleichzeitig die Verspannung des Pfeilers 1) (an der eingebauten alten Säule) mit dem ihm gegenüberstehenden Reststück der n. Hochschiffwand. Diese Verspannung durch einen hohen räumlichen Gitterträger darf zunächst nur leicht angekeilt werden und muß sich selber tragen durch Abstützung auf den Fußboden. Er muß in sich genügend knicksteif oder durch seitliche Verstrebungen gehalten sein.

3.) Westliche Seitenschiffquadrate:
Sein Wirksamwerden setzt unbedingt voraus, daß trotzdem sowohl das s. wie das n. ebenfalls noch stehende Seitenschiffquadrat vorläufig wiederhergerichtet werden. Beide Bauteile sind stark gerissen.

a) Am sw. Quadrat wäre zunächst durch Abstützen oder Umschnüren dafür zu sorgen, daß die weiteren Arbeiten ungefährdet ausgeführt werden können. Dazu Ausfüllen von Rissen, soweit zum Anbringen einer Ankerverspannung nötig, Einziehen einer Ankerlage, Doppelanker beiderseits der ö. Wand (Pfeiler 1), Vergießen der Risse,, später Auspressung.

b) Das nw. Seitenschiffquadrat ist durch unorganischen Anbau der zerstörten. Seitenkapellen besonders gefährdet. Hinzu kommt, daß hier die Fundamente sehr schlecht sind und ebenfalls notwendigerweise zur Sicherung dieses Bauteils alsbald wieder hergerichtet und voll verbunden werden müssen. Zuvor Notsicherung im oberen Teil wie bei a) durch Anker oder Umschnürung und Vergießen der Risse; später ebenfalls Auspressung.

4.) Weitere Notsicherungsmaßnahmen:
Wenn auch durch den Beginn des Einsturzes der S-Kapellen und das stetige beträchtliche Weiterneigen der s. Hochschiffwand eine Notsicherung dieser Teile nunmehr vordringlich ist, so zeigt doch die vorbeschriebene Untersuchung, daß hierdurch auch weitere angrenzende Bauteile berührt werden, so daß deren Notsicherung ohne Verzug angeschlossen werden muß, wenn die begonnenen Arbeiten Erfolg haben sollen. Darüber hinaus kann aber auch die Notsicherung aller übrigen noch stehenden alten Bauteile des Domes nicht länger zurückgestellt werden, da auch bei diesen der augenblickliche Zustand einen hohen Grad von Gefährdung erreicht hat. Denn ähnlich wie nach früher Gesagtem der Einsturz eines Teils das Nachstürzen anderer hervorruft, so erweisen sich auch die Sicherungen als gegenseitig bedingt.

Zwischen den sich nach außen neigenden Chorwänden ist die unter A erwähnte bisherige Verspannung nachzurichten und zu verbessern.

Die Reste der Querhauswände sind in sehr schlechtem Zustand und müssen nach Abtrag geringer Teile von unten her ausgebessert werden. Vor allem empfiehlt sich auch die Ausfüllung des nö. Teils, der an den ö. Vierungsbogen anschließt, von unten her, wobei die Bögen gleich fertig wiederhergestellt oder in entsprechende gewölbte Aussparungen später eingesetzt werden können.

Da das Nordparadies noch verhältnismäßig gut erhalten ist, obwohl in letzter Zeit die Schäden besonders an den Oberkanten der Wände sich vermehrt haben, ist seine Überdeckung zumindest durch ein Notdach angebracht. Durch Ausführung einer s. Abschlußwand - vielleicht $^1/_2$ Stein zwischen stärkeren Pfeilern - wäre ein zweiter guter Lagerraum für leichtere Lasten zu gewinnen, wenn auch die Gewölbe in Ordnung gebracht und die Fenster wenigstens verbrettert werden.

Auf eine Kontrolle und etwa nötige Verbesserung der Blechabdeckungen zwischen den Türmen, über der Krypta und im Kreuzgang wird hingewiesen.

Empfehlenswert dürfte über die bisherige Absperrung hinaus eine wirksame Vergitterung aller Zugangsmöglichkeiten einschließlich der Fenster sein, nicht nur wie jetzt zur Verhütung von Unfällen von Besuchern, sondern auch zur Verhinderung von Schäden an den Sicherungsvorkehrungen und weiteren Diebstählen. Wirksam würden diese Absperrungen aber erst durch Einsetzen einer ständigen Wache außerhalb der Arbeitszeit.

C. Reihenfolge der Notsicherungsmaßnahmen:
Aufstellen von Bauzaun und Fenster- und Türverschlägen, Einrichten einer Wache.

1.) Für S-Kapellen:
Aufstellen eines Lehrgerüstes unter Kapelle 4), Absteifen ihrer O-Wand und ihres n. Begrenzungsbogens,
Abstützen des Vierungspfeilers 4) und der anschließenden Querhauswand von O her.
Wiedereinbau des herabgestürzten NO-Viertels und Ausbesserung der übrigen $^1/_4$ dieses Gewölbes.
Einbringen von eisernen Begrenzungsträgern an der n. und ö. Gewölbekante oder von Rundeisenankern zur Festhaltung der NO-Ecke. Anschließend Wiederherstellen des 3., 2. und 1. Gewölbes mit demselben Lehrgerüst, dazu jedesmal Absteifen des betreffenden n. Begrenzungsbogens. Ausgießen der Mauerspalten.
Ersatz der obersten Mauerschichten der Begrenzungswände durch gut zusammenhängende Eisenbetonbalken (Kranz oder Rost) zwecks Zusammenhalts der Wände und zur Auflagerung der 5 Absteifungsträger für die s. Hochschiffwand sowie der Deckenträger der späteren massiven Deckenplatte über dem Seitenschiff. Lagern der vorhandenen alten Seitenschiff-Gesimssteine, soweit noch brauchbar. Einzelne Ausbesserungen an den Giebeldreiecken.
Wiederherstellung des sw. Eingangsquadrats, Sicherung des sö. Eingangsquadrats und der anliegenden Querhauswand.

2.) Für s. Hochschiffwand:
Aufstellen der beiden Stützböcke an den Pfeilern 2) und 3). Vorsichtiges Lösen und Abwerfen einiger überhängender Steinschichten vom Rest des w. Vierungsbogens am Pfeiler 4).
Aufstellen einer Absteifung an der N-Seite des Pfeilers.
Einbringen und Befestigen der Profilträger- und Rundeisenankerlage für die Absteifung der s. Hochschiffwand, Einzementieren dieser Eisenlage an der s. Hochschiff- und der anstoßenden Querhauswand.
Ausgießen von offenen Fugen am Vierungspfeiler 4) und der Querhauswand.
Abnehmen der Stützböcke östlich von Pfeiler 4) und Querhauswand.
Schuttbeseitigung dort.

3.) Für w. Seitenschiffquadrate:
Aufstellen des räumlichen Gitterträgers.
Am sw. Quadrat Arbeiten gleichzeitig mit Hochschiffwand, und zwar Untersuchen des Aufbaues, Verfüllen von Rissen, Anbringen erforderlicher Absteifungen und Hilfsverankerungen. Ausgießen der gesamten Risse.
Am nw. Quadrat. Anbringen der Vorsicherung ähnlich wie am sw. Quadrat, Untersuchen der Fundamente, ihre Ausbesserung und Vervollständigung.
Einbringen der erforderlichen Notsicherung: Ankerlage oder Umschnürung, Vergießen der Risse. Wo nötig Ausbesserung des Mauerwerks am Anschluß der früheren N-Kapellen und des nw. Eingangsquadrats.

4.) Für weitere Notsicherungsmaßnahmen:
Am Chor Wiederherstellen und Ergänzen der früher ausgeführten Verspannung
(s. Bericht 1, Blatt W1).
Am Querhaus und Nordparadies Ausmauerungen, im besonderen Aufmauern der Lücke zwischen 8. Vierungsbogen und Nordparadies, Herstellen einer verzahnten Verbindung zwischen Querhauswand und Nordparadies. Erwünscht. Abschlußwand, Dach- und Gewölbeausbesserung am Nordparadies.

5.) Allgemein:
Als Abschluß jedes Notsicherungsabschnittes Abräumen der Mauerkronen und Abdecken mit Schutzestrich und Schutzanstrich.
Anstrich der freiliegenden Eisenteile mit Mennige und Deckfarbe. Gute Abführung aller Niederschlagswässer vom Bauwerk sehr wichtig. Sorgfältige Abstützung bei allen im Gange befindlichen und noch folgenden Ausgrabungen. Gutes Wiederverfüllen der Gruben durch Einschlämmen und Einstampfen. Wo nötig, zuvor ordnungsgemäßes Ausbessern schadhafter Fundamente.
Den zahlreichen Gräbern innerhalb des Bauwerks und außerhalb im Bereich seiner Fundamente ist besondere Aufmerksamkeit zu widmen, damit die durch die Bodenlockerung gegebene Gefahr für den Bestand des Domes ausgeschaltet wird.

D. Schlußbemerkung.
Es ist bekannt, daß sich nach allen älteren Erfahrungen auch umfängliche Sicherungsmaßnahmen wesentlich billiger stellen als Abbruch und Neubau, wobei noch entscheidend die Erhaltung des wertvollen alten Kunst- und Kulturbesitzes hinzukommt, der mit neuen Mitteln, zumal bei Bauten des Gottesdienstes, wohl nicht gleichwertig ersetzt werden kann.

Nach Durchführung der vorstehend beschriebenen Notsicherungsmaßnahmen kann bei ihrer sorgfältigen, dem Zustand des Baues angepaßten Herstellung und ihrer weiteren ordnungsgemäßen Unterhaltung mit einem Bestand der noch vorhandenen Reste des Domes für eine Reihe von Jahren gerechnet werden. Wenn eine Wiederherstellung unter Benutzung der Reste des alten Dombaues alsbald in Aussicht steht, können diese Arbeiten in die endgültige Sicherung und Wiederherstellung einbezogen werden, wobei z. B. Anker und Profileisen, die nach der endgültigen Fertigstellung wieder entfernt werden können, durch bloße Abstützungen ersetzt, mehr behelfsmäßig ausgeführt oder gleich durch endgültige Maßnahmen erübrigt werden können. Die Gefährdung der sämtlichen alten Bauteile erfordert jedoch die vollständige und sorgfältige Durchführung aller Sicherungen. Der Beginn der Erhaltungsmaßnahmen ist unaufschieblich, wenn der jetzige Bestand - im besonderen die Hochschiffwand - erhalten werden soll.

gez. Wiegand

6. Gutachten von Joseph Bohland sen. zur karolingischen Anlage des Domes

Hildesheim, d. 11. Mai 1951

Zur Frage der Wiederherstellung der karolingischen Vierung des Domes zu Hildesheim.

1) Bestand:

Nach den eingehenden Untersuchungen ist von dem Bau Altfrieds (852) im aufgehenden Mauerwerk die Vierungskrypta vollständig, von den Querschiffen nach dem Unglück von 1945 erhalten:
a) Die Nordwand des nördl. Querschiffes in ca. 5 m Höhe.
b) Die Ostwand des nördl. Querschiffes teilweise in ca. 10 m H.
c) Die Ostwand des südl. Querschiffes in ca. 10 m Höhe.
d) Die Westwand des südl. Querschiffes in ca. 6 - 10 m Höhe.
e) nördl. und südl. Wand des Chorquadrates in ca. 10 m Höhe.
f) Die östl. Vierungspfeiler, die die Ecken der Querschiff- und Chorwände bilden in ca. 10 m Höhe.
g) Der südwestl. Pfeiler, der mit der westl. Wand des südl. Querschiffes und der Langarkadenwand in Verband steht.

Vollständig zerstört sind:
Nordwestl. Vierungspfeiler bis zur Vierungskrypta, nordwestl. Querschiffwand, südl. Wand des südl. Querschiffes.

2) Bedeutung:

Nach dem Stande der heutigen Forschung ist dieser karolingische Baubestand in Deutschland einzigartig. Alle übrigen Anlagen sind entweder nur in den Fundamenten oder im aufgehenden Teil sehr stark verändert auf uns gekommen.
Neben der Seltenheit der Anlage ist die Bedeutung der Vierung im kirchlich-archaelogischen Sinne höher zu werten: Die Hildesheimer Anlage ist das einzig erhaltene Beispiel einer kreuzförmigen, nicht ausgeschiedenen Vierung mit gleichhohen Mittelteil und Kreuzarmen. Besonders aber wird die Hildesheimer Anlage durch das durchgehende Querhaus ausgezeichnet: Die Form der Gottesmutterkirche (Nicht Marienkirche schlechthin)
(Ergebnisse der wissenschaftlichen Untersuchungen liegen vor)

Aber auch in bautechnischer Hinsicht ist der erhaltene Teil der Hildesheimer Anlage , weil unverändert überkommen, ein monumentales Zeugnis der karolingischen Hochbauten; und eben darum, weil uns aus dieser Zeit alle Belege fehlen, eine wichtige Urkunde allerersten Ranges.
Die antike Ingenieurkunst, von den karolingischen Baumeistern hier angewendet, ist in dieser Klarheit sonst in Deutschland nicht erhalten. Die Substanz dieser eigenartigen Quadertechnik ist ebenso wertvoll, wie die Form der gesamten Anlage.
Mit der Zerstörung dieser letzten erhaltenen Anlage würde ein einzigartiges Denkmal vernichtet und damit ein für alle mal der wissenschaftlichen Erkenntnis entzogen werden.

Es ist zu bedenken, dass die Wertminderung sich nicht nur auf die Vierungspfeiler allein erstrecken würde, sondern auch durch die Aufhebung des Verbandes dieser Pfeiler mit der Vierungskrypta und den Querschiffwänden der karolingische Gesamtcharakter der Ostanlage im wesentlichen zerstört [würden].

3) Erhaltungszustand:

Durch den Brand von 1945 haben die Vierungspfeiler mehr oder weniger stark gelitten. Von den Sandsteinquadern sind durch die Hitze Schalen abgesprungen, z. T. sind die Quader geborsten. Diese Schäden sind besonders im unteren Teil der Pfeiler entstanden.

Offene senkrechte Fugen erwecken den Anschein eines gestörten Verbandes der Quader. Die Eigenart der karolingischen Bautechnik, Lagerflächen fast plan, senkrechte Stossflächen dagegen stark konvex zu bearbeiten und die entstehenden linsenförmigen Hohlräume beim Versatz zu vergiessen, lässt, wenn der Füllkalk ausgewaschen ist, den oben geschilderten Eindruck entstehen.

Die Tragfähigkeit der Quader weist Dipl. Ing. Wiegand in seinem Gutachten vom 21.4.51 nach. An zwei weiteren Beispielen ist die Tragfähigkeit noch zu belegen:
1. In St. Michael sind im südwestl. Teil der südl. Langschiffwand 2 Pfeiler und 4 Arkadenbögen mit grossen Teilen des Mauerwerkes durch den Brand von 1183 in gleicher Weise beschädigt worden. Sie sind um 1200 ausgeflickt und sehr dick mit Mörtel übersetzt. Auch heute, nach dem Brande von 1945 mit neuen dazugekommenen Brandschäden, hat man es nicht für erforderlich gehalten, diese Teile durch Beton zu ersetzen.

2. In Fredelsloh ist die Kirche um 1280 abgebrannt und die Quadersteine wurden in gleicher Weise wie im Dom beschädigt. Da man seinerzeit aus Geldmangel nur den östl. Teil der Kirche wiederherstellte, blieb der Westteil bis heute im verbrannten Zustande stehen, hat also ohne Eingriffe fast 600 Jahre überdauert.

4) Vorschläge zur Erhaltung:

Vorweg ist zu bemerken, dass in Besprechungen mit Herrn Architekt Fricke und dem Grafen Metternich und Prof. Deckert ausdrücklich festgelegt wurde, dass alle alten Teile soweit überhaupt möglich, erhalten werden sollten, da diese wertvollen Teile neben dem karolingischen Grundriss die Ursache des Wiederaufbaues des Domes in alter Form waren und ein Neubau in veränderter Form abgelehnt wurde. In eben dieser Besprechung gab auch Architekt Fricke die Versicherung, dass für die heutige Technik mit den Mitteln der Injektion, Torquettierung, Pressung usw. die Erhaltung der alten Substanz kein Problem sei.

Ob die verbrannten Quader durch neue zu ersetzen sind, oder diese, nach Abmeisselung der zerstörten Teile diese durch Ziegelmauerwerk ersetzt werden, muss den Fachleuten überlassen werden. In Michael sind beide Techniken praktiziert. Auch die Art der Auspressung der Fugen mit Zement ist möglich. Die Tragfähigkeit der so behandelten Pfeiler weist Dipl. Ing. Wiegand nach. In St. Michael wird ein massiver Vierungsturm auf die Vierungspfeiler gesetzt, während am Dom diese nur einen weit leichteren hölzernen Turm zu tragen haben. (Bis in das 18. Jh. trugen die Vierungspfeiler des Domes einen hohen massiven Turm, der im 12. Jh. aufgeführt wurde und im 18. Jh. wegen Baufälligkeit im oberen Teile, abgetragen wurde.)

Die Art der Wiederherstellung der Vierungsbögen, in Beton oder Ziegelstein oder Werkstein oder in Kombination ist Sache des Architekten, für die Denkmalpflege ohne grundsätzliches Interesse.

Die Frage der Vierungsdecke könnte in diesem Zusammenhange geklärt werden, um unnötige Arbeit zu sparen. Vom Standpunkt der Denkmalpflege, besonders in Hinsicht der Wiederherstellung des ursprünglichen karolingischen Raumeindruckes, ist eine

Flachdecke zu empfehlen, da eine flache Kuppel nicht nur in dieser Konzeption störend wäre, sondern auch wegen fehlenden Lichtes nicht als Kuppel, sondern als dunkle Fläche in Erscheinung treten würde.

Der Vorwurf, dass die Wiederherstellung der karolingischen Vierungspfeiler erhebliche Mehrkosten verursachen würde, müsste, falls dieses zuträfe, angesichts der Bedeutung der Vierungspfeiler in Kauf genommen werden. Wenn schon von Seiten der Denkmalpflege die Herstellung der Säulen der Langschiffarkaden in Beton (besonders der Säulen der alten Südwand) gutgeheißen wurde, um Kosten zu sparen, so wäre hier die Gelegenheit gegeben, mit der Wiederherstellung der Vierungspfeiler dieses Entgegenkommen und Verständnis der Denkmalpflege für praktische Belange anerkennend zu erwidern.

Solange die Möglichkeit besteht, die alten Vierungspfeiler mit irgendwelchen Mitteln in ihrer Substanz zu erhalten, kann weder von Seiten der Denkmalpflege noch von Seiten der Kunstwissenschaft dem Ersatz derselben durch Beton oder Ziegelstein zugestimmt werden.

Für die Belange der Denkmalpflege: gez. Joseph Bohland

Für die Feststellungen der wissenschaftlichen Untersuchungen: gez. Josef Bohland jr.

Anhang 2

Jens Klocke, Markus Schuhmacher

Zur Restaurierung dreier Dommodelle der Nachkriegszeit

Die in der Ausstellung zum Wiederaufbau gezeigten Modelle aus der Nachkriegszeit lagerten seit Jahrzehnten auf dem Dachboden. Teile der Modelle waren demontiert, andere sind verloren gegangen. Die Modelle hatten ihren Zweck erfüllt und waren nach Beendigung der Bauarbeiten in Vergessenheit geraten.
Studenten des Studienganges Restaurierung an der Fachhochschule Hildesheim / Holzminden bearbeiteten die Dommodelle im Vorfeld der Ausstellung.

Die Arbeiten beschränkten sich auf konservatorische Maßnahmen. Es sollte der "Ist-Zustand" erhalten und nur Festigung und Reinigung vorgenommen werden. Es wurden nur konstruktiv notwendige Ergänzungen ausgeführt, um die Modelle in der Ausstellung präsentieren zu können. Von Schönheitsreparaturen wurde abgesehen, um Alterungsspuren sichtbar zu lassen und den Aspekt des Vergessens dem Ausstellungsbesucher erfahrbar zu machen.

1. Modell für die Außenansicht

Das weißgefaßte Modell, weist eine detailliert ausgearbeitete Oberfläche auf. Es besteht aus verschiedenen Holzwerkstoffen, die mit einer niveauausgleichenden Grundierung und einem weißen Anstrich überzogen wurden. Das Erscheinungsbild metallgedeckter Dächer imitierte der Modellbauer durch Fäden, die er vor dem weißen Anstrich auf die Grundierung klebte.
Die Baluster am Turm bestehen aus Formteilen, die aus einem brüchigen Material hergestellt sind.

Zustand vor der Konservierung

Neben dem verlorengegangenen Westwerk des Modelles, einiger fehlender Baudetails, wie Maßwerkfenster, Kreuzblumen, Profile und anderem stellte der Erhaltungszustand der Fassung eine konservatorische Herausforderung dar (Abb. 169-171).
Die Farbschicht und die Grundierung, sowie die Fäden auf den Dächern lösten sich vom Untergrund bis zu einigen Millimetern hoch ab. Teile der Fassung waren bereits abgefallen und bei Berührung oder Erschütterung wären weitere Verluste unvermeidlich gewesen. Zudem bedeckte ei-

Abb. 169 Modell 1 Vorzustand, starke Verschmutzung und Wasserschaden

ne starke Schmutzschicht die Oberfläche. Schmutz und Feuchtigkeit sind stellenweise in die Fassung eingedrungen und haben Verfärbungen verursacht (Abb. 169).

Die Durchführung der Maßnahmen

Im Sinne einer Bewahrung des historisch gewachsenen Zustandes sollte nur der vorhandene Bestand gesichert und konserviert werden.
Der Schmutz ließ sich weitgehend mit einem kraftreduzierten Staubsauger und weichen Pinseln entfernen. Anschließend fand eine trockene Reinigung mit einem Radierschwamm aus vulkanisiertem Latex statt. Fragile Stellen wurden erst nach Festigung der Fassung gereinigt.
Um die Bildung von Wasserrändern zu verhindern erhielt die Fassung einen Auftrag von Cyclododekan in Testbenzin. Dieser flüchtige Feststoff bewirkt, daß die Oberfläche der Farbe vorübergehend wasserabweisend wird.
Die Fassung konnte mit Hilfe von Hausenblasenleim, einem klaren, wasserlöslichen tierischen Leim niedergelegt werden. Mit Injektionsspritze und Pinsel wurde der Leim unter die Farbschollen gebracht. Die zuvor spröden Farbschollen erhielten durch die eingebrachte Feuchtigkeit die erforderliche Flexibilität um sie mit einem Heizspachtel niederzulegen.
Sehr gefährdete Partien bekamen zuvor eine Sicherungsabklebung mit Japanpapier, die erst nach der Behandlung entfernt wurde.
Abgefallene Holzteile und die Bruchstücke der Turmbalustrade wurden mit Fischleim befestigt.

2. Das holzsichtige Modell

Das größte Dommodell war ursprünglich nur auf Innenansicht konzipiert und weist in der Grundplatte mittig ein Loch auf, durch das der Innenraum erfahrbar gemacht wurde. Es ist nahezu vollständig erhalten und besitzt drei verschiedene Deckenvarianten und einige im Inneren "variierbare Ausstattungsgegenstände". Die wichtigsten Werkstoffe des Modelle sind Tischlerplatten, Multiplexplatten, Sperrholzplatten und einige massiv verarbeitete Hölzer. Die Verbindungen wurden mit einem synthetischen Leim gearbeitet, jedoch sind die statisch beanspruchten Verbindungen geschraubt oder auch gedübelt. Das Modell besteht aus sieben größeren Bauteilen, dem Westwerk, dem östlichen Seitenschiff, dem südlichen Seitenschiff, der östlichen Hauptschiffwand, der südlichen Hauptschiffwand, dem Querhaus und dem Chor. Alle weiteren Bauteile, wie Decken oder auch Emporen sind variabel einsetzbar.

Schäden

Nach dem alle Teile gesichtet und zugeordnet wurden, konnte ein Überblick über die verschiedenen Gruppen von Schäden gewonnen werden.
Zahlreiche Teile hatten sich gelöst oder waren vollständig verlorengegangen.
Alle Teile des Modells waren stark verschmutzt, so daß die originale Oberfläche kaum mehr sichtbar war (Abb. 172).
In der Vergangenheit hatte man aus der Grundplatte des Langhauses eine rechteckige Tafel herausgeschnitten. Zwei der Deckenplatten für das Mittelschiff sind verlorengegangen. Erhalten sind nur Teile der Profile. Im übrigen ist das Modell erstaunlich komplett.

Festigung aller gelösten Teile und Reinigung der Oberfläche

Die gelösten Elemente wurden mit Fischleim verleimt, um eine Reversibilität zu gewährleisten. In die Fehlstelle der Grundplatte wurde mit einer nicht verleimten Lamello-Verbindung eine Tischlerplatte in gleicher Stärke eingefügt.
Zahlreiche, als Einzelteile vorhanden Profile, konnten zwei weiteren Deckenvarianten des Hauptschiffes zuge-

Abb. 170 Modell 1 Vorzustand, abgelöste Fassung und Verschmutzung am Dach des Seitenschiffes

ordneten werden, deren Grundplatten fehlen. Aufgrund der noch vorhandenen Decke des Hauptschiffes wurden zwei neue Deckenplatten in gleicher Größe gefertigt und die vorhandenen Profile mit Fischleim darauf fixiert. Fehlstellen dieser Decken wurden sichtbar gelassen und durch Anrißlinien aller Teile sollte der Betrachter gedanklich den ursprünglichen Zustand der Decke nachvollziehen können.

Die Oberfläche wurde zuerst mit Staubsauger und weichen Pinseln von losem aufliegenden Staub und Verunreinigungen befreit. Tiefer in der Oberfläche des Holzes festsitzender Staub wurde mit einem Trockenreinigunsschwamm aus vulkanisiertem Latex entfernt. Farbspritzer und plastisch aufliegende Verschmutzung wurde mit Hilfe eines Skalpelles abgenommen oder stark reduziert ohne die Oberfläche zu beschädigen.

3. Modell, Teil des Hauptschiffes mit Kassettendecke und Orgel

Das Modell ist wie das erste nur auf Innenansicht konzipiert, daher befindet sich auch hier im Boden mittig ein "Guckloch". Es besteht aus einer Grundplatte, drei Seiten und einer kassettierten Decke. Unter den Gurtbögen befanden sich ursprünglich eingestellte gefaßte Säulen aus Gips, von denen sich nur wenige, teilweise in Fragmenten erhalten haben. Der Orgelprospekt in der linken Seitenwand ist mit Schrauben befestigt und kann gegen andere Orgelmodelle ausgetauscht werden. Heute sind nur noch zwei Varianten der Orgel vorhanden.
Das Modell besteht aus einer Rahmenkonstruktion mit nach außen aufgeleimter Sperrholzplatte. In die Fenster ist Glas eingesetzt.
Zu diesem Modell gehört eine Kassettendecke, die aus Stuckbausteinen in Holzrahmenwerk besteht. Die Wände der Innenseite sind grundiert und mit weißer Farbe überzogen, die Stuckdecke ist differenzierter in grün und schwarz gefaßt.

Das Modell, dessen Bestandteile einzeln vorlagen, wurde im Wesentlichen wie die beiden Vorangegangenen behandelt und zusammengesetzt.

Abb. 171 Modell 1 Vorzustand, abgelöste Farbschollen am Seitenschiff

Abb. 172 Modell 2 Reinigungserfolg bei einem Deckensegment

Mitarbeiter am Projekt:
Claudia Ciossek, Jens Klocke, Josef Meiler, Christine Ramsl, Markus Schuhmacher, Melissa Speckhardt

Katalog

Kat. Nr. 1

Trümmerpläne

Als Grundlage für die Ausarbeitung der Wiederaufbauentwürfe wurden von der Staatlichen Bauleitung für den Dombereich Trümmerpläne erstellt, in denen die noch aufrecht stehenden Mauerreste des Domes erfaßt sind. Die Pläne enthalten keine Aussage darüber, in welchem Zustand sich diese Trümmer befunden haben.

Kat. Nr. 1. 1

Grundriß

583 x 867 mm
Lichtpause, M 1:100
Aufgestellt 1948, Staatl. Bauleitung für den Baubereich Hildesheim
HStA Hannover, Plansammlung, Mappe 756, Bl. 1.

Der Grundriß vermittelt eindringlicher als jede Photographie einen Eindruck vom Zerstörungsgrad des Domes. Die nördliche Mittelschiffswand des Langhauses und die Wand des nördlichen Seitenschiffes waren vollkommen vernichtet. Von der Außenwand der nördlichen Kapellenreihe standen noch wenige Reste, von denen später wegen akuter Einsturzgefahr die Nordwestecke und die noch stehenden Reste des dritten Kapelle abgetragen werden mußten. Am besten erhalten waren das Westwerk und die südlichen Kapellenreihe.
Gerade dieser Grundriß kann erklären, warum bei den Wiederaufbauvorschlägen von Felix Collorio und Jan Wilhelm Prendel eine asymmetrische Saallösung für das Langhaus diskutiert wurde. Unter Respektierung der alten Außenflucht konnte so unter Bezugnahme auf die noch stehenden Teile ein möglichst großes und lichtes Langhaus für den Dom geschaffen werden.

Kat. Nr. 1. 2

Grundriß des Domes und Kreuzganges

326 x 650 mm
Tusche auf Transparentpapier, M 1:200
Aufgestellt 1948, Staatl. Bauleitung für den Baubereich Hildesheim
HStA Hannover, Plansammlung, Mappe 756, Bl. 2

Die Grundrißskizze gibt einen Überblick über die Zerstörungen im engeren Dombezirk. Beim Kirchengrundriß sind zusätzlich noch die vorgefundenen Basen einzelner

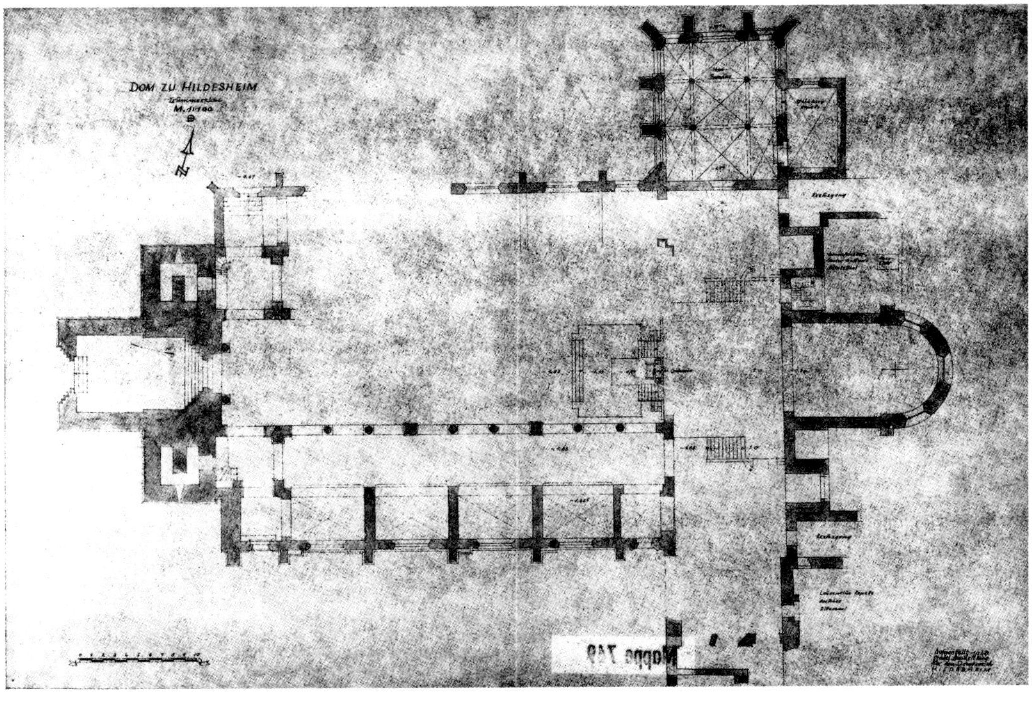

Kat.Nr. 1. 1

Säulen und Pfeiler der nördlichen Mittelschiffswand im Langhaus eingetragen. Vollkommen zerstört ist der nordwestliche Vierungspfeiler. Als Räume erhalten geblieben sind außer der Krypta das Nordparadies mit seinem Gewölbe, die kleine Annenkapelle und die Steinbergkapelle an der Nordseite des Kreuzganges, das Erdgeschoß des Kreuzganges mit seinem Gewölbe, die Annenkapelle in der Mitte des Kreuzganges und die Laurentiuskapelle. Die Sakristei und die ehemals darüber liegende Schatzkammer waren vollkommen zerstört. Von der Antoniuskirche standen noch die Längswände, die Ostwand war nicht mehr vorhanden. Ebenfalls stark in Miteleidenschaft gezogen war der Ostflügel des Kreuzganggevierts mit der ehemaligen Choralei; von der ehemaligen Domschule an der Nordseite standen noch die Außenmauern.

Kat. Nr. 1. 3
Ansicht der Südseite

432 x 597 mm
Schwarze Feder auf Transparentpapier
Aufgestellt 1948, Staatl. Bauleitung für den Baubereich Hildesheim
HStA Hannover, Plansammlung, Mappe 756, Bl. 3

Auf dem Blatt sind die noch aufrecht stehende Südwand des Langhausmittelschiffes und die Außenwand der südlichen Kapellenreihe dargestellt. Bemerkenswerterweise sind bei der Kapellenwand nicht nur die barocken Fensteröffnungen, sondern auch die erkennbaren Reste der gotischen Fenster wiedergeben. Die Obergadenfenster des Langhauses zeigen noch die Gestalt, die sie bei der Barockisierung des Langhauses im ersten Viertel des 18. Jahrhunderts erhalten hatten.

Kat. Nr. 1. 4
Fassade des Nordparadieses

377 x 604 mm
Bleistift auf Transparentpapier, M 1:100
Aufgestellt 1948, Staatl. Bauleitung für den Baubereich Hildesheim
HStA Hannover, Plansammlung, Mappe 756, Bl. 4

Die Fassade des Nordparadieses war 1948 noch fast vollständig erhalten. Schäden waren am Maßwerk vorhanden und von den Krabben des Giebels fehlten einige wenige an der Spitze. Dementsprechend hat der Zeichner hier diese wenigen Schäden bereits ergänzt. Es handelt sich hier um den einzigen Plan aus dem Bestand der Trümmerpläne, der solche rekonstruierende Ergänzungen aufweist.

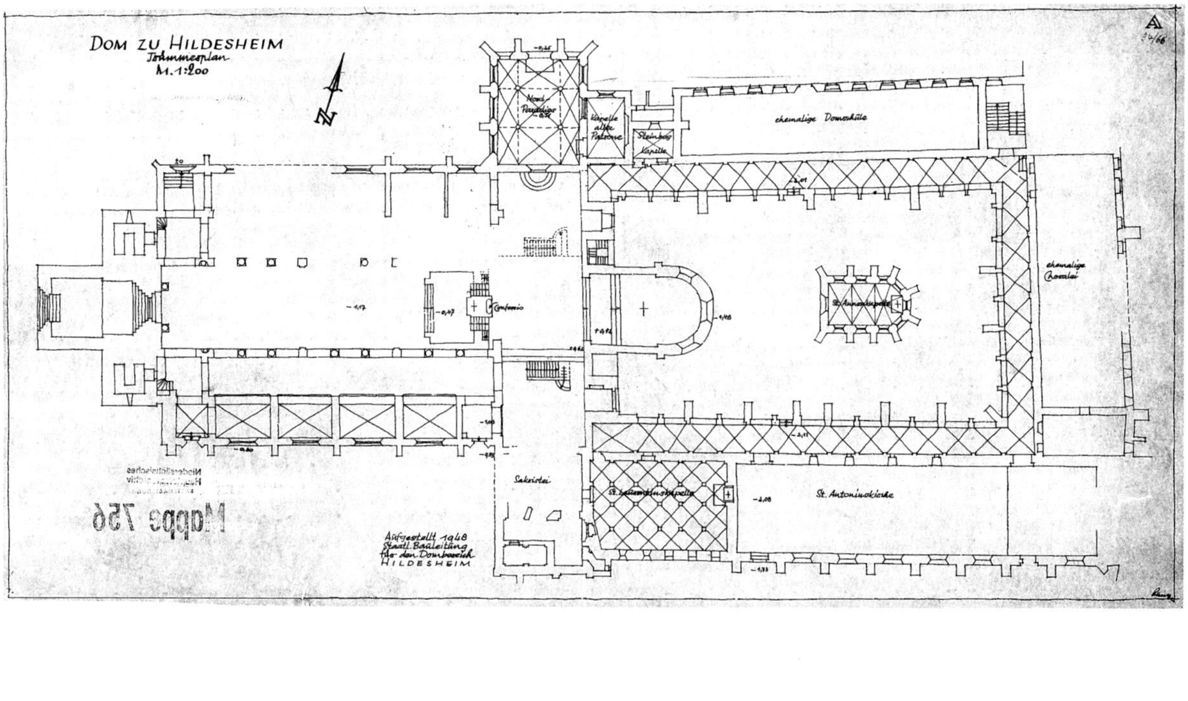

Kat.Nr. 1. 2

Kat.Nr. 1. 3 (oben)

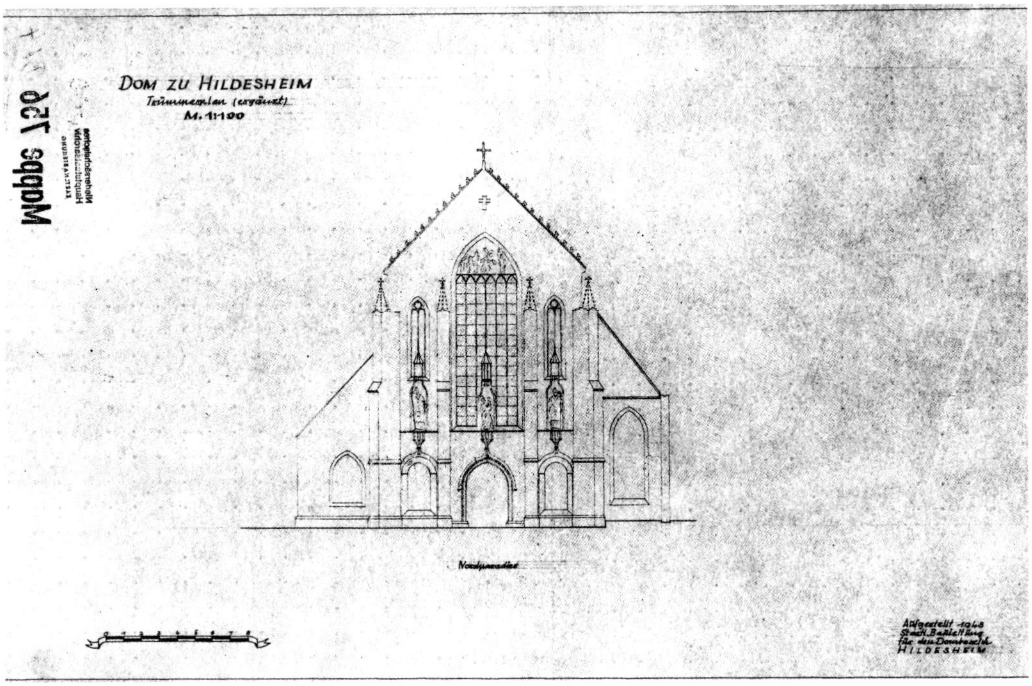

Kat.Nr. 1. 4

Kat. Nr. 1. 5

Fassaden des Nordparadieses und der Westfassade

472 x 437 mm
Bleistift auf Transparentpapier, M 1:200
1948
HStA Hannover, Plansammlung, Mappe 756, Bl. 5

Auf dem Übersichtsplan sind in verkleinertem Maßstab die Nordansicht des Nordparadieses und die Westansicht des Westwerks vereinigt. Der Plansatz im Maßstab 1:200 entstand wohl in Hinblick darauf, daß bei dem Wettbewerb 1948/49 zunächst nur Entwürfe im Maßstab 1:200 eingereicht werden sollten.

Kat.Nr. 1. 5

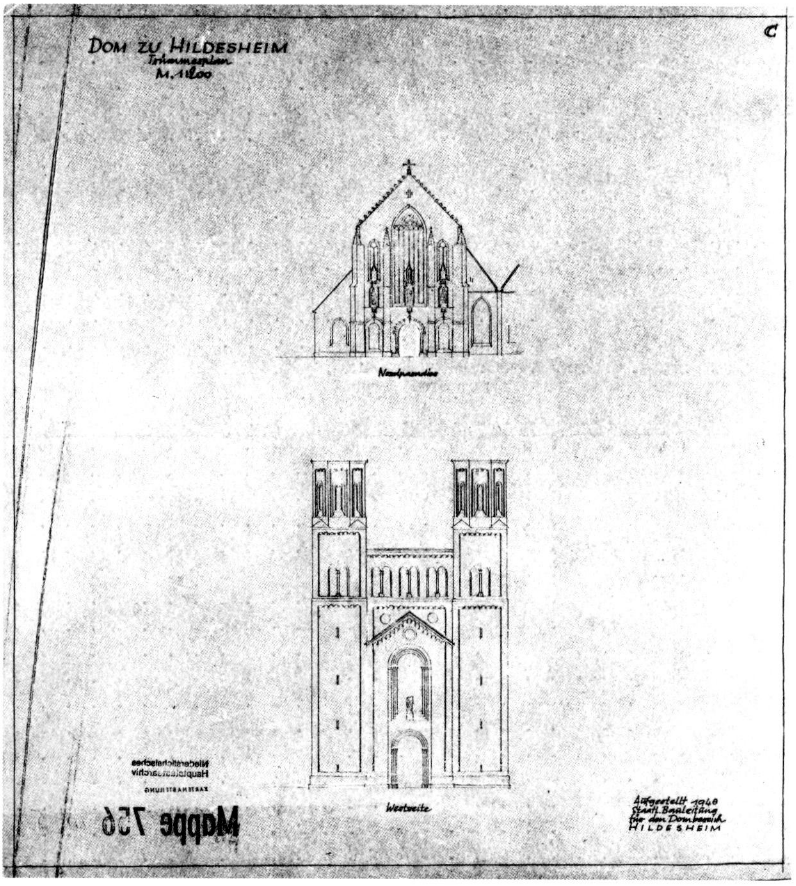

Kat. Nr. 1. 6

Westfassade

532 x 412 mm
Schwarze Feder auf Transparentpapier, M 1:100
1948
HStA Hannover, Plansammlung, Mappe 756, Bl. 6

Das Mauerwerk des Westwerks war von allen Bauteilen des Domes am besten erhalten. Die Turmstümpfe waren zwar ausgebrannt und die Wandoberflächen in den Treppenschächten stark brandgeschädigt; die Mauersubstanz als solche befand sich aber in einem vergleichsweise guten Zustand. Der Plan ist wie die anderen Blätter sehr summarisch. Es sind zwar die Gliederungen der Bauteile wiedergegeben, nicht aber die durch Materialwahl, Farbe und Bearbeitung erfolgte Differenzierung innerhalb der einzelnen Baukörper.

Kat. Nr. 1. 7

Ansicht Süd und Schnitt durch die Längsachse mit Blick gegen die südliche Arkadenwand

472 x 443 mm
Bleistift auf Transparentpapier, M 1:200
HStA Hannover, Plansammlung, Mappe 756, Bl. 7

Die Zeichnung gibt die noch stehende Südwand des Langhausmittelschiffes wieder. Nicht dargestellt sind die massiven Verformungen, die die Wand aufwies und die dazu führten, daß lange Zeit heftig darüber diskutiert wurde, ob diese Wand überhaupt erhalten werden könne. Es bestand aber auch keine Einmütigkeit hinsichtlich der Frage, ob die Wand überhaupt erhaltenswürdig sei. Zwar waren an ihren Oberfläche noch in erheblichem Umfang Reste der Stuckdekoration aus dem 18. Jahrhundert und der unterhalb der Obergadenfenster angebrachten Wandmalereien erhalten. Für deren Erhaltung fand sich aber nach der bisherigen Kenntnis kein Fürsprecher. Spätestens seit den Ausgrabungen von Joseph Bohland sen. und jr. wurde fast ausschließlich von einer Rückgewinnung des karolingischen Raumes gesprochen, die noch bedeutenden Reste aus dem 18. Jahrhundert wurden im Laufe des ersten Bauabschnittes des Wiederaufbaues vollends abgeschlagen.

Kat. Nr. 1. 8
Grundriß der Krypta

282 x 382 mm
Schwarze Feder auf Transparentpapier
1949
HStA Hannover, Plansammlung, Mappe 756, Bl. 8

Die Krypta war neben dem Nordparadies der einzige Raum im Dom, der nach dem Bombenangriff noch aufrecht stand. Die Gewölbe hatten dem Gewicht der herabgestürzten Trümmer von Chor, Querhaus und Vierung standgehalten. Bereits wenige Tage nach dem Angriff wurde am Altar der Krypta wieder die erste Hl. Messe gelesen. Schon 1947 wurden in der Krypta die vier westlichen Pfeiler ausgetauscht.

U.K.

Kat.Nr. 1. 7

Kat.Nr. 1. 8

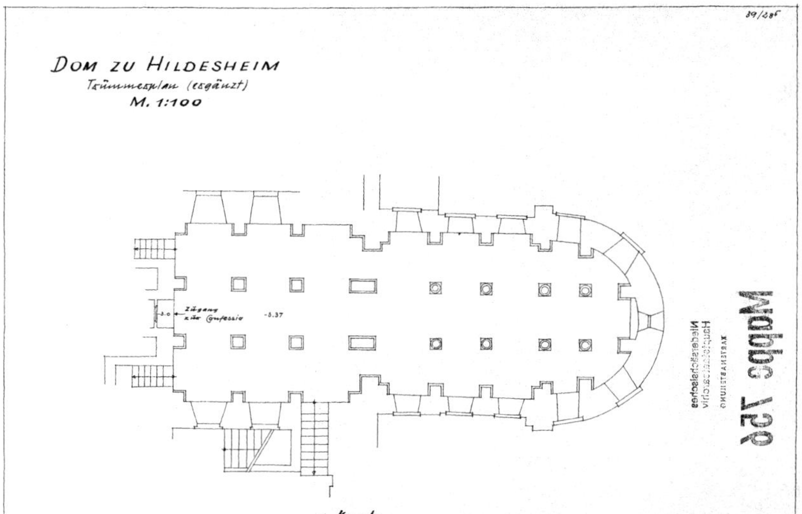

Kat.Nr. 1. 6

Kat. Nr. 2

Trümmerübersicht

421 x 600 mm
Lichtpause
Dipl. Ing. Wiegand
Bestandskizze 1948 und 1950
HStA Hannover, Plansammlung, Mappe 758, Bl. 5

Wiegand hatte seinem Überblicksgutachten vom 5. Mai 1948 eine Übersicht zu den Trümmern des Domes beigefügt, in der die von ihm vorgeschlagenen Sicherungsmaßnahmen, differenziert nach Dringlichkeitsstufen, eingetragen sind. Als er im Januar 1950 abermals zur Abgabe eines Gutachtens aufgefordert wurde, trug er in dem Plan von 1948 die inzwischen neu eingetretenen Schäden am Dom nach, korrigierte oder veränderte seine Sicherungsvorschläge von 1948, die bis dahin noch nicht ausgeführt worden waren, und ergänzte die von ihm erforderlich gehaltenen Sicherungen. Im Vergleich zu dem Gutachten von 1948 schlug er 1950 bei zahlreichen Wänden, insbesondere am Querhaus und am Chor die Abtragung großer Flächen vor, um deren drohenden Einsturz zuvorzukommen.

U.K.

Kat. Nr. 3

Überhang der südlichen Hochschiffwand

301 x 419 mm
Lichtpause, teilweise farbig angelegt
Dipl. Ing. Wiegand
18.01.1950
HStA Hannover, Plansammlung, Mappe 758, Bl. 1

Bereits im April und Mai 1948 waren die Ingenieure Wiegand und Felix Collorio beauftragt worden, Gutachten über die Standfestigkeit der noch aufrecht stehenden südlichen Mittelschiffswand abzugeben. Infolge der Währungsreform konnte das bis dahin noch nicht vorliegende Gutachten von Wiegand nicht fertiggestellt werden. Als am 25. Dezember 1949 das Gewölbe der östlichsten Kapelle der Südkapellen einstürzte, wurde Wiegand abermals beauftragt, ein entsprechendes Gutachten zu erstellen. Dieses lag am 18. Januar 1950 vor. Wiegand konnte aufgrund seiner Unterlagen von 1948 darlegen, in welcher Weise sich die Wand zwischen Mai 1948 und Januar 1950 verformt hat. Auf dem Plan ist der Überhang der Wand und die Durchbiegung bzw. Schrägstellung der Säulen dargestellt.

U.K.

Kat. Nr. 4

Konstruktionsskizze zu den Notsicherungsmaßnahmen an Südkapellen und südlicher Hochschiffwand

421 x 600 mm
Lichtpause mit Farbstift
Dipl. Ing. Wiegand
1950
HStA Hannover, Plansammlung, Mappe 758, Bl. 4

Als Ergebnis seines Gutachtens hat Wiegand einen Vorschlag zur Notsicherung der Südwand vorgelegt. Im Jahre 1950 war die Bereitschaft, diese bereits 1948 geforderten Sicherungen auch durchführen zu lassen groß, denn man hatte bei der Entscheidung über den Wiederaufbau des Domes unter anderem unter der Voraussetzung, daß diese erhalten gebliebene Mittelschiffwand auch tatsächlich erhalten wird Wilhelm Fricke den Bau übertragen. Die nach den Plänen von Wiegand errichteten Sicherungen wurden erst wieder entfernt, nachdem im ersten Halbjahr 1951 die nicht mehr standfesten Säulen der Südwand durch Betonsäulen ersetzt worden waren.

U.K.

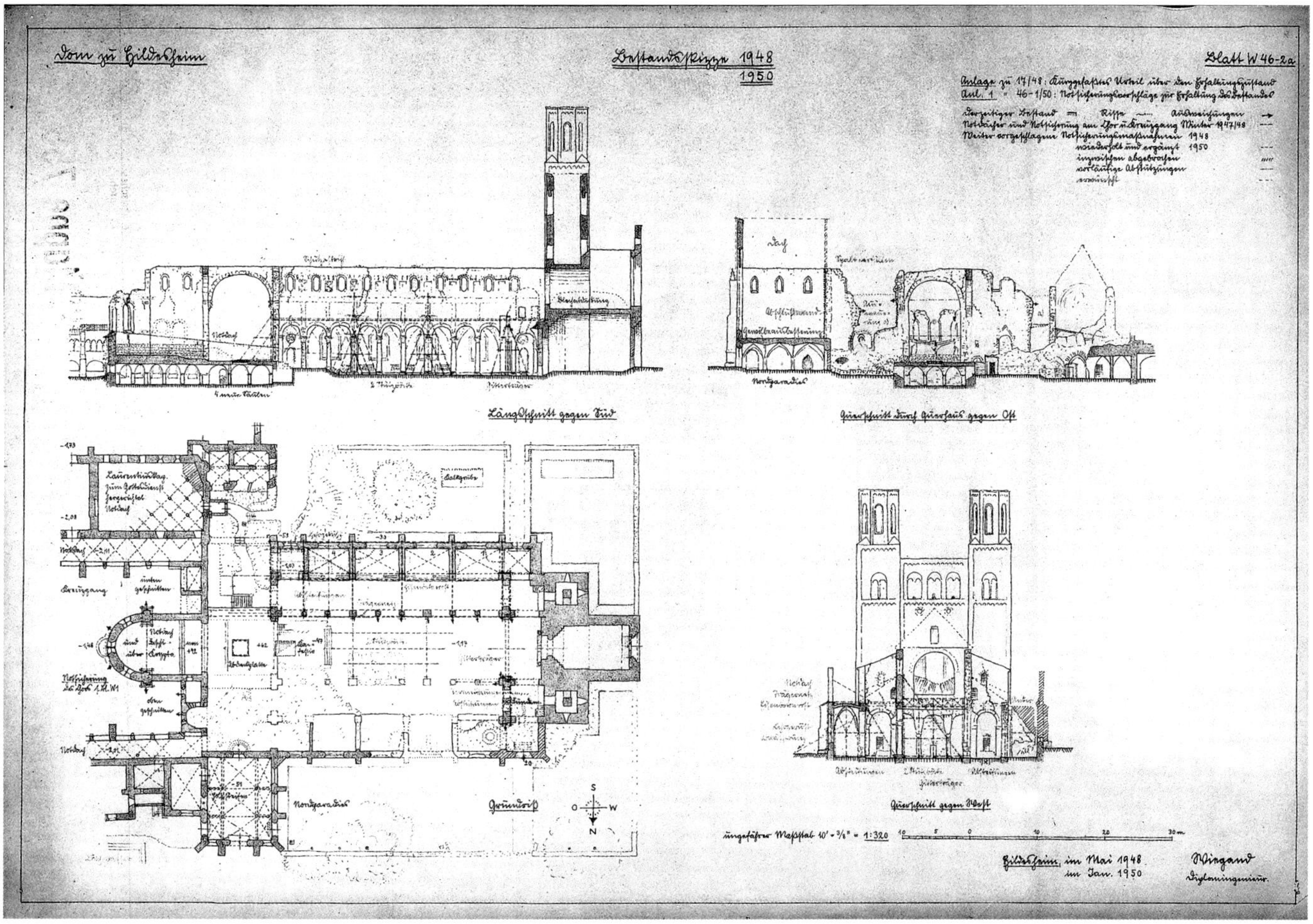

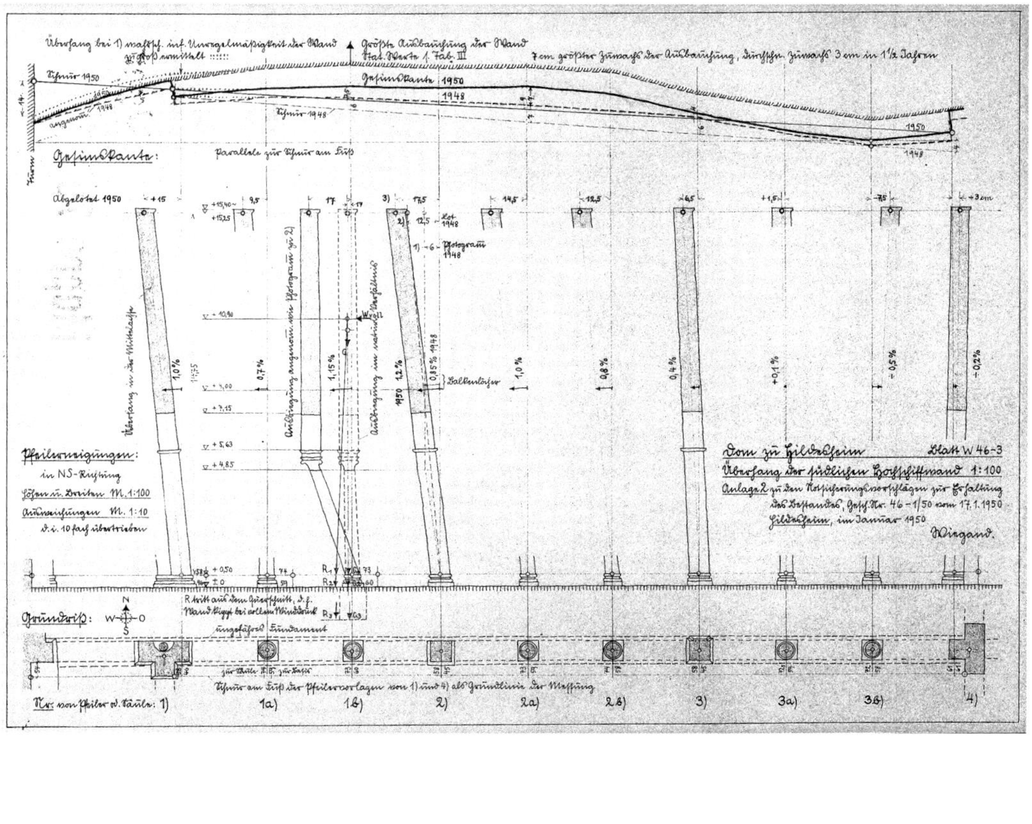

Kat.Nr. 2 (oben)

Kat.Nr. 3 (unten)

Kat. Nr. 5

Sicherung der Arkadenwand

279 x 332 mm
Bleistift auf Transparentpapier, M 1:100
HStA Hannover, Plansammlung, Mappe 758, Bl. 15

Wichtiger Bestandteil der von Wiegand vorgeschlagenen Sicherungsmaßnahmen war die Aussteifung zwischen dem stehengebliebenen Pfeilerpaar.

U.K.

Kat. Nr. 6

Abdeckung der Kapellen Südseite

298 x 668 mm
Bleistift auf Transparentpapier, M 1:100
1947
HStA Hannover, Plansammlung, Mappe 758, Bl. 16

Bereits 1947 lagen konkrete Pläne für die Sicherungsmaßnahmen an der südlichen Kapellenreihe vor. Trotz wiederholter Versuche gelang es nicht die Mittel zur Durchführung dieser Maßnahmen aufzubringen. Erst nachdem am 25. Dezember 1949 das Gewölbe der südlichsten Kapelle eingestürzt war, flossen die Geld- und Sachmittel zur Errichtung eines solchen Notdaches.

U.K.

Kat.Nr. 4

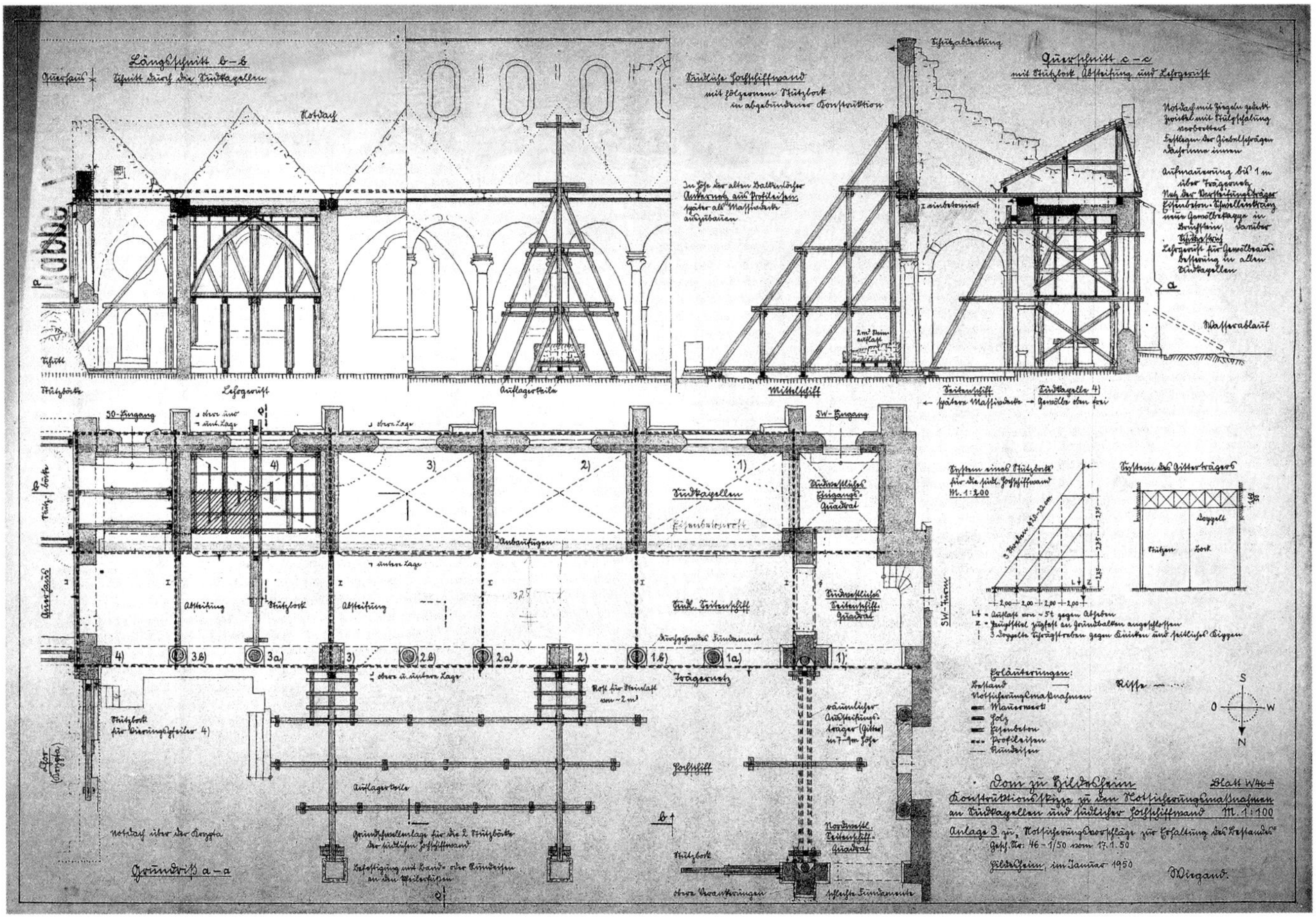

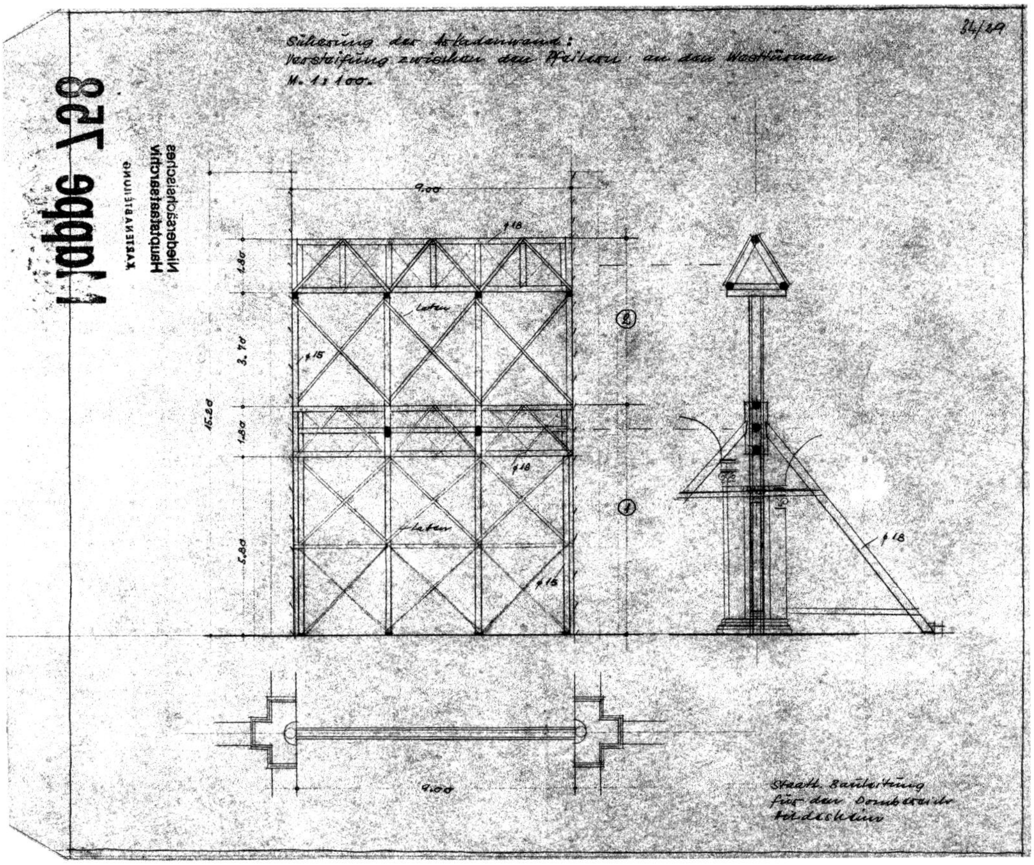

Kat.Nr. 5

Kat. Nr. 7

Sicherung der Apsis

299 x 393 mm
Schwarze Feder auf Transparentpapier, M 1:100
1947
HStA Hannover, Plansammlung, Mappe 758, Bl. 19

Die Chorapsis hatte einen Volltreffer erhalten. Die Wucht der Detonation brachte die Wand im Chorscheitel oberhalb des Mittelfensters mitsamt der Apsiskalotte zum Einsturz. Die noch stehenden Wände von Chorquadrat und Apsis wurden stark nach außen gedrückt. Der Überhang war so groß, daß akute Einsturzgefahr drohte. Da die Krypta aber noch intakt war, mußte verhindert werden, daß durch einen solchen Einsturz auch dieser Raum noch zerstört werden würde. Daher wurden Sicherunsgmaßnahmen vorgeschlagen, mit denen die Wände des Chores stabilisiert und ein Einsturz verhindert werden konnte.

Diese Sicherugsmaßnahme blieb auf lange Zeit die einzige nahmhafte Maßnahme um weitere Schäden an der Domruine zu verhindern.

U.K.

Die Wettbewerbspläne von 1949

Für den Wettbewerb wurden Lichtpausen eingereicht. Bei den nachfolgenden Blättern handelt es sich in der Regel um die 1949 vorgelegten Exemplare, die oft von den Architekten mit Frabstift, Tusche oder Gouache nachbearbeitet wurden. Die Maßangaben beziehen sich auf das Außenmaß der Pausen, die Maßangaben in Klammern auf das Maß der Vorlagen, soweit dieses erkennbar war.

Kat. Nr. 8

Willy Weyres

Der Kölner Dombaumeister Willy Weyres legte den wohl kühnsten Entwurf zum Wiederaufbau des Domes vor. Obwohl er sich hinsichtlich der Raumfluchten und der Raumgliederung an die von den Resten des alten Domes vorgebenen Maße hielt, gelang es ihm, einen in jeder Beziehung modernen Ram zu schaffen.

Zur Erläuertung und Begründung seines Entwurfes formulierte er im schriftlichen Teil des Gutachtens:

Kat.Nr. 6 (oberer Plan)

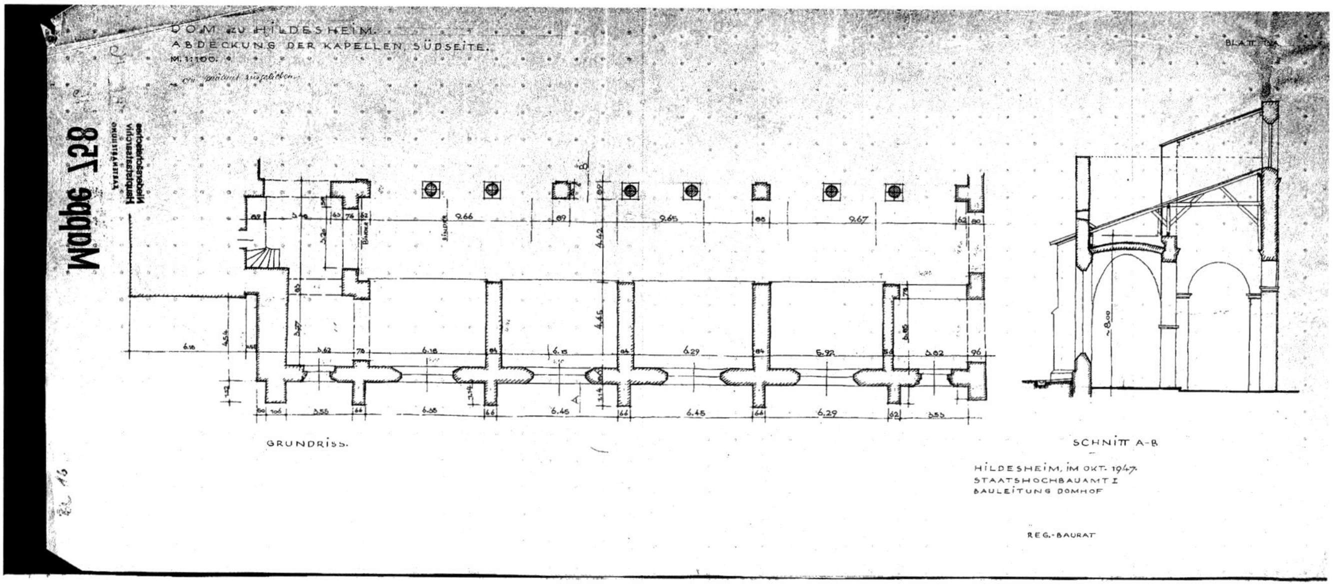

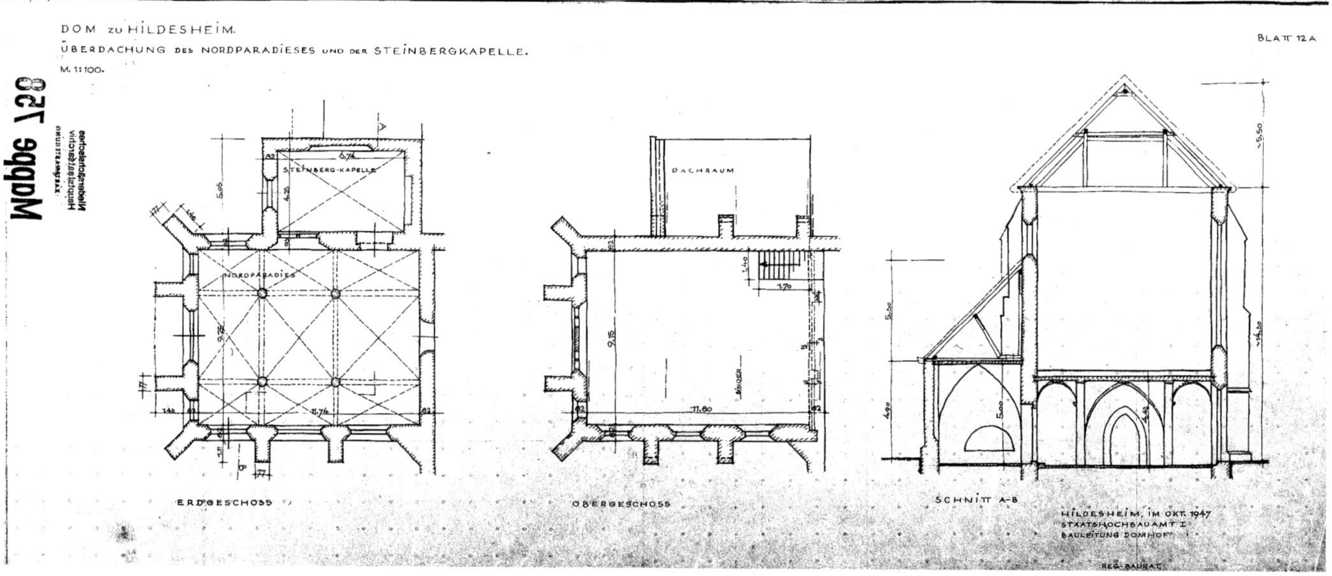

Dr. W. Weyres
Dombaumeister

Bad Godesberg, den 14. April 1949

Gutachten
Zum Aufbau des Domes zu Hildesheim
(Hierzu 13 Blatt Zeichnungen)

Vorbemerkung.
Das Gutachten enthält keine konstruktiven, kunsthistorischen und dekorativen Einzelheiten. Es bemüht sich in erster Linie darum, einen gangbaren Weg zu finden, alle Forderungen, die sich aus der Zweckbestimmung des Domes als lebendiger Mittelpunkt des Bistums ergeben, mit denen in Einklang zu bringen, welche die Ehrfurcht vor den erhaltenen Resten verlangt.
1. Es wird empfohlen, alles alte Mauerwerk zu erhalten, soweit es eben geht. Dabei sollten modernste Konservierungsmethoden angewandt werden. Müssen Teile der Mauern abgetragen werden, so sollte nicht unbedingt in der alten Form aufgebaut werden. Es wird aber an manchen Stellen soviel von der alten Substanz erhalten sein, daß es töricht wäre, hier nicht die Lücken möglichst unauffällig zu schließen.

Beispiele dafür wären die Apsis und die Querhauswände. Wo ganze Mauerzüge zu ergänzen sind, wird man zu neuen Formen und Bauweisen greifen. Doch ist denkbar, an bestimmten Stellen unter Verwendung des reichlich vorhandenen Steinmaterials – unter dem Gesichtspunkt seiner Wiederverwendung – in alter Technik und neuer Form zu bauen.

Die Südwand des Langhauses sollte auf jeden Fall erhalten bleiben. Wenn auch die ursprünglichen Kapitelle der Säulen verdorben sind und auch die Lisenengliederung der Bogenpartie kaum unversehrt erhalten sein dürfte, so hat doch diese Wand in ihrer großen Gliederung einen solchen Reiz, daß man sie nicht aufgeben sollte. Die alten Obergadenfenster können nach Entfernung der barocken Änderungen wiedergewonnen werden.

Aus der Erhaltung der Südwand des Langhauses ergeben sich für den gesamten Aufbau schwerwiegende Konsequenzen. Die barocken Umänderungen der gotischen Südkapellen können m. E. erhalten bleiben. Ein wesentlicher Gewinn würde sich durch die Wiederherstellung des gotischen Zustandes nicht erzielen lassen, zumal keinerlei Anhaltspunkte für die Formen des Maßwerks vorhanden sind. Bei den Fenstern der östlichen Krypta wäre es gut, die alte kleine

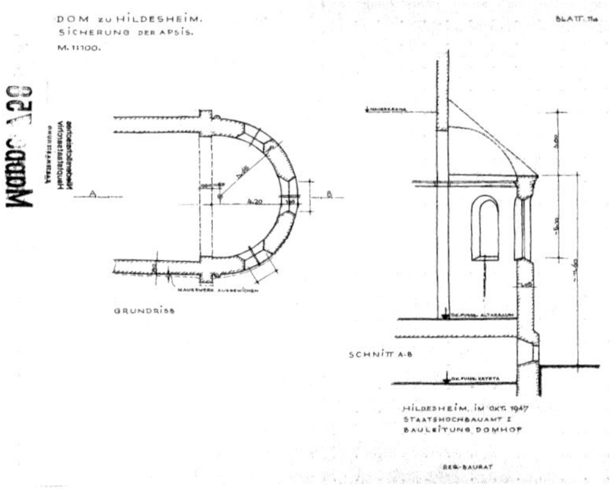

Kat.Nr. 7

Form wiederherzustellen, während bei der Vierungskrypta die barocken Fenster bleiben könnten.

2. Aus der Forderung des Domkapitels nach 3000 Plätzen und daß der Lettner nicht an der alten Stelle wiederaufgestellt werden sollte, war zu entnehmen, daß der Gottesdienst von möglichst vielen Teilnehmern gesehen werden soll. Eine Unterbringung der geforderten Platzzahl auf dem alten Grundriß erwies sich als unmöglich. Durch eine Erweiterung des südlichen Querschiffs analog zur Godehardkapelle und die sehr weitgehende Verwendung von Emporen ist die geforderte Besucherzahl erreicht worden. Dabei bietet die Verlegung eines Teiles der Plätze auf den Emporen die Möglichkeit, den Dom in der Woche für den Pfarrgottesdienst besser zu verwenden. Der Eindruck gähnender Leere wird nicht so leicht zustande kommen, als wenn alle sonntags benutzten Plätze übersichtlich in einer Ebene angeordnet sind.

Die Anordnung von Sitzplätzen in den Querhausarmen fordert zwingend eine Vorverlegung des Hochaltares in die Vierung. Der Kapitalchor kann im Quadrat vor der Apsis gut untergebracht werden. Der Raum ist dort zwar etwas enger als der alte, dafür kann aber der durch die Fenestella zur Krypta eingenommene Raum eingespart werden.

Eine weitere Erörterung der sich aus gottesdienstlichen Forderungen ergebenden Anordnungen erübrigt sich, da die Vorschläge nur Grundlagen einer Diskussion bilden können. Doch ist noch darauf hinzuweisen, daß bestimmte Stücke aus dem Kunstbesitz des Domes so aufgestellt werden sollen, daß sie wieder organisch im liturgischen Leben stehen. So ist der Vorschlag der neuen Taufkapelle und der für die Aufstellung der Bernwardsäule zu verstehen. Auch die vorgeschlagene Aufstellung der beiden

und der früher angestrebte "Anlagen-Charakter" beseitigt.

Der nach Westen fallende Vorhof des Landgerichtes würde durch die Abschachtung eine horizontale Lage erhalten. Das jetzige Portal bekäme die ursprüngliche Freitreppe wieder, die Hofeinfahrt verlöre durch ebene Anfahrt den jetzt unschönen Tunnelcharakter.

Das Nordparadies wird im Innern ebenfalls auf Kirchenschiffshöhe gelegt. Die hier entstehende Differenz in den Eingängen wird so überwunden, dass das schmiedeeiserne Tor einen Eisenblechsockel erhält und der Steinbergkapelle weitere Stufen vorgelagert werden. Der südliche und nördliche Arm des Querhauses werden gegenüber dem Kirchenfußboden um weitere 3 Stufen gesenkt, um dadurch einerseits eine kürzere Treppenentwicklung zur Krypta (wieder mit 2 Zugängen) und andererseits eine grössere Durchgangshöhe für die Zugänge zum Nordparadies, den Kreuzgängen und zur Sakristei zu erhalten.

Eine besondere Bedeutung im ganzen Fragenkomplex nimmt die Umgestaltung des Westwerkes ein. Es dürfte einhellige Meinung sein, dass die alte Form aus dem Jahre 1849 abgeändert werden muß. Sollte es möglich sein, die jetzt unbefriedigende Form unter Benutzung der jetzigen Baumasse entscheidend zu verbessern, wäre diese Möglichkeit jeder Neugestaltung aus wirtschaftlichen Gründen vorzuziehen.

Fußend auf solchen Überlegungen wird im Sinne mittelalterlicher Handwerksauffassung vorgeschlagen, die gesamte Baumasse zu belassen und sie durch Abschlagen der harten Eckbetonungen, Änderung der Gesimse, sichtbares Zumauern störender Öffnungen und durch eine bauliche Verbindung der Turmschäfte zu einem geschlossenen mit einem Kupferdach abzudeckenden Turmmassiv zusammenzuziehen. Damit das West-Paradies für das Auge klar als verlängertes Kirchenschiff durch den Turmkörper hindurchstößt und nicht wie heute ein Eigendasein führt, soll das Paradies die Dachneigung des Mittelschiffes mit gleicher First- und Traufenhöhe erhalten.

So werden auch die handwerklich zwar sauberen aber monoton kalten Aussenflächen des Paradiesvorbaues eine bessere Struktur erhalten, welche im Sinne des einfachen Quaderbruchsteinmauerwerks der alten Domteile gedacht ist. Man würde damit erreichen, dass die leblosen Flächen des Turmmauerwerks nur auf den Turm selbst beschränkt werden. Auch diese werden aber durch neue handwerksmässige Behandlung der Ecken lebendiger in das andere Mauerwerk eingebunden. Man könnte mit einem handwerklichen Vorgehen dieser Art dem Turm ohne Altertümelei die gewachsene Art häufig geänderter Bauten geben, welche bewußt und sichtbar den Kostenaufwand berücksichtigt, und das Ganze würde mit den, häufig unsichtbar, geänderten Baumassen des Domes ohne Störung zusammengehen.

Bei Betrachtung der Baukosten dürfte es überhaupt keine andere gleich gute Möglichkeit geben, die mit geringerem Aufwand auskommt, und es ist sicher richtiger, eine tragbare mit den heute denkbaren Geldmitteln zu bewältigende Anlage als neue Turm- und Bauidee zu konzipieren, die einem neuen Band "Architektur, die nie gebaut wurde" eingefügt werden müssten.

Hannover, den 10. Mai 1949

Fricke u. Kreytenberg
Architekten BDA

Kat. Nr. 9. 1
Skizzen zu einer Zentralraumlösung

875 x 1075 mm
Lichtpause mit vier einmontierten Bleistiftskizzen auf Transparentpapier
HStA Hannover, Plansammlung, Mappe 750, Bl. 1

Die von Fricke hier skizzierten Entwürfe zu einem Zentralbau, ähnlich der im 14. Jahrhundert errichteten Klosterkirche in Ettal, sind durch ihre weichen, fließenden Formen geprägt. Sie erinnern sowohl an neobarocke, wie an Jugendstilbauten.

Kat. Nr. 9. 2
Skizzen zu einer Zentralraumlösung

873 x 1070 mm
Lichtpause mit vier einmontierten Bleistiftskizzen auf Transparentpapier
HStA Hannover, Plansammlung, Mappe 750, Bl. 2

Auch die hier zusammengefaßten Entwürfe basieren auf der Idee, an Stelle des weitgehend zerstörten Langhauses einen Zentralraum zu bauen. Im Gegensatz zu den

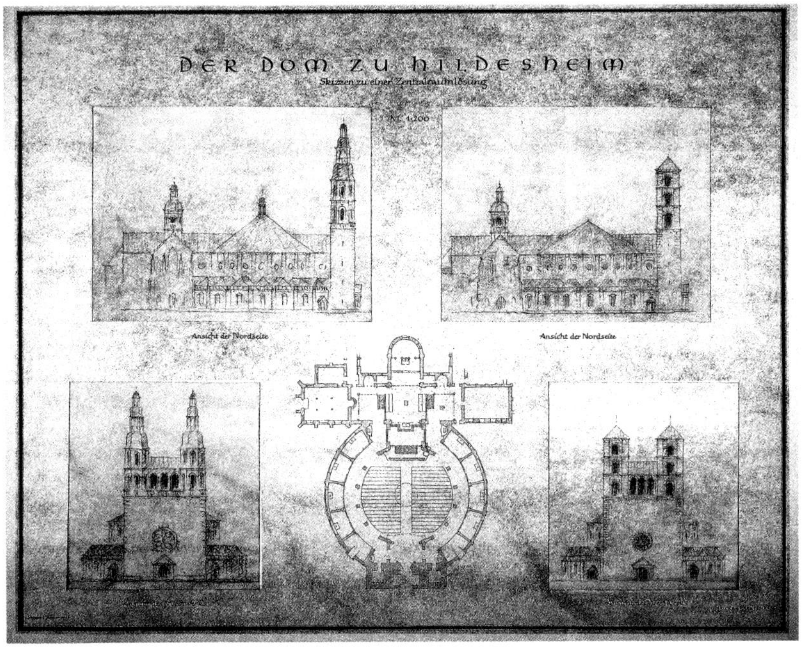

Kat.Nr. 9. 1
(rechts oben)

Kat.Nr. 9. 1 a-d
(Details)

Skizzen in Kat. Nr. 9.1 sind die Formen hier wesentlich strenger und klarer. In gewisser Weise erinnern sie an die 1949 von Wilhelm Fricke errrichtete Johanniskirche in Hildesheim.

Kat. Nr. 9. 3
Grundriß des Domes mit Erläuterungen

870 x 1067 (808 x 1003) mm
Lichtpause
HStA Hannover, Plansammlung, Mappe 750, Bl. 3

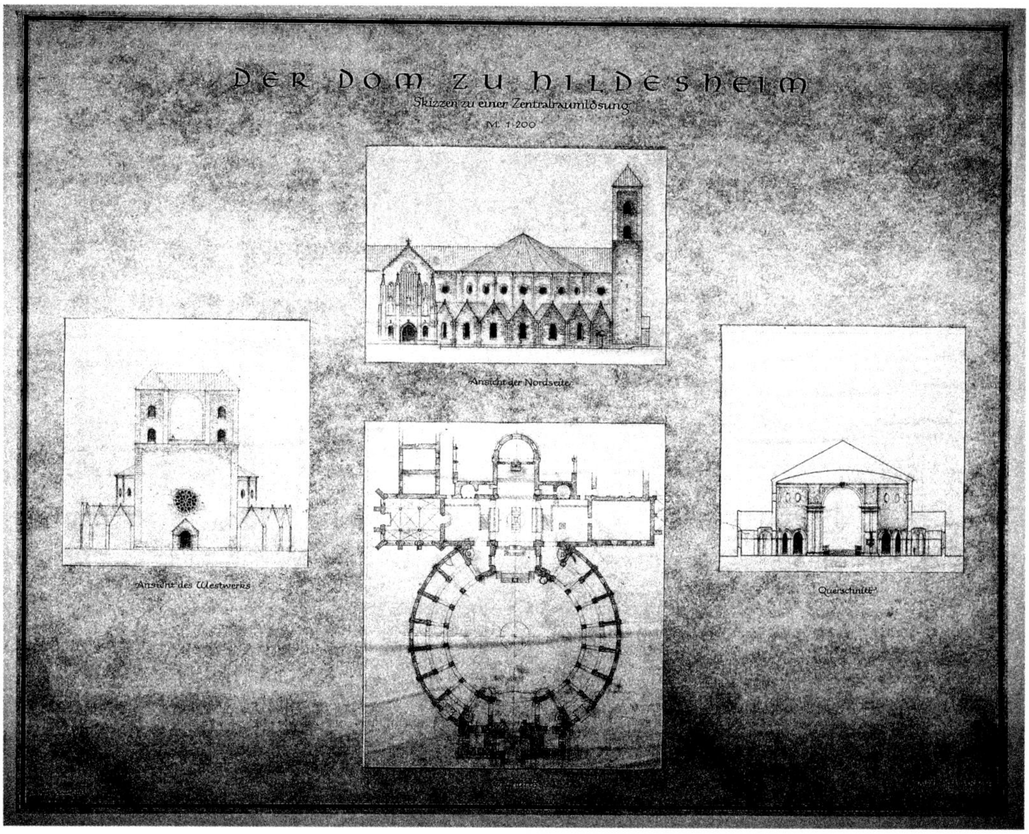

Kat.Nr. 9. 2 (oben)

Kat.Nr. 9. 2 a-d (Details)

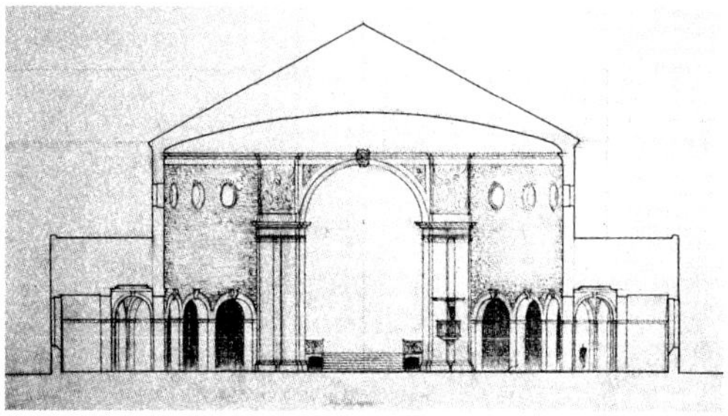

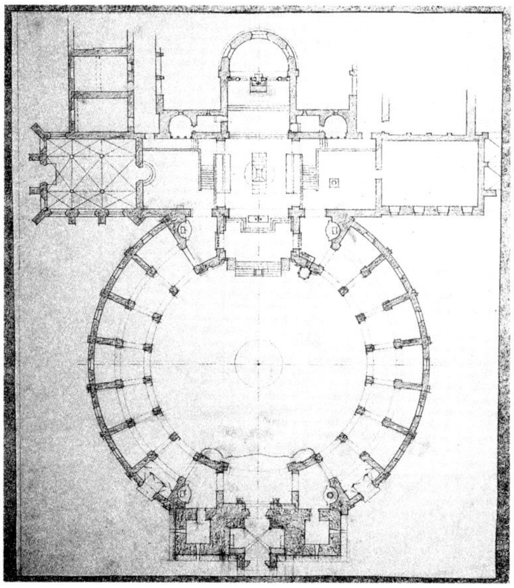

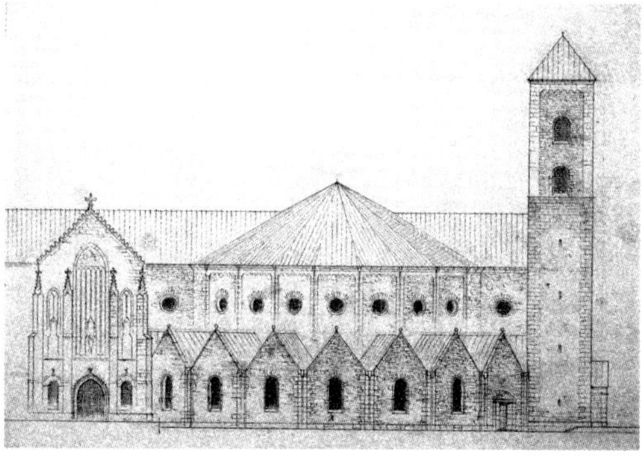

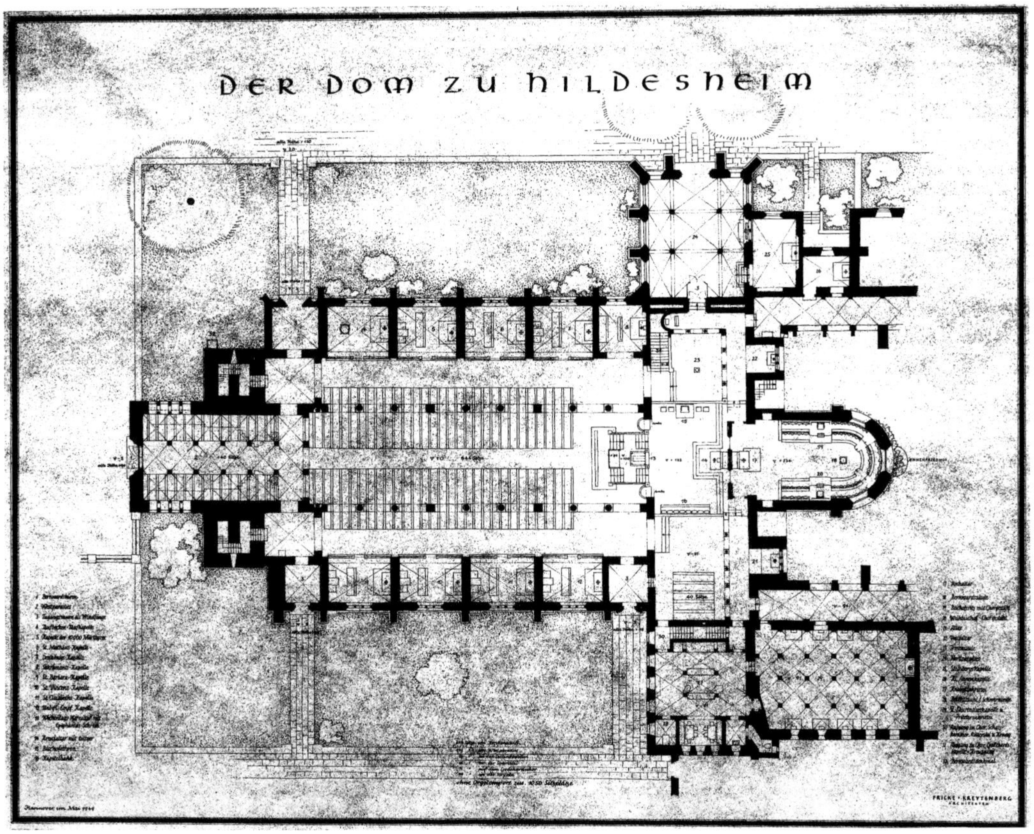

Kat.Nr. 9. 3

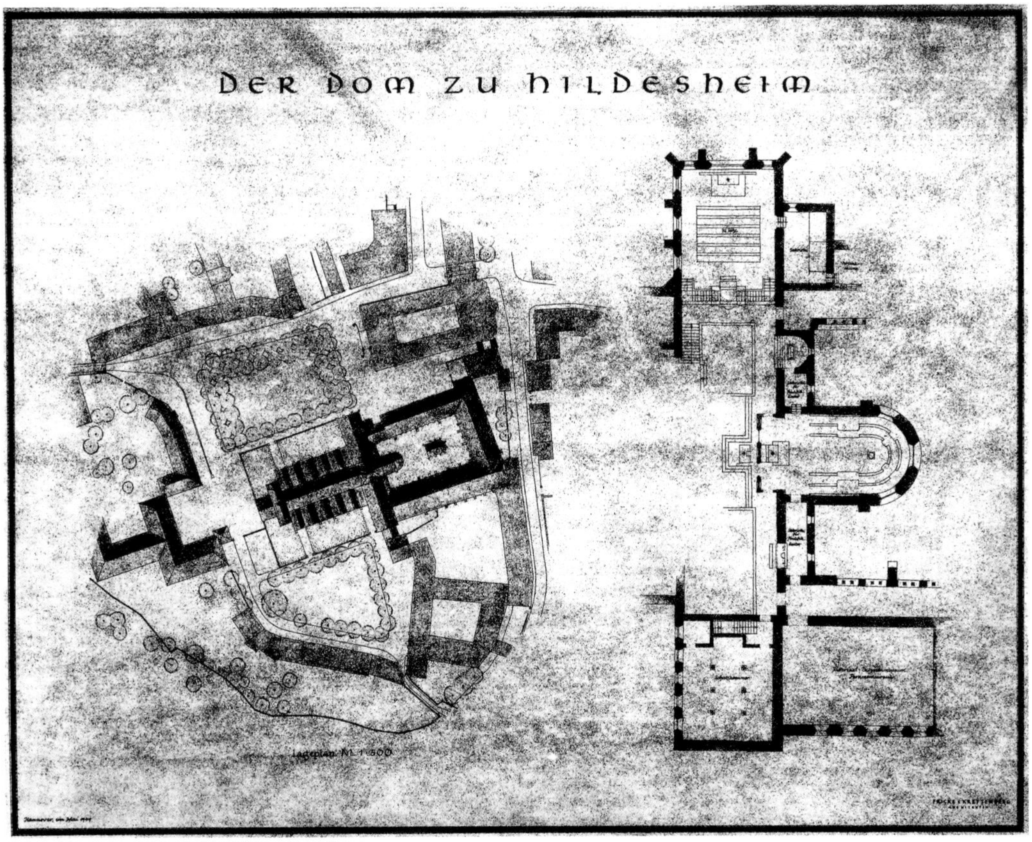

Kat.Nr. 9. 4

Kat. Nr. 9. 4
Lageplan

875 x 1065 (810 x 1000) mm
Lichtpause, teilweise koloriert, Lageplan M 1:500 und Teilgrundriß M 1:100
HStA Hannover, Plansammlung, Mappe 750, Bl. 4

Kat. Nr. 9. 5
Westwerk

872 x 1074 (807 x 1005) mm
Lichtpause mit dunkelbraunem Farbstift übergangen, weiße Höhungen; Dachflächen des Domes leicht mit grünem Farbstift überarbeitet
HStA Hannover, Plansammlung, Mappe 750, Bl. 5

Kat. Nr. 9. 6
Schnitt durch das Querhaus

871 x 1068 (807 x 1003) mm
Lichtpause
HStA Hannover, Plansammlung, Mappe 750, Bl. 6

Kat. Nr. 9. 7
Innenraumperspektive, Blick nach Osten

878 x 1075 (807 x 1003) mm
Lichtpause
HStA Hannover, Plansammlung, Mappe 750, Bl. 7

Kat. Nr. 9. 8
Ansicht der nördlichen Längswände – Großer Domhof

870 x 1063 (806 x 996) mm
Lichtpause, mit dunkelbraunem und grünem Farbstift überarbeitet
HStA Hannover, Plansammlung, Mappe 750, Bl. 8

Kat. Nr. 9. 9
Schnitt durch Langhaus und Chor

870 x 1066 (800 x 1000) mm
Lichtpause
HStA Hannover, Plansammlung, Mappe 750, Bl. 9

Kat.Nr. 9. 5

Kat.Nr. 9. 6

Kat.Nr. 9. 7 (rechts unten)

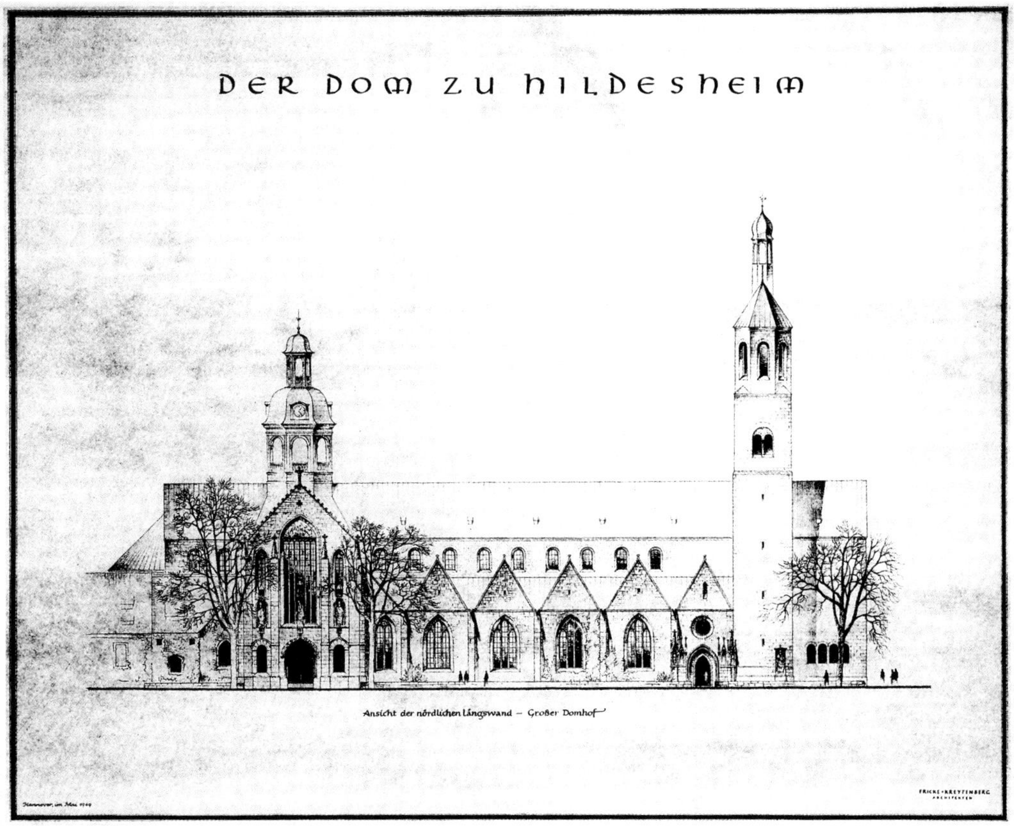

Kat.Nr. 9. 8

Kat.Nr. 9. 9

hen ist. Daran ist zu erkennen, dass an die Kathedralkirche heutzutage ganz andere Anforderungen gestellt werden, als z. Zt. ihrer ersten Errichtung. Diesen Anforderungen könnte die alte Basilika mit ihren bescheidenen Abmessungen (Mittelschiff 9 x 30 m), wenn sie noch stände, niemals mehr genügen.

b. Die alten Bauteile, die erhalten sind, d. h. die zur Zeit noch aufrecht stehen, sind: Die Krypta, der Hochchor, die östliche Querhauswand zum Teil, das Nordparadies, die südliche Kapellenreihe, 3 Einzelfassaden der nördlichen Kapellenreihe, die 2 westlichen Langhauspfeiler mit den Obergadeneinbauten, die südliche Arkadenwand und das Westwerk – mit Ausnahme der Dächer. Nach Ansicht des Verfassers ist der allgemeine Umriss des Gebäudes, d. h. die äussere Begrenzung des Grundrisses durch seine Entstehung nach frommer Ueberlieferung, durch jahrhundertelangen Gebrauch, durch das unter den Augen von vielen Generationen gewesene äussere Bild des Domes in seiner einmaligen städtebaulichen Einfassung so weitgehend "Geschichte" geworden, dass man sich zu seiner Erhaltung bekennen muss. In diesem Rahmen hat sich seiner Meinung nach der Wiederaufbau zu vollziehen.

II. a. Ueber den Kunstdenkmalswert der Krypta, des Hochchores, des Nordparadieses, der südlichen Kapellenreihe, der Kapellenreste im Norden sowie der 2 Westpfeiler kann wohl nicht gestritten werden. Das Westwerk, das nur im unteren inneren Kern Bauteile aus der Zeit Hezilos enthält, hat in seinem Aufbau kaum Anspruch auf Denkmalschutz, weil es dazu der Voraussetzungen entbehrt. Der Denkmalwert der östlichen Querhauswand und der südlichen Arkadenwand ist im Verhältnis zu den o. a. genannten Bauteilen begrenzt. Die Querhauswand ist formloses Mauerwerk, das manchem Umbau unterworfen war und eines inneren Verputzes bedarf, wobei es innen verdeckt wird, während die äussere Werksteinhaut aus den alten Baustoffen wieder hergestellt werden kann. Bei der Arkadenwand bestehen, abgesehen von dem äusseren Werksteinmaterial der Obergadenzone lediglich noch die rohe Mauerwerkssubstanz mit ihrem Verhältnis von Flächen zu Oeffnungen und ihrer rythmischen Gliederung. Durch den barocken Umbau sind die Kapitelle zerstört und die Fenster verändert.

b. Die statisch konstruktive Untersuchung der Domtrümmer hat den technischen Zustand der genannten Bauteile hinreichend beleuchtet. Danach bestehen keine technischen Schwierigkeiten, die Krypta, das Nordparadies, die südliche Kapellenreihe und die Westpfeiler ohne Einschränkung wieder zu verwenden. Auch die an das Nordparadies anstossenden nördlichen Kapellenreste sind standsicher. Die Wände des Hochchores sind nicht mehr standsicher, da sie durch die Explosionswirkungen auseinandergerissen und aus dem Lote gewichen sind. Ihr Baustoff ist aber soweit in Ordnung, dass man sie nach dem Abtragen ohne weiteres in derselben Art wieder aufrichten kann. Auch die ostwärtige Querhauswand wird man, soweit sie zermürbt ist, abtragen müssen, kann sie aber ebenfalls wieder herstellen. Die praktische Verwendbarkeit der Arkadenwand ist eingeschränkt. Konstruktiv lässt sie sich nur wieder verwenden, wenn die alte basilikale Raumform in den gewesenen Abmessungen wieder gewählt wird, und wenn die Säulen erneuert werden, abgesehen von sonstigen zusätzlichen Sicherungsmassnahmen technischer Art. Wird eine andere Raumform mit grösseren Abmessungen gewählt, ist ihre konstruktive Wiederverwendung ohne besondere Stützmassnahmen, die nicht verdeckt werden können, ausgeschlossen.

III. Es besteht wohl kein Zweifel darüber, dass die Erhaltung der Krypta, der Chorpartie und des Nordparadieses eine Selbstverständlichkeit ist. Ueber den allgemeinen Umriss der Grundfläche des Bauwerkes ist bereits in Absatz B I b das Nötige gesagt. Hinsichtlich der übrigen alten Bauteile ist es Aufgabe des Gutachtens festzustellen, inwieweit es erforderlich, vertretbar oder abzulehnen ist, ihre Erhaltung zu fordern. Dazu ist es notwendig zu ermitteln, wie sich ihre Erhaltung mit der Befriedigung des Baubedürfnisses, welches durch das Bauprogramm dargestellt ist, verträgt, d. h. ob die Erhaltung im Einklang steht mit der Lösung dieser Aufgabe oder ob beide sich ausschliessen. Zu diesem Zwecke hat der Verfasser die seiner Meinung nach vernünftiger Weise denkbaren 3 Möglichkeiten untersucht, die hierneben dargestellt sind (Vorschlag A, Vorschlag B und Vorschlag C). Er ist dabei von Folgendem ausgegangen: Die Programmforderungen 2. und 6. Nach der Wiedererrichtung von 11 Altären und 7 Beichtstühlen lässt sich in würdiger und praktischer Weise nur erfüllen, wenn alle Seitenkapellen wieder errichtet werden. Das vorstehend Gesagte bietet also für alle 3 Vorschläge die gemeinsame Grundlage. Alle übrigen Programmpunkte mit Ausnahme des 1. lassen sich ebenfalls mit allen 3 Vorschlägen erfüllen. Der Unterschied besteht lediglich in der Erfüllung des 1. Programmpunktes, der die Anzahl der Plätze behandelt. Danach ist eine Anzahl von möglichst 1000 Sitzplätzen anzustreben. Es muss als eine selbstverständliche Forderung angesehen werden, dass die überwiegende Mehrzahl der Sitzplätze in geschlossener Form im Langhause anzuordnen ist.

Die alte Basilika scheidet aus, weil sie nicht in der Lage ist, diese Forderungen annähernd zu erfüllen.

Vorschlag A zeigt den Versuch, die Arkadenwand zu erhalten und eine asymmetrische Halle anzuschliessen. Hierbei ergibt sich eine Anzahl von 480 Sitzplätzen im Schiff. Bei diesem Vorschlage ist zu bedenken, dass die Arkadenwand eine zusätzliche, konstruktive Stützung (Korsettstangen) aus Stahlbeton erhalten muss, damit sie die notwendigen konstruktiven Aufgaben erfüllen kann, wodurch ihr Denkmalswert weiter stark geschmälert wird.

Vorschlag B sieht die Beseitigung der Arkadenwand zum Zwecke weiteren Raumgewinnes vor. Es ist eine Halle mit Stützenreihen vom Fussboden bis zur Decke vorgeschlagen. Hierbei war zu beachten, dass die Stützen, um konstruktiv ausgenutzt zu werden und bauästhetisch richtig und gut zu wirken, einen gewissen Abstand von der Aussenwand halten müssen. Hierbei ergibt sich eine Anzahl von 530 Sitzplätzen im Schiff.

Vorschlag C bringt bei Aufgabe der Arkadenwand einen stützenlosen Saal, der die grösstmögliche Raumausnutzung gestattet. Hierbei ergibt sich eine Anzahl von 624 Sitzplätzen im Schiff. Diesen Vorschlag hat der Verfasser ausgearbeitet.

Anmerkung: Es ist noch ein Wort zu sagen über die Möglichkeiten der Raumgestaltung überhaupt vom Standpunkte unserer heutigen Zeit aus. Jede Architekturstilepoche hat ihre formelhaften, allgemein gültigen Leistungen vollbracht, indem ihr die Bautechnik nach ihrem jeweiligen Stande die sachliche Grundlage zur Verwirklichung ihrer Ideen an die Hand gab. Das gilt für die Gestaltung der Baukörper und Räume im Grossen und Ganzen. Die Veränderung der Baustile im eigentlichen abendlichen Gebiet, die sich vornehmlich in der Gestaltung des Raumes auswirkt, ist auf der sachlichen Seite gekennzeichnet durch eine Entwicklung der Bautechnik, die aus der wachsenden Beherrschung der konstruktiven Dinge hervorgeht. Der Verfasser kann sich nicht denken, dass irgend eine für uns als abgeschlossen geltende vergangene Stilepoche darauf gekommen wäre, eine zerstörte überholte Raumform im eigentlichen Sinne wieder herzustellen. Er ist daher der Auffassung, dass es auch für uns heute nicht angängig ist, z. B. eine alte Basilika, wenn sie einmal untergegangen ist, neu zu errichten. Mit ihrem materiellen Untergange ist auch ihr ideeller Untergang vollzogen. Der heutigen Zeit als der Erbin eines durch Jahrhunderte dauernden Bestrebens nach der Einheit des Raumes müsste ein solches Verfahren als Unwahrhaftigkeit oder Eklektizismus angerechnet werden. Auch aus diesem – nicht praktischen – Grunde scheidet die Wiederherstellung der zerstörten basilikalen Raumform im vorliegenden Falle aus.

IV. Der Vergleich der 3 Vorschläge zeigt, dass die Forderung nach möglichst 1000 Sitzplätzen in praktischer und gestalterisch einwandfreier Weise nur im Rahmen des Vorschlages C möglich ist, denn zusammen mit den 300 Plätzen, die auf den vorgeschlagenen 2 Querhausemporen erzielt werden können, ergibt sich eine Zahl von 924 Sitzplätzen. Im übrigen hält der Verfasser diesen Vorschlag noch aus anderen Gründen für den besten.

C. Der alte Dom ist mit seinen bescheidenen Abmessungen und seiner engen Basilikaform eine Kirche gewesen, der man grössenmässig nicht anmerkte, dass sie als Kathedralkirche der bedeutendste Kultbau des Bistums war. Es ist ein durchaus ernstzunehmender Gedanke, bei dem Wiederaufbau bestrebt zu sein, auch die absoluten Abmessungen zu steigern, um die Grössenwirkung zu verstärken. Da man aus ernsten denkmalpflegerischen Erwägungen über die alten Grundrissabmessungen nicht hinausgehen kann, erschien es dem Verfasser richtig, über dem alten äusseren Grundriss den Raum und Baukörper so auszuweiten, wie es die zu erhaltenden alten Bauteile gestatten. Der einzige alte Bauteil, der hierbei nicht erhalten werden kann, ist die Arkadenwand. Ihr Verlust ist aber nicht so bedeutend, wenn man bedenkt, dass sie zu ihrer Erhaltung neue Säulen und Kapitelle hätte bekommen müssen. Im übrigen ist dafür gesorgt, dass ihr alter Rhythmus und damit der Masstab im Bauwerk betont erhalten bleibt.

Im Einzelnen ist zu dem Wiederaufbauvorschlag folgenden zu sagen: Das Schiff bildet eine grosse offene Halle, deren Wände über den Kapellenöffnungen stehen, und die durch eine Folge von querliegenden, selbsttragenden Stahlbetontonnen überdeckt ist. Die Gliederung der Wände und der Decke entspricht der Gliederung der alten Arkadenwände. Die hochliegenden Fenster verbreiten ein gleichmässiges, feierliches Licht. Inmitten dieses grossen Raumes hängt der Heziloleuchter, der erst hier zur vollen Wirkung kommen wird.

Unter der Krypta an der Stelle der alten Vierung erhebt sich über dem Presbyterium mit dem Hochaltare und dem Thronsessel des Bischofs – gleichsam wie ein übergrosses Tabernakel – ein Einbau von 4 Pfeilern mit Bogenöffnungen. Da eine Wiederherstellung des Vierungsturmes mit der goldenen Kuppel im Programm gefordert war – eine Forderung, die aus Gründen der Geschichte durchaus gebilligt werden kann – wurde der Gedanke gefasst, diesen Vierungsturm als Laterne für eine Oberlichtkuppel über den Presbyterium auszugestalten. Aus dieser Kuppel fliesst ein Licht besonderer Art auf den Platz des Heiligtumes, das durch diese andersartige Lichtführung in Verbindung mit der baulichen Behandlung hervorragend ausgezeichnet und demnach auch räumlich und optisch zum wahren Bezugspunkte der ganzen Anlage wird.

Der alte Chor bleibt dem Domkapitel für seine gemeinsamen Chorgebete vorbehalten. Der Kreuzaltar bleibt bei der confessio als Sakramentsaltar in nächster Nähe der Gemeinde.

Auf diese Weise werden die drei hohen Funktionen des Domes – als Kathedralkirche des Bischofs, als Kirche des Domkapitels und als Kirche der Domgemeinde – in sinnvoller Reihenfolge eingegliedert, sich nicht störend, vielmehr sich ergänzend.

Der Fussboden des ganzen Schiffes wird soweit gehoben, dass das unterste Podest vor dem Kreuzaltar fortfällt. Auf diese Weise kann in Verbindung mit einer gewissen Regulierung der äusseren Umgebung in Zukunft vermieden werden, dass man in den Dom hinabsteigt.
Der Godehardchor ist als Empore ausgebildet mit nach hinten stufenweise ansteigendem Fussboden. Nach dem Schiff öffnet er sich mit 3 grossen Bogenöffnungen. Ihm vorgelagert ist wie auf der gegenüberliegenden Seite eine kleinere Empore. Diese Emporen werden vermutlich nur an besonderen Festtagen bei grossem Andrang der Gläubigen benutzt werden. Sie sind so angelegt, dass man von ihnen als Presbyterium frei sehen kann und dass sie für Zwecke der Kirchenmusik brauchbar sind.

Die Sänger- und Musikempore im Westen ist in der erforderlichen Grösse vorgesehen. Die Orgel befindet sich dicht darüber und gliedert sich in 3 Teile, von denen einer in der Mitte, je einer rechts und links aufbaut. Auf diese Weise ist eine zu grosse Tiefe des Werkes vermieden.

Kat.Nr. 10. 1

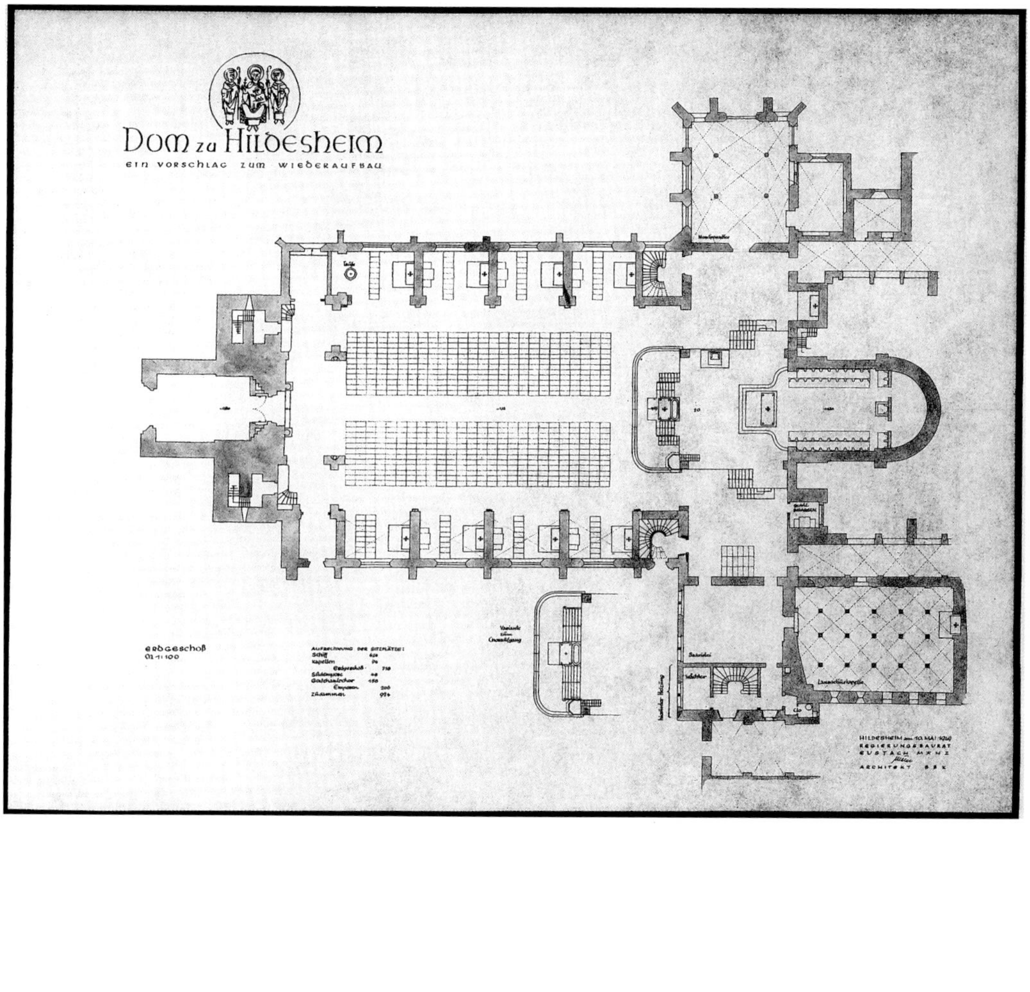

Die Taufe befindet sich aus Gründen historischer und liturgischer Ueberlieferung an der alten Stelle. Die Taufkapelle ist lediglich gegen den Windfang des Seiteneinganges räumlich abgetrennt. Der Lettner soll als ostwärtiger Abschluss des alten Chores gewissermassen als letzte, schmuckhafte Begrenzung der ganzen Kirchenanlage und als Rückwand der Chorstühle des Bischofs und der Dignitäre wirken. Hinter ihm ergibt sich eine kleine zusätzliche Sakristei. Im alten Chore wird der Azelinleuchter aufgehängt.

Da der Fussboden erhöht werden soll, muss die Aufhängung der Bernwardstüren im Erdgeschoss des Westwerkes um ein Geringes nach aussen verlegt werden.

Die Sakristei mit Nebenräumen sowie die Schatzkammer liegen an der alten Stelle. Ein neuer besonderer Eingang vom Durchgange am Kapitelhaus aus sorgt in Verbindung mit einem zweckmässigen Treppenhause für eine reibungslose Benutzbarkeit. Die Heizung für die vorgenannten Räume ist darunter angeordnet.

Bei der äusseren Gestaltung, bei der der tektonische Aufbau und die Bauweise eine besondere Rolle spielen, hat sich der Verfasser bemüht, das eingangs Gesagte möglichst zu erreichen. Hier, wo mit der alten Aussenhaut der erhaltenen Bauteile gerechnet werden muss, ist dies von besonderer Bedeutung. Eine Umgestaltung des Westwerkes schien notwendig da das Bisherige erhebliche architektonische Mängel aufweist. Folgende Gedankengänge waren dafür massgebend. Der Dom ist aus der Nähe im allgemeinen mit den Langseiten zu sehen. Das alte Westwerk aber macht von der Seite gesehen einen unangenehmen, schmalen, brettartigen Eindruck. Aus der Ferne, z. B. von der Alfelder Straße oder vom Bergholz aus sieht man das Westwerk frontal in Konkurrenz mit dem mächtigen Turmmassiv der Andreaskirche. Hier wirkt die Zweiturmfront für den Dom zu zierlich und wenig bedeutend. Es erschien dem Verfasser daher notwendig, dem Westwerke allseitig so viel geschlossene Massenhaftigkeit zu geben, dass es von der Seite in gutem Gleichgewicht zur Langhausmasse steht und frontal aus der Ferne wohl nicht als hoher, so doch als mächtiger und bedeutender Turmklotz wirkt und sich damit hinreichend im Stadtbild behauptet. Baulich läßt sich dies verhältnismässig einfach erreichen. Der ganz untere Teil des Bestehenden wird erhalten. Die Türme werden auf ein bestimmtes Mass erniedrigt und erhalten Satteldächer. Das Westparadies aber wird hochgeführt und oben mit dem

Kat.Nr. 10. 2

Mittelteil zu einem kräftigen Turme unter einem Satteldache vereinigt. Die zu oberst sich ergebende Glockenstube mit einer Grundfläche von 8 x 11,5 m im Lichten ist geeignet, ein grosses Domgeläute aufzunehmen. Die unangenehm wirkenden Lisenen und Bogenfriese neuromanischer Art werden beseitigt und die Laibungen der grossen Oeffnungen so verändert, dass sie unserem Formgefühl entsprechen.
Hinter der grossen Oeffnung über dem Westportale ist eine kleine Conche vorgesehen, in der die mit einem neuen goldenen Kreuze zu bekrönende Bernwardsäule aufgestellt wird. Diese Säule hatte ursprünglich den Zweck, den Menschen, die nicht lesen konnten, eine bildhafte Darstellung vom Leben des Heilandes zu geben. Mit dieser Zweckbestimmung ist sie heutzutage im Inneren der Kirche nicht mehr völlig ausgenutzt. Man stelle sie nach außen, wo sie als weltbekanntes Kunstwerk dem Betrachter anzeigt: Dies ist der Dom von Hildesheim.

Hildesheim, den 10. Mai 1949
Regierungsbaurat
Eustach Mänz

Kat. Nr. 10. 1

Grundriß

881 x 1046 mm
Lichtpause, M 1:100
10. 05. 1949
HStA Hannover, Plansammlng, Mappe 752, Bl. 1

Kat. Nr. 10. 2

Ansicht von Südwesten

855 x 933 mm
Lichtpause
10. 05. 1949
HStA Hannover, Plansammlung, Mappe 752, Bl. 2

Kat. Nr. 10. 3

Innenraumperspektive, Blick nach Osten

877 x 963 mm
Lichtpause
10. 05. 1949
HStA Hannover, Plansammlung, Mappe 752, Bl. 3

Kat.Nr. 10. 3

Kat.Nr. 10. 4

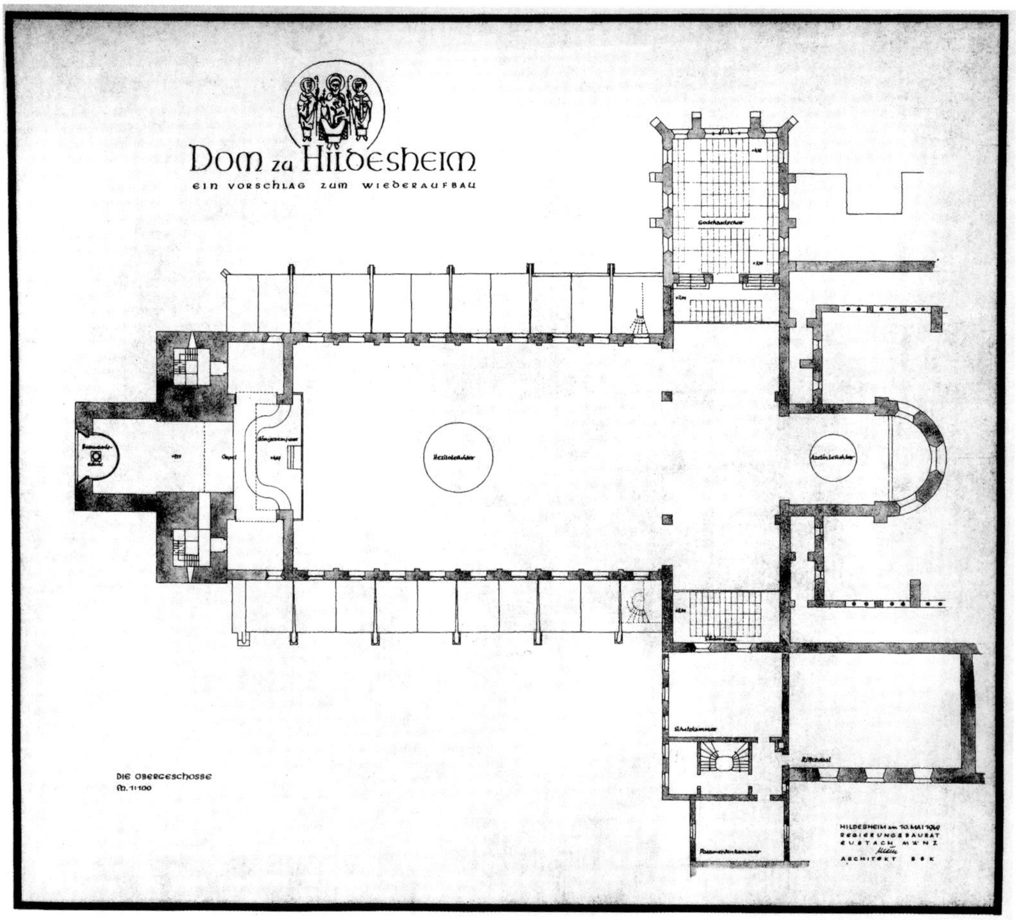

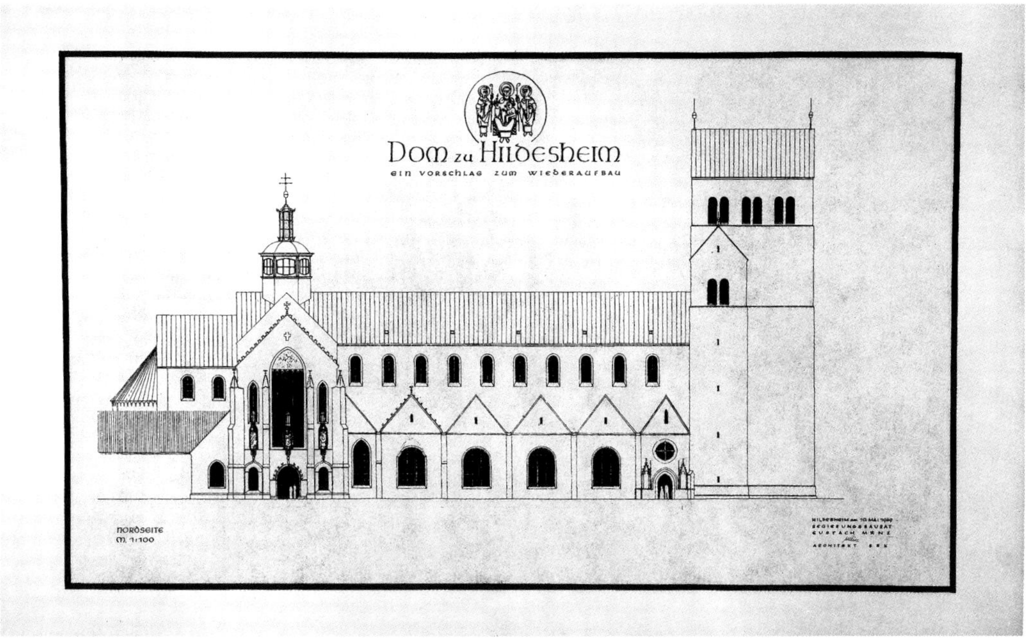

Kat.Nr. 10. 5

Die Innenraumperspektive zeigt deutlich die zu einem monumentalen Baldachin uminterpretierte Vierung. Die querliegenden Tonnen verstärken die Breitenwirkung des Baukörpers.

Kat. Nr. 10. 4
Grundriß der Obergeschosse

885 x 1147 mm
Lichtpause, koloriert, M 1:100
10. 05. 1949
HStA Hannover, Plansammlung, Mappe 752, Bl. 4

Kat. Nr. 10. 5
Ansicht der Nordseite

769 x 1166 mm
Lichtpause, M 1:100
10. 05. 1949
HStA Hannover, Plansammlung, Mappe 752, Bl. 5

Ähnlich wie Weyres empfand auch Mänz das Verhältnis des Westwerks zum übrigen Baukörper als unproportioniert. Aus diesem grunde vergrößerte auch er den Mittelteil, allerdings in der Weise, daß er das Westparadies erhöhte und mit dem Mittelstück des Westwerkes zu einem wuchtigen Westturm zusammenfaßte.

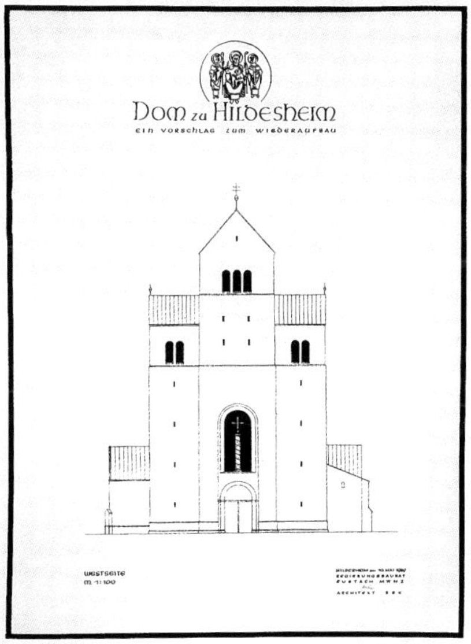

Kat.Nr. 10. 6

Kat. Nr. 10. 6
Ansicht der Westseite

963 x 760 mm
Lichtpause, M 1:100
10. 05. 1949
HStA Hannover, Plansammlung, Mappe 752, Bl. 6

Kat.Nr. 10. 7

Kat.Nr. 10. 8

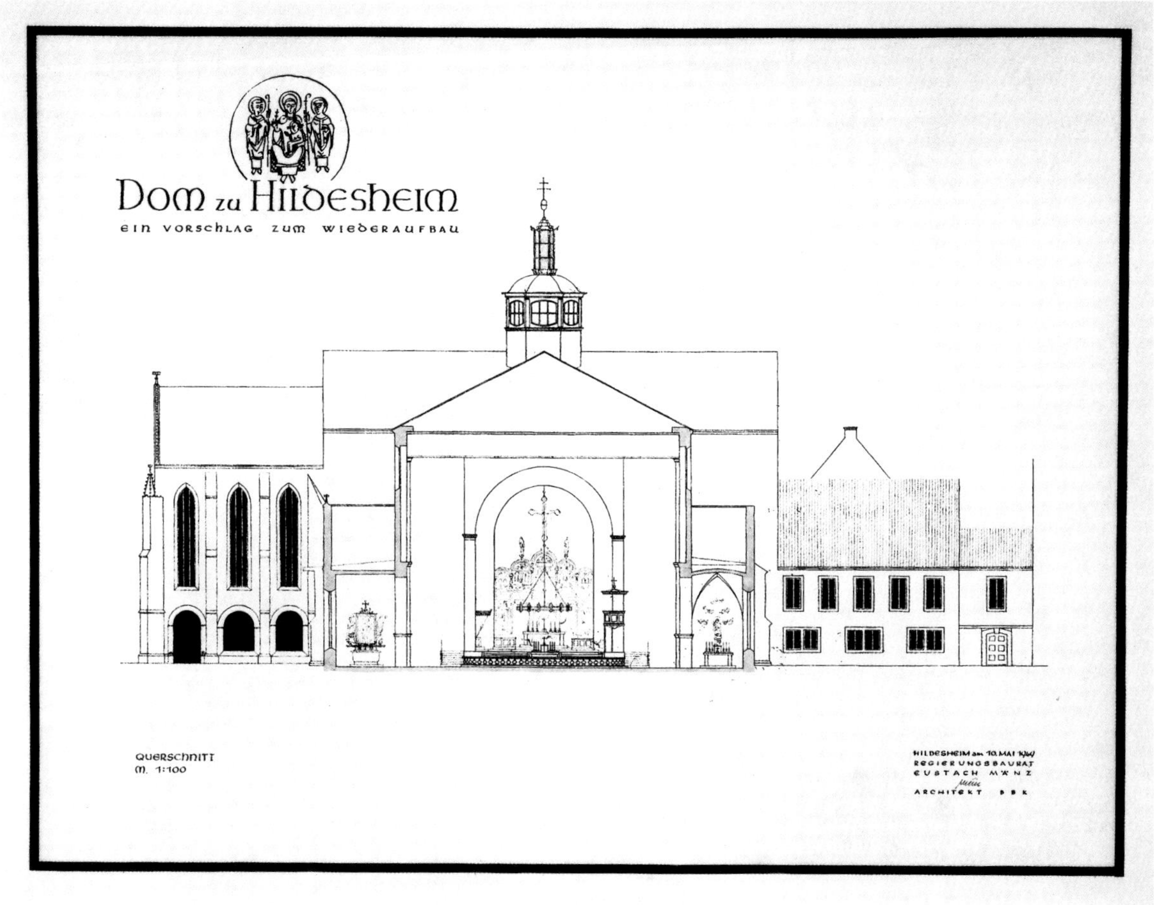

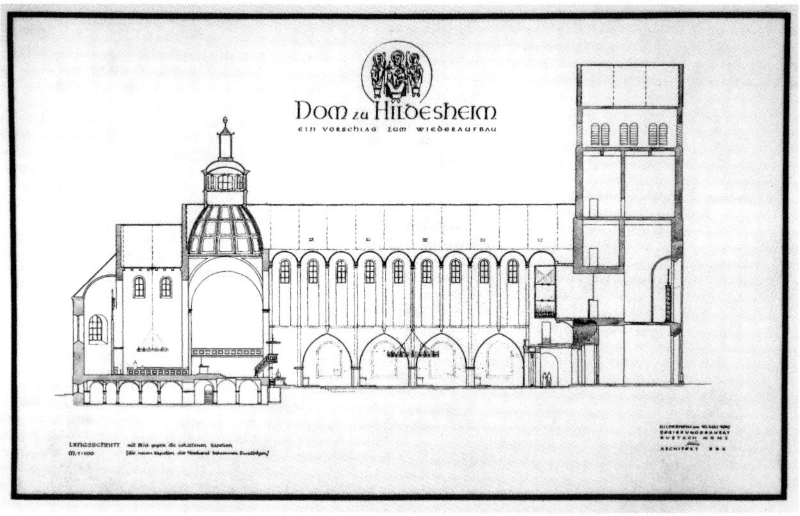

Kat.Nr. 10. 9 (oben links)

Kat.Nr. 10. 10

Kat. Nr. 10. 7
Ansicht der Südseite

790 x 1145 mm
Lichtpause, koloriert, M 1:100
10. 05. 1949
HStA Hannover, Plansammlung, Mappe 752, Bl. 7

Kat. Nr. 10. 8
Querschnitt, Blick nach Osten

802 x 978 mm
Lichtpause, koloriert, M 1:100
10. 05. 1949
HStA Hannover, Plansammlung, Mappe 752, Bl. 8

Kat. Nr. 10. 9
Längsschnitt, mit Blick gegen die erhaltenen Kapellen

799 x 1156 mm
Lichtpause, koloriert, M 1:100
10. 05. 1949
HStA Hannover, Plansammlung, Mappe 752, Bl. 9

Kat. Nr. 10. 10
Innenraumperspektive, Blick von der Vierung nach Südost

775 x 678 mm
Lichtpause; 10. 05. 1949
HStA Hannover, Plansammlung, Mappe 752, Bl. 10

U.K

Kat. Nr. 11

Jan Wilhelm Prendel

Jan Wilhelm Prendel hatte zwei Alternativvorschläge ausgearbeitet, reichte bei dem Wettbewerb aber nicht alle Pläne ein. Prendel ging neben Fricke als Favorit aus dem Wettbewerb hervor. Am 1. Juni 1949 erhielten sowohl Fricke als auch Prendel den Auftrag, ihre Entwürfe weiter auszuarbeiten. Spätestens im Frühjahr 1950 wurde der Auftrag aber an Fricke alleine übergeben. Prendel arbeitete seit 1948 als leitender Architekt an St. Michael, wo im September 1950 bereits das wiederhergestellte Langhaus eingeweiht werden konnte.

Zu seinen Wiederaufbauvorschläge für den Dom formuliert er:

Der Dom zu Hildesheim
Erläuterungsbericht zum Plangutachten
Vorschlag A und B
Verfasser: Oberregierungs- und -baurat Prendel, Hannover

Der Hildesheimer Dom vor seiner Zerstörung war ein mehr durch Würde und Tradition als durch formale Überzeugungskraft bedeutsames Bauwerk. Wenn die gotischen Erweiterungsbauten sich noch beinahe nahtlos eingefügt hatten, so wollte das elegante Kostüm der barocken

Stuckdekoration der herben romanischen Basilika nicht überall passen, die dazu noch vor hundert Jahren mit dem Hezilowestwerk das wichtigste Stück des Außenbaues verlor, wofür die akademisch - trockene Zweiturmfront nur ein matter Ersatz sein konnte.

Fast unverändert war die Ostchorfront durch die Jahrhunderte auf unsere Zeit überkommen und es ist ein besonderer Glücksfall, daß gerade hier die Kriegszerstörungen verhältnismäßig leicht ausgeglichen werden können. Denn bei einer kritischen Betrachtung der noch vorhandenen Baureste ist die Frage nach der künftigen Gestalt der Choranlage entscheidend. Mir erscheint als wichtigste Forderung an die Ausbildung der äußeren Chorfront, daß der Annenfriedhof unbedingt die frühe Abschlußwand nach Westen erhält, damit dieses Herzstück des alten Hildesheim seine Gestalt, seine maßstäbliche Einheit bewahren kann. Wie stark dieser Zwang sich auf die Gesamtlösung auswirkt, wird noch zu zeigen sein.

Von den übrigen erhalten gebliebenen größeren Gebäudeteilen verdient das Nordparadies jede Rücksicht, zumal da es sich auch leicht einpassen läßt. Die Kapellen der Südfront sind zwar ebenfalls noch in brauchbarem Zustand, aber durch die barocke Umgestaltung der Fenster nicht mehr von so eindeutigem Wert, daß die Erhaltung zweifelsfrei notwendig erscheint. Allerdings könnte die Beseitigung nur durch einen vollständigen Neubau des Domes gerechtfertigt

Kat.Nr. 11. 1

werden. Wer dazu den Mut und die Fähigkeit hat, sollte das nicht aus Rücksicht auf die Südfront aufgeben.

Die nur in den obersten Geschossen ernstlich beschädigte neuromanische Turmanlage wird als eine Belastung für eine großzügige Wiederaufbauplanung empfunden. Vor allem die schematisch glatte Behandlung der Gliederungen und des Fugenschnittes erschweren die Einbeziehung in eine Neugestaltung des Domes. Nur wirtschaftliche Gründe können für die Erhaltung sprechen, die dann zur Folge hat, daß der massive Mauerklotz der Türme die erwünschte Verlängerung des Schiffes verhindert.

Die sorgfältigste Prüfung erfordert die Frage, ob die südliche Mittelschiffwand erhalten bleiben und dem erneuerten Bau eingefügt werden kann. Leider ergibt sich bei näherer Untersuchung, daß der Bestand weder konstruktiv noch formal gesund ist. Die Barockdekoration ist zerstört, eine kopierende Wiederherstellung kommt schon aus handwerklichen Schwierigkeiten nicht in Betracht. Aber auch der romanische Kern ist nur noch trauriges Stückwerk, weil die Stuckateure für ihre korinthisierenden Kapitäle die Würfelkapitäle erheblich abgearbeitet haben. Das ist entscheidend, denn das Gefüge des Wandmauerwerks ist so mürbe, und die Säulen sind so rissig, daß höchst umständliche Sicherungs- und Auswechselungsarbeiten notwendig wären. Die würden sich nur lohnen, wenn die romanische Urform noch erhalten wäre, statt des fast abstrakten Proportionsschemas, das die Wand jetzt nur noch darstellt. Wichtig ist auch, daß die Wand am alten Platz der so sehr erwünschten Verbreiterung des Mittelschiffes im Wege stehen würde.

Von den Resten der nördlichen Kapellenfront erscheinen nur das Portal mit der Fensterrose wichtig, die jedoch ohnehin abgebaut und neu versetzt werden müssen, also sich auch in eine neue Wand einbauen lassen. Daß die Krypta sorgsamst geschont werden muß, bedarf wohl keiner Begründung.

Aus dieser Bewertung der Baureste ergeben sich für die Wiederaufbauplanung folgende Bedingungen: Apsis mit Chorquadrat und Nordparadies sind zu erhalten und genau zu ergänzen. Die Krypta bestimmt die Höhenlage des Altarraumes. Die Südkapellen bleiben, damit die Außenfront zum kleinen Domhof ihr Gepräge behält. Auch die Masse des Turmmauerwerks ist zu verwenden, nachdem eine wesentliche Vergrößerung der Domgrundfläche vom Klerus nicht gefordert wird und damit eine Verlängerung des Schiffes nach Westen nicht notwendig ist.

Die Entwurfsarbeit ist also im Osten, Süden und Westen angebunden und nur im Norden freier, aber auch dort dem Nordparadies als dem beherrschenden Bauteil zu respektvoller Rücksicht verpflichtet. Insbesondere ist damit die Hauptgesimshöhe des Mittelschiffes festgelegt, denn es erscheint keine Lösung denkbar, die den Hauptkörper am Gesims und am First wesentlich höher führt als am Nordparadies. Wenn die Vierung ihre liturgische und räumliche Bedeutung behalten soll, so muß dem im Außenbau der klare Zusammenschnitt der Firstlinien entsprechen, der von der goldenen Kuppel überhöht, Innen und Außen in Durchdringung sichtbar werden läßt. Weiter folgt daraus, daß eine Verbreiterung des Mittelschiffes begrenzt ist durch die bei festliegender Firsthöhe noch mögliche Dachneigung, die von der des Nordparadieses nicht wesentlich abweichen darf. Fast noch wichtiger ist die Einhaltung der Höhen und Querschnittverhältnisse an der Ostchorfront wegen der bereits erwähnten Schonung des Annenfriedhofes, dessen Westabschluß keine Übersteigerung verträgt.

Der Entwurf wird also wesentlich vom Querschnitt bestimmt, von der Entscheidung: Basilika oder Hallenkirche, von der Frage: einschiffig oder dreischiffig?

Der neue Dom muß im Inneren weiträumiger und übersichtlicher werden, damit die Zahl der Plätze, die einen freien Blick zum Altar haben, vermehrt wird. Darum ist in beiden Vorschlägen das Mittelschiff auf 12,00 m verbreitert, so daß noch etwa 3,00 m für das südliche Seitenschiff bleiben. An der Nordseite werden Kapellen nicht wieder vorgeschlagen, sondern, um viele gute Plätze zu gewinnen, ein 8,00 m breites Seitenschiff.

Der Vorschlag A gestaltet das Mittelschiff symmetrisch und behält den basilikalen Querschnitt bei. Die Stützweite der Arkaden ist auf 7,00 (statt 3,30!) m vergrößert, so daß nur 4 Säulen den Blick zum Altar überschneiden. Eine Beziehung zwischen Mittelschiff und Kapellen, die auch früher kaum vorhanden war, ist in der Gliederung nicht gesucht. Ohne Abtrennung durch einen Vierungsbogen schließt sich an das Langhaus der um 1,58 m erhöhte Gemeindechor, durch Stufen fast in ganzer Breite verbunden. Über dem Kreuzaltar mit dem Godehardsschrein öffnet sich die Vierungsdecke und läßt

Kat.Nr. 11. 2

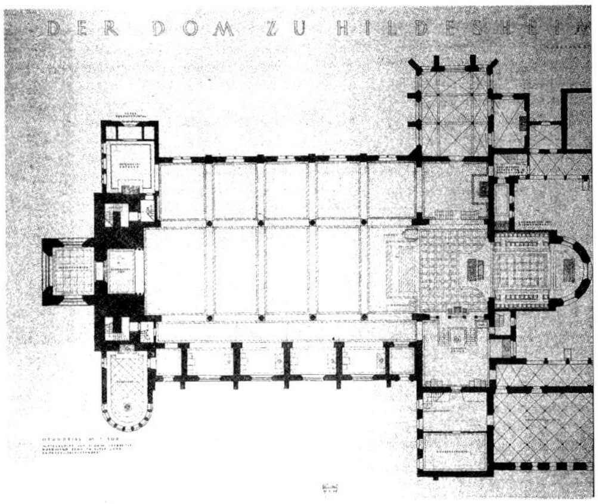

Kat.Nr. 11. 3

von der goldenen Kuppel Licht auf den Ort der heiligen Handlung herabströmen. Erst durch diese sichtbar gewordene Beziehung nach oben und außen erhält die Vierung die ihr zukommende Bedeutung.

Der Lettner wäre als Hintergrund des Kreuzaltars zu unruhig und sollte auch nicht den Hauptblickpunkt der Kirche bilden. Zwischen Vierung und Chorquadrat würde er den Chor zu stark von dem Hauptschiff abtrennen. Darum wird als Platz der Vierungsbogen zum südlichen Querschiff vorgeschlagen, gleichzeitig als Rückwand für den Bischofsthron. Auf die Durchgänge im Lettner mündet eine Doppeltreppe, die Christussäule umfassend und deren oberen Reliefs der Heilsgeschichte für die Betrachtung zugänglich machend.

Das nördliche Seitenschiff erfährt eine erhebliche Ausdehnung durch den in ganzer Breite sich öffnenden Godehardchor über dem Paradies. Dort lassen sich auf ansteigendem Gestühl viele Plätze mit freier Sicht auf den Altar schaffen. Der Gedanke liegt nahe, dort oben auch Orgel- und Sängerempore unterzubringen, aber es sind akustische Mängel zu befürchten, es sei denn, man beschränke sich auf eine Nebenorgel.

Um den Hochaltar im Osten aufstellen zu können, ist an der üblichen Anordnung des Chorgestühls festgehalten, die in ausreichender Weiträumigkeit möglich ist, wenn im Mauerwerk des Chorquadrums Nischen ausgespart werden.

Die Kanzel ist wie ein Ambo, wenig gegen das Altarniveau erhöht, so weit vorgezogen, daß die Stimme des Predigers ungehindert auch in das Seitenschiff dringen kann. Als Gegenstück dazu ist am südlichen Pfeiler die Irmensäule als Ort der Muttergottesverehrung aufgestellt.

Im Westen wird das Mittelschiff von der Orgelempore begrenzt, die bis in den Turmvorbau hineinreicht und weit in das erste Joch vorkragt, um den geforderten Platz für Sänger und Musikanten zu schaffen.

Als Abschluß der südlichen Kapellen, deren Reihe am Westende jetzt unvermittelt abbricht, ist eine neue Taufkapelle kräftig vorgezogen, als Standort für das großartige Taufbecken. Entsprechend endet die nördliche Außenwand an einem Kapellenbau, der auch, unter Verwendung der alten Gewände, das Nordwestportal aufnimmt.

Die Innengestaltung ist als Werksteinbau gedacht, der Wärme und Farbigkeit durch die alten und neuen Ausstattungsstücke, durch plastische, vielleicht figurliche Bearbeitung der Kapitäle und durch die Fresken an den Landhauswänden erhält. Die massive, geputzte Decke wird durch die hellen, bemalten Flachkuppelfelder alle Schwere verlieren.

Kat.Nr. 11. 4

Das Hauptproblem im Äußeren bildet die Einfügung des Turmes, für den eine Westwerk-ähnliche Zusammenfassung der Schäfte durch ein stark aufgelöstes Glockenhaus vorgeschlagen wird. Der ungefüge Mauerkörper des Vorbaues ist im Erdgeschoß zu einer nach drei Seiten offenen Vorhalle (Paradies) umgestaltet, die einen würdigen Rahmen für die Bronzetüren bilden könnte. Die neue Seitenschiffwand muß zwischen den Gewichten, stark sprechenden gotischen Giebeln so zurückhaltend wie möglich gehalten werden, mit großen Fensterflächen entsprechend den barocken Fenstern der Südwand.

Ein besonderer Nachteil des alten Domes war die abgesunken wirkende, tiefe Lage auf den im Lauf der Jahrhunderte stark aufgehöhten Domfriedhöfen, so daß man bis zu fünf Stufen zum Schiff heruntersteigen mußte. Das kann jetzt dadurch ausgeglichen werden, daß an den Längsseiten das Gelände abgestuft und der neue Kirchenfußboden um 0,30 m aufgehöht wird.

Bei der Lösung nach dem Vorschlag A könnte als Mangel empfunden werden, daß der Innenraum eine gewisse Schwere und Gedrungenheit der Proportionen erkennen läßt, mehr vielleicht als dem Raumgefühl unserer Zeit gemäß ist.

Der Vorschlag B macht sich darum von der Bindung an die Symmetrieachse frei und versucht, indem das nördliche Seitenschiff auf die Höhe des Mittelschiffes gebracht wird, dem Inneren mehr freie Weite und Großzügigkeit zu geben, die einer Domkirche wohl anstehen. Die schon erwähnten Rücksichten auf die äußere Dach- und Baukörpergestalt machen eine gleichartige Ausbildung der südlichen Mittelschiffabtrennung unmöglich. Der Anschluß der Kapellendächer legt die Fensterhöhe im Obergaden fest - kurz, es wird notwendig und wahrscheinlich richtig sein, nördliche und südliche Hälfte klar in ihrem Eigengepräge gegeneinander zu setzen, aber beide zusammenzubinden durch eine starke Betonung der Gesamtorientierung zum Altarraum. Eine Überblendung des Schiffes durch die hohen Fenster kann auch [durch] farbige Verglasung vermieden werden, damit auch die Lichtführung zum Altar zielt. Hierbei kommt dem Oberlicht unter dem Vierungsturm besondere Bedeutung zu.

Im Grundriß besteht die wichtigste Veränderung gegenüber der ersten Fassung in dem Verzicht auf neue Kapellen im Westen, um den Turmkörper ohne Überschneidungen aufsteigen zu lassen. Als Taufkapelle wird die Kapelle aller Patrone am Nordparadies vorgeschlagen. Durch das hochgeführte Seitenschiff erhält die Nordfront einen monumentalen Zug, wird aber durch die Querdächer maßstäblich wieder dem alten Bauwerk angeglichen.

Bei dem Vergleich beider Fassungen scheinen mir die größeren Entwicklungsmöglichkeiten im Vorschlag B zu liegen, der bei sorgfältiger Durchbildung im einzelnen wahrscheinlich auch ohne Wiederholung der zerstörten Bauteile mit den Gestaltungsmitteln unserer Zeit einen einheitlichen Gesamtbau erwarten läßt.

Kat. Nr. 11. 1
Innenraumperspektive, Vorschlag A

883 x 1096 mm
Lichtpause
HStA Hannover, Plansammlung, Mappe 753, Bl. 1

Die Vorlage, Kohle auf Transparent, befindet sich im HStA Hannober, Plansammlung, Mappe 1182, Bl. 14.

Kat. Nr. 11. 2
Ansicht von Nordwest, Vorschlag B

890 x 1105 mm
Lichtpause
HStA Hannover, Plansammlung, Mappe 753, Bl. 2

Die Vorlage, Tusche auf Transparent, befindet isch im HStA Hannover, Plansammlung, Mappe 1182, Bl. 7.

Kat. Nr. 11. 3
Grundriß, Vorschlag B

885 x 1095 mm
Lichtpause
HStA Hannover, Plansammlung, Mappe 753, Bl. 3

Die Vorlage, Tusche auf Transparent, befindet sich im HStA Hannover, Plansammlung, Mappe 1182, Bl. 8.

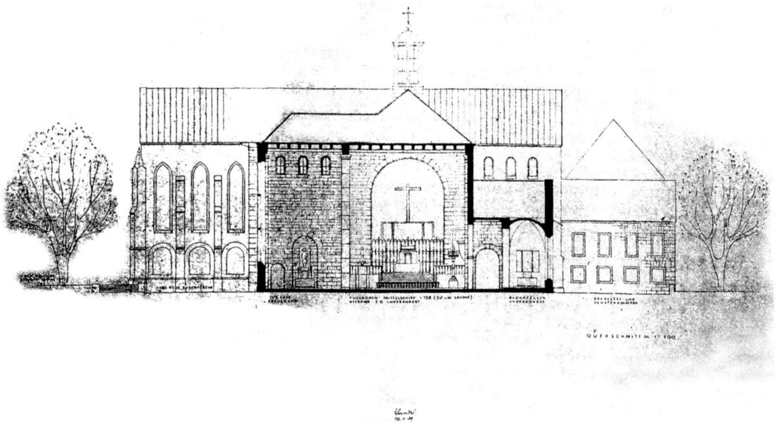

Kat.Nr. 11. 5

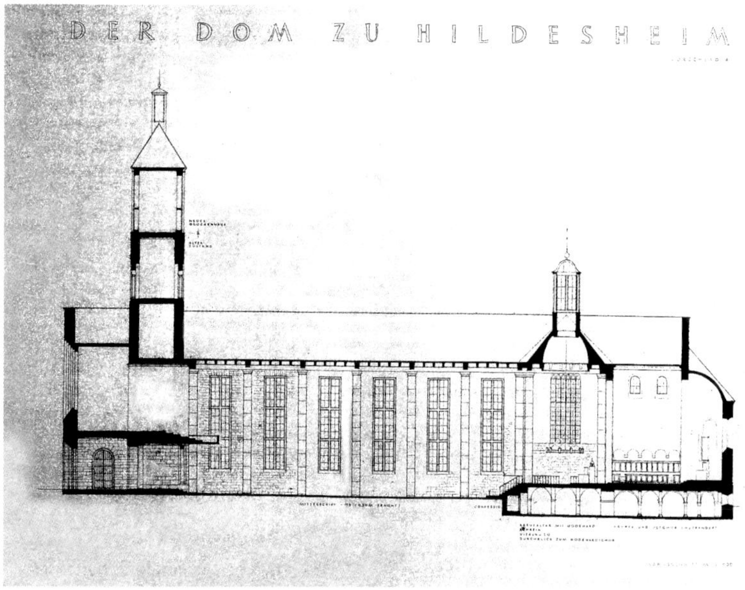

Kat.Nr. 11. 6

Kat.Nr. 11. 7

Kat.Nr. 13. 13 Blick in das Chormodell mit Deckenvariante III. (13. 34)

chen Kapellenreihe. Sie wurde 1999 ergänzt. Fest montiert sind die Kapellentrennwände der nördlichen Seitenkapellen und deren Außenwand. In die Kapellen sind Bodenplatten eingelegt und von oben jeweils Gewölbekappen eingesetzt.

13.2
Grundplatte für den südlichen Querhausarm.

Die Grundplatte ist separat gearbeitet, weil das Bodenniveau hier tiefer liegt als im Langhaus und im nördlichen Querhausarm.

13.3
Grundplatte für die Vierung.

Angearbeitet sind die westlichen Treppenabgänge in die Krypta. Das Mittelstück des über der Krypta liegenden Vierungsbodens mit dem Altarmodell wurde erst nachträglich herausgesägt. Vermutlich geschah dies als man an dem Modell die verschiedenen Deckenvarianten erprobte.

13.4
Nordwand der südlichen Kapellenreihe und Trennwände der südlichen Seitenkapellen.

Zugehörend Einsätze für die Kreuzgratgewölbe.

Kat.Nr. 13 Gesamtansicht des Modells

Kat.Nr. 13 Innenansicht, Blick nach Westen mit Deckenvariante I (13. 18 und 13. 20)

13.5
Außenwand der südlichen Kapellenreihe

13.6
Westwerk.

Die Ausbildung des Westparadieses geht auf die am 10. Februar 1958 von Fricke vorgelegten Planungen zurück. Der Auftrag, das Modell anfertigen zu lassen, erging in der Sitzung der Dombaukommission vom 28. Februar 1958.[3] An das Modell angearbeitet sind das Gewölbe und der Boden der Orgelempore. Im östlichen Teil des Obergeschosses ist ein Tonnengewölbe eingehängt. Einschnitte und Reparaturen an der Südwand belegen, daß die Gestaltung der Fenster und der Zugänge am Modell nachträglich verändert worden sind.

13.7
Nördliche Obergadenwand mit angearbeiteter Decke für das nördliche Seitenschiff.

13.8
Deckenplatte für das erste Joch des nördlichen Seitenschiffes.

13.9
Südliche Obergadenwand mit angearbeiteter Decke für das südliche Seitenschiff.

13.10
Deckenplatte für das erste Joch des südlichen Seitenschiffes.

13.11
Arkadenstellung für die Orgelempore.

Angearbeitet die Wandstücke mit den Nischensäulen der nördlichen und südlichen Mittelschiffswand.

13.12
Querhaus mit Godehardichor.

13.13
Chor mit abnehmbarer Apsiskalotte.

Dieses Chormodell wurde im März 1959 an Ludwig Baur geschickt,[4] der die Innenseiten des Modells mit seinem Entwurf für die Chorgestaltung ausstattete. Dieser umfaßt die Bemalung der Apsiswand und der Kalotte, die Gestaltung der Sakramentsnische, die Inschrift am Chorbogen und die Gestaltung des Fußbodens. An dem Modell ist ein erster, in kräftigeren Farben gehaltener Entwurf mit einem jüngeren, in neutraleren Farben gehaltenen Entwurf überdeckt.

13.14
Aufgang zu Godehardichor. 1. Variante.

13.15
Aufgang zum Godehardichor 2. Variante.

Die beiden Modelle wurden in der Sitzung vom 10. Juli 1958 vorgeführt.[5]

13.16
Einsatz für die Nebenapsis im nördlichen Querhausarm.

13.17
Einsatz für eine Seitenkapelle im südlichen Querhausarm.

13.18
Deckenplatte für das Langhausmittelschiff, Variante I.

13.19
Deckenplatte für den südlichen Querhausarm, Variante I.

13.20

Deckenplatte für die Vierung mit leicht überhöhter achteckiger Balkendecke um einen achteckigen, mit Glas geschlossenen Okulus.

Die Überleitung an den Ecken vom Oktogon zum Vierungsquadrat geschieht vermittels Pendentifs. Zu dem Modell gibt es eine achteckige Holzplatte, mit der gläseren Okulus verschlossen werden kann.

13.21

Deckenplatte über dem nördlichen Querhausarm, Variante I.

13.22

Deckenplatte für den Godehardichor, Variante I.

13.23

Deckenplatte für das Chorquadrat, Variante I.

13.24

Decke für das Langhausmittelschiff, Variante II.

Von dieser Deckenplatte waren nur noch die abgenommenen Leisten, teilweise gebrochen und nicht ganz vollständig erhalten. Sie wurden 1999 auf eine neue Trägerplatte montiert.

13.25

Deckenplatte für den südlichen Querhausarm, Variante II.

13.26

Deckenplatte für den nördlichen Querhausarm, Variante II.

Kat.Nr. 13. Blick in das südliche Seitenschiff

13.27

Deckenplatte für den Godehardichor, Variante II.

13.28

Deckenplatte für das Chorquadrat, Variante II.

13.29

Decke für das Langhausmittelschiff, Variante III.

Von dieser Platte waren nur noch fragmentarisch die abgenommenen Profilleisten erhalten. Sie wurden ebenfalls auf eine neue Trägerplatte montiert.

Kat.Nr. 13

Innenansicht, Blick nach Osten mit Decken-Variante I. (S. 238)

Innenansicht, Blick nach Osten mit Decken-Variante II. (oben links)

Innenansicht, Blick nach Osten mit Decken-Variante III. (oben rechts)

Innenansicht, Blick nach Westen mit Decken-Variante III. (rechts)

Decke nördl. Querhausarm, Variante I.
Kat.Nr. 13. 21
(links)

Decke Godehardichor
Variante I.
Kat.Nr.13. 22
(rechts)

Decke Vierung zu
Variante I.
Kat.Nr. 13. 20
(links)

Decke südl. Querhausarm, Variante III.
Kat.Nr. 13. 6
(rechts)

Decke nördlicher Querhausarm, Variante III.
Kat.Nr. 13. 32
(links)

Decke Vierung
Variante III.
Kat.Nr. 13. 31
(rechts)

13.30
Deckenplatte für den südlichen Querhausarm, Variante III.

13.31
Deckenplatte für die Vierung, Variante III.

13.32
Deckenplatte für den nördlichen Querhausarm, Variante III.

13.33
Deckenplatte für den Godehardichor, Variante III.

13.34
Deckenplatte für das Chorquadrat, Variante III.

13.35
Leisten für eine vierte Deckenvariante.

13.36
Orgelprospekt für eine Orgel auf der Westempore.

13.37
Altarmodell.

13.38
Kanzelmodell.

13.39
Kalotte für ein Gewölbe.

Eventuell gedacht für die Nebenapsis im nördlichen Querhausarm.

13.40
Zwei Pendentifs für die Vierung.

Möglicherweise stehen sie in Zusammenhang mit der ursprünglich an diesem Modell vorhanden gewesenen massiven Kuppel.

Decke Chor Variante III. Kat.Nr. 13. 34 (oben links)

Aufgang zum Godehardichor 1. Variante Kat.Nr. 13.14 (oben rechts)

Aufgang zum Godehardichor 2. Variante Kat.Nr. 13.15 (unten)

Kat.Nr. 28. 1

Kat.Nr. 28. 2

Kat.Nr. 28. 3

Kat.Nr. 28. 4

Kat.Nr. 29. 1 u. 29. 2

Kat.Nr. 30.1

Kat.Nr. 30.3

Kat.Nr. 30.4

Kat.Nr. 30.5

Der Orgelexperte beim Landesdenkmalamt von Niedersachsen, Heinz Wolff war bereits 1956 mit ersten Entwürfen für die Hildesheimer Domorgel befaßt. Diese Planungen waren zunächst aber nicht weiter verfolgt worden. Als ab Sommer 1958 erneut die Orgelfrage in Angriff genommen wurde, hat man Wolf ebenfalls als Berater hinzugezogen. So unterbreitete er Ende Januar 1959 eine Auswahl von unterschiedlichen Konzepten für die Disposition der zukünftigen Domorgel, die das Spektrum der damals diskutierten Möglichkeiten umreißen.

U.K.

Kat. Nr. 28

Orgelentwürfe

28.1
Prospekt für die Domorgel

861 x 488 (820 x 447) mm
Lichtpause koloriert
Datiert 16. 6. 1959
BGV Hildesheim, Planarchiv der Bauabteilung

28.2
Prospekt für die Domorgel

865 x 512 (934 x 455) mm
Lichtpause koloriert
Datiert 21. 8. 59
BGV Hildesheim, Planarchiv der Bauabteilung

Von diesem Typ gibt es noch 3 nicht kolorierte Alternativen.

28.3
Prospekt für die Domorgel

870 x 508 (837 x 452) mm
Lichtpause koloriert
Datiert 21. 8. 59

BGV Hildesheim, Planarchiv der Bauabteilung
Von dieser Fassung gibt es drei nicht kolorierte Varianten.

28.4
Prospekt für die Domorgel

860 x 492 (835 x 454) mm
Lichtpause koloriert
Datiert 17. 9. 59
BGV Hildesheim, Planarchiv der Bauabteilung

Es gibt noch eine unkolorierte Variante.

Bereits am 10. Juli 1958 hatte eine Besprechung über die für den Hildesheimer Dom zu bauende Orgel zwischen Bischof Heinrich Maria und dem Müsteraner Rudolf Reuter stattgefunden. Dem schloß sich eine Ortbesichtigung und ein vom 26. September 1958 datiertes Gutachten an. Am 9./10. März 1959 fand ein gemeinsames Gespräch mit Bischof Heinrich Maria, Architekt Fricke und dem Orgelexperten Wolff statt. Am 10. Juni 1959 schließlich, nachdem der Auftrag an die Firma Breil in Dorsten vergeben worden war, wurde von Reuter und seinem Mitarbeiter die Orgelempore vermessen. Auf dieser Grundlage entstanden die vorliegenden Pläne, die erste Fassung, am 16. Juni 1959, die Überarbeitungen dann im August und September desselben Jahres. Bei der Ausarbeitung seiner Prospektentwürfe arbeitete Reuter mit dem Münsteraner Architekten Franz Fischer zusammen.

U. K

Kat. Nr. 29

Kugelleuchten

Fa. Kinkeldey, Bad Pyrmont 1960

29.1:
Kugelleuchte, messingfarben

H. 20 cm, Dm. 22 cm, Dm. der Öffnung 14,5 cm
Aluminium oder Weißblech mit messingfarbenem Anstrich, Innenanstrich weiß
Hildesheim, Hohe Domkirche

29.2:
Kugelleuchte, brozefarben

H. 20 cm, Dm. 22 cm, Dm. der Öffnung 14,5 cm
Aluminium oder Weißblech mit bronzefarbenem Anstrich
Hildesheim, Hohe Domkirche

Die beiden Kugelleuchten sind wohl Alternativmodelle für die Leuchten im Dom gemäß dem Beleuchtungsplan von A. H. Kinkeldey aus Bad Pyrmont (siehe Beitrag Scholz, S. 100ff.). Die Leuchten, die jetzt im Dom hängen, entsprechen dem messingfarbenen Modell.

E.S.

Kat. Nr. 30

Entwürfe für die Gestaltung des Altars in der Krypta

Heinrich Waldmann, Hildesheim, 1956

30.1:
"Ideenskizze: Gesamtraum"

H. 31,5 cm, B. 34,3 cm; Rand beschnitten, da Numerierung fehlt
Papier auf schwarzem Karton, Zeichnung in Bleistift angelegt, Ausführung in Aquarell
unten links beschriftet, unten rechts signiert

30.2:
"Ideenskizze: Gesamtraum - Lösungsvorschlag"

H. 30 cm, B. 42,2 cm
Transparentpapier auf weißem Karton, Bleistiftzeichnung
unten links beschriftet, unten rechts signiert, oben rechts auf dem Karton numeriert

30.3:
"Ideenskizze für ein Tabernakel"

H. 42 cm, B. 29,8 cm
Papier auf schwarzem Karton, Zeichnung in Bleistift angelegt, Ausführung in Aquarell
unten links beschriftet, unten rechts signiert, oben rechts auf dem Karton numeriert

30.4:
"Ideenskizze für ein Altarkreuz"

H. 42 cm, B. 17 cm
Papier auf schwarzem Karton, Zeichnung in Bleistift angelegt, Ausführung in Aquarell, unter der Zeichnung beschriftet und signiert, oben rechts auf dem Karton numeriert.

30.5:
"Ideenskizze für einen Ewig-Lichtträger"

H. 42 cm, B. 17 cm
Papier auf schwarzem Karton, Zeichnung in Bleistift angelegt, Ausführung in Aquarell
unter der Zeichnung beschriftet und signiert, oben rechts auf dem Karton numeriert

Kat.Nr. 30. 2

BGV Hildesheim, Planarchiv der Bauabteilung

Zur Beschreibung s. Beitrag Scholz

E.S.

Kat.Nr. 31

Kasel mit Zubehör zur Bischofsweihe

Benediktinerinnenabtei Herstelle, 1957

Kasel: L. 130 cm, B. 160 cm
Stola: L. 112 cm, B. 10 cm
Manipel: L. 44 cm, B. 8,5 cm
Bursa: 20,5 x 20,5 cm
Kelchvelum 35 x 40 cm
Missalpultdecke: 52,5 x 54 cm

Trägerstoff für alle Objekte: Wollseidengewebe
Kasel: Seidenfutter, Applikationen aus Samt, Seide, Goldborten und vergoldetem Leder, Goldfäden, Glasperlen, Pailletten, Sticktwist
Stola, Manipel, Kelchvelum: Seidenfutter, Goldfäden, Sticktwist
Bursa: Seidenfutter, Metallfäden, vergoldetes Leder, Sticktwist
Missalpultdecke: Seidenfutter, Applikationen aus Samt, Seide und vergoldetem Leder, Goldfäden

Domkapitel Hildesheim (aus dem Nachlaß von Bischof Heinrich Maria Janssen)

Die helle Kasel mit Zubehör wurde für die Bischofsweihe von Bischof Heinrich Maria Janssen am 14.Mai 1957 im Benediktinerinnenkloster Herstelle gearbeitet. Der Trägerstoff besteht aus cremefarbener Wolle und Seide in Leinengewebe, das durch einen Boucléfaden strukturiert wird. Die Kasel hat die Form einer Glockenkasel. Sie ist mit rosabrauner Seide gefüttert, der Ausschnitt wird von einem breiten Streifen aus dunkelrotem, gefältetem Samt eingefaßt. Dieser Samtstreifen wird seinerseits am Ausschnitt durch eine dunkelrote Kordel gesäumt, zum Gewand hin durch zwei gedrehte Metallfäden, die wie ein Perlbesatz wirken, und zwei Goldfäden in Anlegetechnik abgesetzt.

Kat.Nr. 31

Die Kaselstäbe der Vorder- und Rückenseite zeigen einen stark stilisierten Weinstock, das Symbol für Christus und die Gemeinde (Joh. 15,5: Ich bin der Weinstock, ihr seid die Reben). Ein dunkelroter, breiter Seidenstreifen dient als Untergrund. Die Farbe Rot ist die Farbe des Weines und des Blutes und spielt damit auf das Mysterium der Meßfeier an, in der der Wein in das Blut Christi verwandelt wird. Die breite, vertikal verlaufende Goldborte symbolisiert den Stamm des Weinstocks, von dem Blätter und Reben abzweigen. Diese sind aus verschiedenartigen Goldfäden und Applikationen aus vergoldetem und versilbertem Leder gestaltet. Die Blätter liegen auf vertikalen Streifen aus rotem Samt und breiter Goldborte, die Reben sind direkt auf dem dunkelroten Samt angelegt. Seide, Samt und Goldborte als Hintergrund gliedern die Vertikale in unterschiedlichen Abständen und geben dadurch einen Rhythmus vor. Dieser wird aufgenommen und verstärkt durch die zarten, geschwungenen, an - und abschwellenden Linien der Blätter. Der vorherrschende Farbklang aus Gold- und Rottönen verleiht der Kasel einen festlich-feierlichen Charakter, wie er dem Anlaß gemäß ist.
Zur Kasel gehören noch die Stola, das Manipel, die Bursa, das Kelchvelum und die Missalpultdecke. Stola und Manipel sind jeweils in der Mitte und an den Enden mit Kreuzen aus Goldfäden bzw. Goldfäden und rotem Sticktwist geschmückt. Auch das Kelchvelum trägt ein solches Kreuz. Die Bursa ist mit Stickereien und Applikationen aufwendiger gestaltet. In vergoldetem Leder und Goldfäden in Anlegetechnik zeigt sie das Christusmonogram, das aus den griechischen Buchstaben X und P gebildet wird. Am unteren Ende des Monogramms hängt eine Rebe mit einem Weinblatt, die aus unterschiedlichen Goldfäden in Anlegetechnik und dunkelrotem Sticktwist gearbeitet sind. Damit wird die

Kat.Nr. 31
(oben rechts und links)

Ikonographie der Kasel in veränderter Form auf der Bursa wieder aufgegriffen. Die Missalpultdecke ist an ihrer unteren Längskante mit einem Streifen aus dunkelroter Seide versehen, wie sie auch für die Kaselstäbe benutzt wurde. Auch dieser Seidenstreifen wird durch Applikationen aus dunkelrotem Samt und vergoldetem Leder mit Goldfäden gegliedert.

E.S.

Kat.Nr. 32

Pontifikalschuhe und -handschuhe zur Bischofsweihe

Stickerei: Hersteller unbekannt, 1957
Schuhe: Franz Hillebrandt, Münster/Westfalen, 1957
Schuhe: L. 27 cm
Handschuhe: L. 33 cm, B. der Stulpen 24 cm
Leder, Seide, Kunstfaser, Goldfäden, Sticktwist

Dom-Museum Hildesheim, Inv.Nr. 1978-117 (Geschenk des Bischofs Heinrich Maria Janssen)

Zum den bischöflichen Insignien (Amtszeichen) gehören neben der Mitra, dem Bischofsstab, dem Brustkreuz und dem Bischofsring auch Pontifikalschuhe und -handschuhe. Sie wurden dem Dom-Museum zur Eröffnung 1978 geschenkt.

Die Schuhe zum Weiheornat sind vom Schuhmachermeister Franz Hillebrandt in Münster/Westfalen gefertigt. Es handelt

Kat.Nr. 32

sich dabei um ein Paar Lederhalbschuhe, die mit cremefarbener Seide überzogen wurden. Sohle und Oberteil des Schuhs werden durch eine vergoldete Kontur voneinander abgesetzt.

Die Stickerei auf dem Schuh wurde vermutlich nicht in der Werkstatt Hillebrandt angefertigt. Sehr viel wahrscheinlicher ist, daß eine unbekannte Paramentenwerkstatt die bestickte Seide für den Schuh lieferte. Die Stickerei auf Schuhen und Handschuhen stammt jedenfalls aus derselben Werkstatt, da das Muster und das verwendete Stickgarn identisch sind. Geometrische Muster aus silberweißem, graugrünen, braunem und dunkelbraunem Sticktwist in Hexenstich, Plattstich und Nadelweberei überziehen die Seide des Schuhs und der Handschuhstulpen. Aus Goldfäden in Anlegetechnik sind auf Schuhen und Stulpen je zwei Kreuze gebildet. Das Muster wurde lediglich für die spezielle Form des Schuhs beziehungsweise des Handschuhs abgewandelt.
An den Handschuhen fällt auf, daß das Kreuz, das sonst auf dem Handrücken sitzt, fehlt. Zudem zeigt eine Fotografie von 1957 die Handschuhe noch mit Kreuz. Demnach ist der Handschuh selbst später einmal ausgetauscht worden. Die Stulpen wurden dazu an ihrer oberen Kante aufgetrennt und der Handschuh mit einer weißen, sonst nicht verwendeten Nähseide eingesetzt.

Abb. in: Katholische Kirchenzeitung für das Bistum Hildesheim, Nr. 19 / 1957, S. 3

E.S.

Kat.Nr. 33

Mitra

Entwurf und Ausführung: Werkstatt Krampe, Münster/Westfalen, 1957

H. 30 cm, B. 34 cm, L. der Infulae 34 cm
Rohseide, Stickgarn, Metallfäden und -borten, Metallperlen, Leder, Pappe als Versteifung

Weihbischof Heinrich Machens, Hildesheim (aus dem Nachlaß von Bischof Heinrich Maria Janssen)

Die Mitra, ein Geschenk von Heinrich Maria Janssens Heimatgemeinde Rindern zur Bischofsweihe, ist ein charakteristisches Erzeugnis der 50er Jahre. Auf Stirn- und Rückseite befinden sich figürliche Darstellungen in den typischen, gedeckt-zarten Farbtönen, die in dieser Zeit bevorzugt wurden. Inkarnate, Nimben (Heiligenscheine) und Namensumschriften sind mit Goldfäden in Anlegetechnik gestaltet. Gewänder, Mitren und Hirtenstäbe weisen unterschiedliche Nuancierungen von Grau, Graublau, Altrosa und Braun auf und stehen in einem spannungsreichen und reizvollen Kontrast zum Gold der Gesichter, Hände und Heiligenscheine. Die Figuren sind in dem schnörkellosen, klaren, zeichenhaft-geometrisch abstrahierenden Stil entworfen, der das Design der 50er Jahre kennzeichnet. Gegliedert und belebt werden die Flächen durch die Farben und die unterschiedlichen Sticktechniken, die die Flächen strukturieren. Die Namensumschriften benutzen ausschließlich Großbuchstaben und bedienen sich einer sehr modernen Schrift. Auch sie ist klar und schnörkellos mit dem vollrunden O und dem schmalen B, R und D.
Das ikonographische Programm der Mitra ist speziell auf Bischof Heinrich Maria bezogen. Die Stirnseite zeigt die drei heiligen Bischöfe Willibrord, Bernward und Godehard. Willibrord, der Patron von Rindern, nimmt die gesamte rechte Seite ein und ist deutlich größer als Bernward und Godehard. In seiner Linken hält er den Bischofsstab, in der Rechten als Attribut ein stark abstrahiertes Kirchenmodell. Auf der Mitra sind damit die Patrone von Bischof Heinrich Marias alter Heimat und von seinem neuen Wirkungskreis dargestellt, in deren Nachfolge er nun eintritt.
Die Rückseite der Mitra zeigt das Lamm Gottes, kombiniert mit einem ungewöhnlichen, ikonographischen Motiv, das sich auf die in Rindern verehrte Johanna Sebus bezieht. Diese hatte beim verheerenden Dammbruch durch das Rheinhochwasser

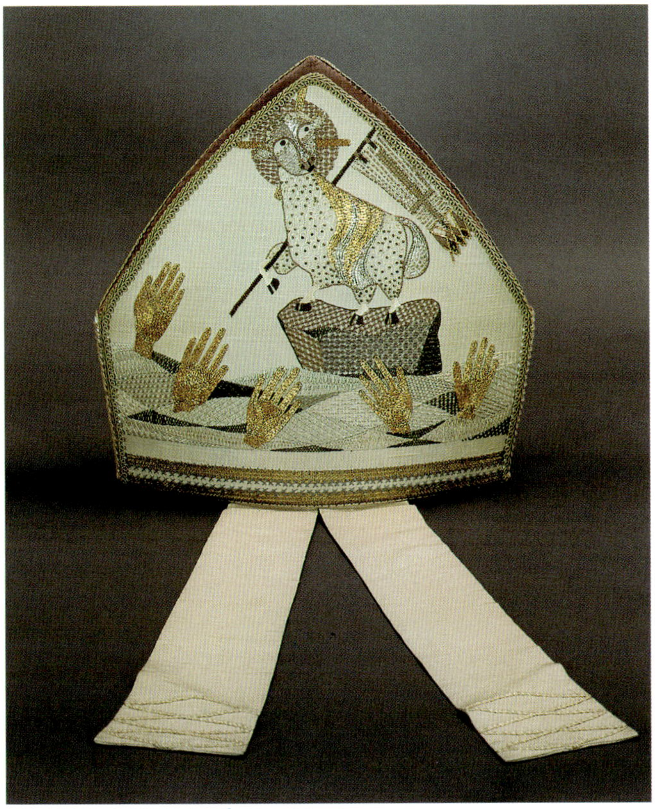

Kat.Nr. 33

von 1809 zunächst ihre Mutter gerettet und war dann bei dem Versuch, auch ihrer Nachbarin und deren drei Kindern zu helfen, ums Leben gekommen. Für die Einwohner von Rindern und selbstverständlich auch für Heinrich Maria, der an ihrem Grabaltar seine Primiz (die erste Messe eines neugeweihten Priesters) feierte, war Johanna Sebus ein leuchtendes Beispiel für selbstlose, tätige Nächstenliebe.

Deshalb wird das siegreiche Lamm Gottes mit Kreuznimbus und Kreuzfahne als Triumphzeichen auf einem Felsen dargestellt, der sich aus den Fluten erhebt. Aus dem Wasser ragen fünf Hände, die als Symbole für die fünf Ertrunkenen gedeutet werden können. In umfassenderem Sinn stellt das Agnus Dei aber die Hoffnung und Rettung der Menschen dar, die im Strom der Zeit zu ertrinken drohen.

Die Rückseite wiederholt die Farbpalette der Stirnseite an. Die aus dem Wasser ragenden Hände sind in Goldfäden gearbeitet und heben sich überdeutlich von den zurückhaltenden, silbrig- und dunkelgrauen Flächen ab, die das Wasser symbolisieren. Die farbliche Differenzierung wird auch hier wieder wesentlich durch unterschiedliche Sticktechniken der Nadelweberei unterstützt. Der Felsen, auf dem das Lamm sich erhebt, ist mit seinen Rosa-, Braun- und Grautönen farblich dunkler gehalten und durch eine feine braune Konturlinie deutlich begrenzt. Das Lamm hat ein silbrig-weißes Antlitz, das Kreuz des Nimbus ist goldfarben. Die Löckchen des weißen Fells enden in winzigen Metallperlen und über den Leib ziehen sich goldene und silberne Streifen. Als untere Begrenzung auf Stirn- und Rückenseite dienen zwei Goldborten, die mit Hexenstich auf dem hellen Trägerstoff befestigt sind. Die Infulae (an der Mitra herabhängende Bänder) bestehen aus demselben hellen Trägerstoff, der auch den Grund für die Stickereien bildet.

Lit: Des neuen Bischofs heilige Amtszeichen, in: Katholische Kirchenzeitung für das Bistum Hildesheim, Nr. 19/1957, S. 3, 4

E.S.

Kat.Nr. 34

Bischofsstab

Willy Polders, Kevelaer, 1957

L. 177 cm; Krümme: L. 43,5 cm, B. 15 cm
Silber, Gold, Messing, Kupfer, Email, Elfenbein, Amethyste

Kevelaer, Katholischen Kirchengemeinde St. Marien

Der Bischofsstab ist ein Geschenk des Wallfahrtortes Kevelaer am Niederrhein an seinen früheren Dechanten Heinrich Maria Janssen. Entworfen und ausgeführt wurde der Stab von dem jungen Goldschmied Willy Polders, der auch später noch für Bischof Heinrich Maria arbeitete.

Der Bischofsstab besteht aus versilbertem Messing. Er setzt sich aus vier Teilstücken zusammen, deren Verbindungsstelle jeweils durch einen Ring überdeckt wird. Am oberen Teil befinden sich Knauf und Krümme. Als Knauf hat Polders drei Elfenbeinplatten mit den Darstellungen der Gottesmutter, des heiligen Willibrord und des heiligen Bernward auf den Stab gesetzt. Die Gottesmutter als Patronin von Kevelaer und Hildesheim sowie Bischof Willibrord als Patron von Kevelaer und Bischof Bernward als Patron von Hildesheim sind aus durchbrochenen Goldblechen gearbeitet. Die goldenen Fassungen der Elfenbeinplatten sind zum Stab hin mit einem Muster aus Goldstegen und granulierten Goldperlen verziert. Oberhalb und unterhalb der Elfenbeinplatten sind rings um den Stab drei großen Amethyste in schlichter Goldfassung angebracht.

Kat.Nr. 34

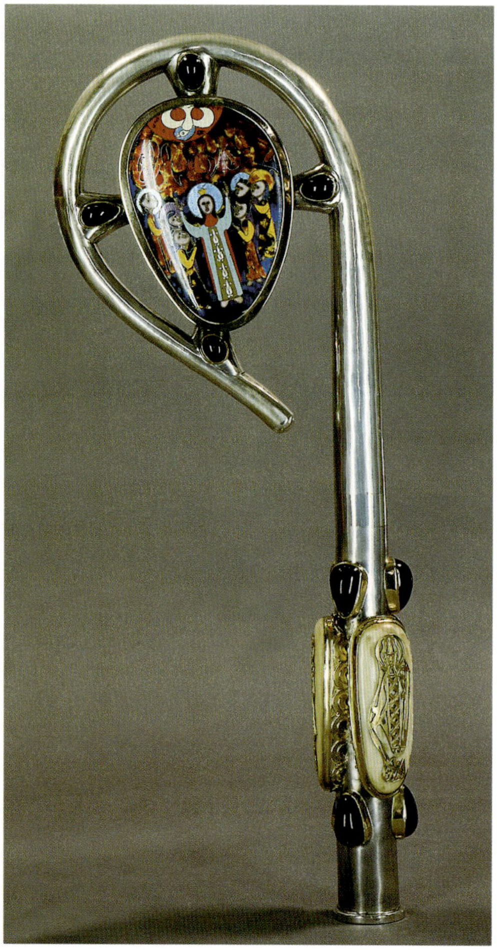

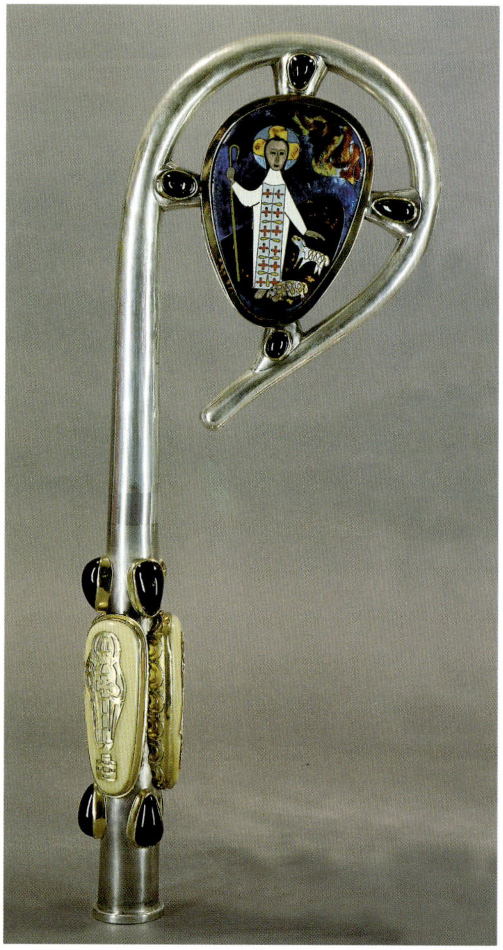

Kat.Nr. 34

In der Krümme sitzen zwei nierenförmige Emailplatten, die durch vier Silberstreben mit der Krümme verbunden sind. Diese ergeben ein Kreuzzeichen, wobei jedes Verbindungsstück einen goldgefaßten Amethysten trägt. Die beiden Emailplatten zeigen Christus als Guten Hirten, in dessen Tradition jeder Bischof steht, und die Herabkunft des Heiligen Geistes auf Maria und die Apostel an Pfingsten. Wie für die Emailkunst der 50er Jahre charakteristisch hat auch Polders transparentes und opakes Email nebeneinander gesetzt. Gemäß den Verfügungen Bischof Heinrich Marias wurde der Bischofsstab nach seinem Tode von den Nachlaßverwaltern an die St. Marien-Gemeinde in Kevelaer weitergegeben.

Lit.: Des neuen Bischofs heilige Amtszeichen, in: Katholische Kirchenzeitung für das Bistum Hildesheim, Nr. 19/1957, S. 2

E.S.

Kat.Nr. 35

Brustkreuz

Willy Polders, Kevelaer, 1957

H. 10,5 cm, B. 9 cm
Gold, Elfenbein, Rubine

Dom-Museum Hildesheim, Inv.Nr. 1988-7 (aus dem Nachlaß von Bischof Heinrich Maria Janssen)

Das Brustkreuz eines Bischofs gehört wie Mitra und Stab zu seinen Amtszeichen, den Insignien. Das Brustkreuz von Bischof

Kat.Nr. 35

Heinrich Maria ist ein Geschenk der Priester des Dekanates Kevelaer an ihren scheidenden Dechanten. Unter Verwendung eines goldenen Kreuzes mit zwölf kleinen und einem großen Rubin wurde es von dem jungen Goldschmied Willy Polders hergestellt, bei dem auch der Bischofsstab in Auftrag gegeben worden war.

Polders hat ein Elfenbeinkreuz in Gold gefaßt und seine Schauseite mit einem Muster aus Quadaraten überzogen, die auf der Spitze stehen und im Zentrum einen Punkt aufweisen. Dieses Muster aus Gold ist auf das Elfenbein aufgelegt. Das Elfenbeinkreuz dient als Träger für ein kleineres, goldenes Kreuz mit Rubinen.

Dieses kleine Kreuz hat eine eigene Geschichte. Es handelt sich um das sog. Mutterkreuz der Familie Ruby. Die Familie hatte zwölf Kinder und die tiefgläubige Mutter lehnte die Annahme eines staatlichen Mutterkreuzes von der nationalsozialistischen Regierung mit dem Hinweis ab, daß sie sich von einem Staat, der die Kreuze aus den Schulen entfernte, kein Kreuz umhängen lassen wolle. Ihre Familie hatte ihr später das goldene Kreuz geschenkt mit 12 kleinen Rubinen als Symbol für jedes Kind und einem großen als Sinnbild der Eltern. Zu ihrem dreißigsten Hochzeitstag hatte ihr Heinrich Maria Janssen, der als Student in der Familie gelebt hatte, das Kreuz umgelegt. Nach ihrem Tod schenkte es die Familie Heinrich Maria anläßlich seiner Berufung zum Bischof mit der Bitte, dieses Kreuz und damit stellvertretend die christliche Familie in sein Bischofskreuz aufzunehmen.

Auf der Rückseite des Kreuzes ist eine Reliquie eingelassen. Die Reliquienöffnung hat eine goldene Fassung in Form einer stilisierten Blüte. Unter dem Schauglas ist auf einem dunkelroten Stoff die Reliquie mit der Beischrift: B. Pius Pp. X (Des Seligen Papstes Pius X.) zu sehen. Bischof Heinrich Maria war ein großer Verehrer von Papst Pius X. (1835-1914), der später heiliggesprochen wurde. Davon zeugt neben der Reliquie in seinem Bischofskreuz auch ein großformatiges Porträt von Papst Pius X., das im Privatbesitz des Bischofs war und in den Bestand des Dom-Museums übergegangen ist.

Lit.: Ein Lebensbild unseres neuen Bischofs, in: Katholische Kirchenzeitung für das Bistum Hildesheim, Nr. 18/ 5.5.1957

E.S.

Kat.Nr. 36

Bischofsring

Ringmaß 61, gefaßtes Relief: 1,5 x 1,5 cm
Blech versilbert, 585er Gold
Inschrift auf der Rückseite: Kiew 15. VIII. 49

Dom-Museum Hildesheim, Inv. Nr. 1988-11 (aus dem Nachlaß von Bischof Heinrich Maria Janssen)

Der Bischofsring gehört zu den Insignien, d.h. zu den Amtszeichen eines Bischofs. In diesen sehr schlichten, massiven Goldring ist ein versilbertes Relief mit der Darstellung der Gottesmutter mit dem Kind eingelassen. Vorbild für diese Madonna war eine Kiewer Ikone vom Typus der sog. Eleusa (LCI, Bd.3, Sp. 170), also einer Mariendarstellung, bei der sich das Kind zärtlich der Mutter zuwendet.

Mit diesem Ring verband sich für Bischof Heinrich Maria eine sehr persönliche Geschichte. Als er 1943 Standortpfarrer in Schneidemühl war, kam eines Abends der junge Hauptmann Bruno Schwan zu ihm, der zur Front in Rußland abkommandiert und deshalb sehr bedrückt war. Um ihn zu stärken und zu trösten schlug Heinrich Maria Janssen vor, daß sie sich gegenseitig ein Versprechen geben sollten. Hauptmann Schwan solle sich unter den Schutz der Gottesmutter stellen und jeden Abend an sein Zuhause denken und ein Ave Maria beten. Heinrich Maria Janssen werde seinerseits jeden Abend für Hauptmann Schwan und seine Kameraden ein Gesetz vom Rosenkranz beten.

Hauptmann Schwan galt schon nach wenigen Wochen als vermißt. Erst 1946 erhielt seine Frau Nachricht von ihm, daß er in Gefangenschaft geraten und zu mehreren Jahren Zwangsarbeit verurteilt worden sei. Als er und seine Kolonne 1949 in Kiew Trümmer räumen mußten, kamen sie an einer zerstörten Kirche vorbei, in der sich eine Kapelle mit einer Marienikone noch erhalten hatte. Vor dieser Ikone betete Hauptmann Schwan mit seiner Gruppe um den Beistand der Gottesmutter. Einige Tage später erhielt er von einem nicht katholischen Kunstgewerbler ein kleines Marienbild, das dieser aus einer Schraube hergestellt und mit Weißblech gefaßt hatte. Es sollte ein Andenken und ein Dankeschön für den Trost durch das Gebet sein.

Bruno Schwan wurde 1952 aus der Gefangenschaft entlassen und traf Heinrich Maria Janssen auf dem Katholikentag in Berlin. Er wollte ihm damals schon das als Ring gefaßte Relief überlassen, doch Heinrich Maria lehnte ab. Das erneute Angebot, ihn als Bischofsring zu tragen, hat er dann allerdings angenommen.

Kat.Nr. 36

Quelle: Erzählung von Bischof Heinrich Maria Janssen, Inventarakten des Dom-Museums Hildesheim

E.S.

Kat.Nr. 37

Bischofsring

Ringmaß 65, Steinfassung: H. 12 mm
Gold, Amethyst mit Scherenschliff, 17 x 8 mm
Reliquien des hl. Viktor von Xanten und des sel. Andreas Bobola SJ

Dom-Museum Hildesheim, Inv. Nr. 1988-15 (aus dem Nachlaß von Bischof Heinrich Maria Janssen)

Den Ring mit den Reliquien des hl. Viktor von Xanten und des sel. Jesuitenpaters Andreas Bobola (gest. 1657) hat Heinrich Maria Janssen von dem 1953 verstorbenen Prälaten Franz Hartz geerbt, den er sehr verehrte. Unter seiner Leitung hatte der junge Kuratus Janssen 10 Jahre in Schneidemühl/Westpreußen gearbeitet. Prälat Hartz war ihm nach seinen eignen Aussagen "geistlicher Vater, seelsorglicher Lehrmeister und gütiger Freund".

Franz Hartz, der wie Heinrich Maria Janssen vom Niederrhein stammte, hatte 1936 bei der Öffnung des Viktorschreins in Xanten, eine Reliquie des Heiligen erhalten. Als er in Schneidemühl tätig war, wurde ihm eine Reliquie des in Polen verehrten Märtyrers Andreas Bobola (LCI, Bd. 5, Sp. 153) geschenkt. Prälat Hartz vereinte die Reliquien des westlichen und des östlichen Heiligen in seinem Ring. Diese Symbolik im Ring mußte auch Bischof Heinrich Maria sehr gefallen, da in seinem Bistum Hildesheim eine sehr große Anzahl von Katholiken aus den ehemaligen Ostgebieten Aufnahme gefunden hatte.

Der Ring ist vermutlich in den 30er Jahren in Venedig entstanden. Er trägt einen großen Amethysten in Scherenschliff, unter dem sich das Sepulcrum mit den Reliquien befindet. Dieses kann herausgeklappt werden, um die Reliquien zu zeigen. An seiner Unterseite befinden sich die griechischen Buchstaben Alpha und Omega, Anfang und Ende. Die Fassung ist mit granulierten Trauben und Ähren verziert, dem Sinnbild für Leib und Blut Christi. Seitlich, da wo der Bandring in die Fassung übergeht, befindet sich jeweils ein aufgesetztes Kreuz.

Lit.: Ein Lebensbild unseres neuen Bischofs, in: Katholische Kirchenzeitung für das Bistum Hildesheim, Nr. 18, 5.5.1957; Des neuen Bischofs heilige Amtszeichen, in: Katholische Kirchenzeitung für das Bistum Hildesheim, Nr. 19/1957, S. 2

E.S.

Kat.Nr. 37

Kat.Nr. 38

Grüne Kasel mit Zubehör

Unbekannter Hersteller, 50er Jahre

Kasel: L. 130 cm, B. 166,5 cm
Stola: L. 138 cm, B. 10 cm
Predigtstola: L. 114,5 cm, B. 13 cm
Bursa: 20 x 20 cm
Kelchvelum: 53 x54 cm
Missalpultdecke: 51 x 47,5 cm

Träger- und Futterstoff für alle Objekte: Seide
Kasel Applikationen aus Samt, Silberfäden, Sticktwist und Perlgarn
Stola, Bursa, Kelchvelum: Sticktwist und Perlgarn
Predigtstola: Applikationen aus Samt und versilbertem Leder, Sticktwist und Perlgarn

Domkapitel Hildesheim (aus dem Nachlaß von Bischof Heinrich Maria Janssen)

Grün als Farbe der Hoffnung drückt die Grundstimmung der Christen mit ihrer Hoffnung auf Erlösung aus. Als liturgische Farbe wird sie immer dann getragen, wenn keine andere Farbe gefordert wird. Sie ist somit die Grundfarbe (Witte, 1951, S. 231).

Die grüne Seidenkasel in Form einer Glockenkasel ist sparsam, aber sehr festlich geschmückt. Vorder- und Rückenstab sind schmale Streifen aus schwarzem Samt, die an zentraler Stelle ein silbergrünes Scheibenkreuz tragen. Seine Kreuzarme sind 18 cm breit und bestehen aus Silberfäden in Anlegetechnik. Die Mitte des Kreuzes ist mit grünem Twist auf den schwarzen Samt gestickt. Ein Kreis aus weißem Sticktwist in Platt- und Hexenstich ist in der Weise über das Kreuz gelegt, das er die Kreuzarme mittig überschneidet.

Das Besondere an dieser Kasel aber sind die Schulterbesätze. Neben Vorder- und Rückenstab ist die Kasel mit zwei weiteren schwarzen Samtstreifen geschmückt, die über Schultern und Arme verlaufen. Zu-

Kat.Nr. 38

sammen mit den Vorder- und Rückenstäben bilden sie ein weiteres Kreuz auf der Kasel. In Höhe des Oberarmes wird der Samtstreifen durch ein Scheibenkreuz unterbrochen, das kleiner als die Kreuze auf Vorder- und Rückseite und etwas anders gestaltet ist. Das Kreuz ist nicht aus Silberfäden, sondern aus weißem Perlgarn in Nadelwebereitechnik gearbeitet. Im Zentrum überkreuzen sich ein griechisches Kreuz aus grünem und ein Andreaskreuz aus schwarzem Sticktwist. Der Kreis aus schwarzem Stickgarn überschneidet die Kreuzarme nicht, sondern verläuft hinter ihnen. Wie bei Stickereien der 50er Jahre häufig zu beobachten, variieren die Form, die Anordnung der Farben und die Sticktechniken. Durch geschickte, auf den ersten Blick kaum ins Auge fallende Veränderungen werden mit minimalem Aufwand Wiederholungen vermieden und somit Abwechslung erzeugt.

Die Stola greift das Kreuz der Schulterbesätze auf, verzichtet aber auf den hinterfangenden Kreis. Der Grund hierfür ist sicher die Tatsache, daß der Kreis auf der verhältnismäßig schmalen Stola zu klein geraten wäre und die Grundform verunklärt hätte.

Dagegen finden sich die Scheibenkreuze der Schulterbesätze in identischer Größe und Ausführung auf der Bursa, dem Kelchvelum und der Predigtstola. Die Predigtstola ist darüber hinaus an den Stolenenden mit Applikationen aus schwarzem Samt und versilbertem, mit weißem Perlgarn überstickten Leder geschmückt. Über der Brust wird die Predigtstola durch ein gehäkeltes Band aus Silberfäden zusammengehalten. Einzig die Missalpultdecke ist gänzlich schmucklos.

E.S.

Kat.Nr. 39

Rote Kasel mit Zubehör

Hersteller unbekannt, 50er Jahre

Kasel: L. 136 cm, B. 144 cm
Stola: L. 97 cm, B. 14,3 cm
Korporale: 47 x 46 cm
Bursa: 19 x 19 cm
Kelchvelum: 55 x 59,5 cm

Träger- und Futterstoff für alle Objekte: Seide
Kasel: Applikationen aus Seide, Goldfäden, leonisches Gespinst, Sticktwist
Stola, Bursa, Kelchvelum: Applikationen aus Seide, leonischem Gespinst, Sticktwist
Missalpultdecke: Sticktwist

Domkapitel Hildesheim (aus dem Nachlaß von Bischof Heinrich Maria Janssen)

Die sehr elegante, leuchtend rote Seidenkasel ist mit einer kupferroten Seide gefüttert. Der Kaselstab der Vorderseite bildet ein Kreuz, das aus der schwarzen, applizierten Seide des Kreuzstammes besteht und dessen Kreuzbalken aus der zweizeiligen Inschrift VENI LUMEN / CORDIUM + gebildet werden. Auf dem Kreuzstamm sitzt mittig ein Längsstreifen aus sog. leonischem Gespinst. Die Inschrift ist mit einem schwarzen Seidengarn gestickt, wobei die sachliche, sehr klare und monumentale Schrift in Großbuchstaben an Bauhaustraditionen erinnert. Die beiden Inschriftzeilen sind von drei schmalen Querstreifen aus Goldfäden in Anlegetechnik eingefaßt.

Bis zur Liturgiereform des Zweiten Vatikanischen Konzils (1962-1965) zelebrierte der Priester die Messe mit dem Rücken zur Gemeinde. Daher war die Rückseite der Kasel ihre Schauseite. Sie ist daher oft aufwendiger gestaltet als die Vorderseite. Der Rückenstab der roten Kasel ist wie der Vorderstab aus schwarzer Seide appliziert. Der Stab wird rechts und links von je sechs griechischen Kreuzen aus schwarzer Seide begleitet, die mit Hexenstich gesäumt sind und ein goldenes Kreuz aus leonischem Gespinst tragen. Diese Kreuze sind sozusagen das Leitmotiv der Garnitur, da sie je

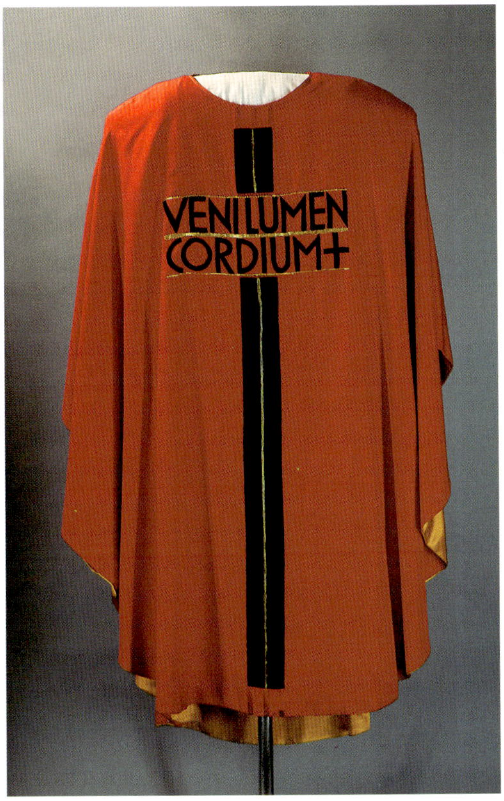

Kat.Nr. 39

eins davon auch auf der Stola, der Bursa und dem Kelchvelum als einzigem Schmuck wiederkehren.

Hauptmotiv der Schauseite ist aber der Heilige Geist in Gestalt einer Taube aus schwarzer Seide, die den oberen Abschluß des Kaselstabes bildet. Form und Farbe dieser Taube sind ausgesprochen extravagant, da der Heilige Geist gewöhnlich als weiße Taube dargestellt wird. Die Gestalt der Taube ist aus wenigen, sehr klaren und ruhigen Formen zusammengesetzt, wobei Goldfäden und leonisches Gespinst die Konturen und Binnenformen hervorheben. Die Taube wird überfangen von einem Halbkreis aus applizierter schwarzer Seide, in dem sieben stilisierte Flammen die Gaben des heiligen Geistes (Weisheit, Verstand, Rat, Wissenschaft, Stärke, Frömmigkeit und Gottesfurcht) symbolisieren.

Die liturgische Farbe Rot wird u. a. an Pfingsten getragen, einem der Hochfeste der christlichen Kirche. Da an Pfingsten der Heilige Geist auf die Apostel herabkam, stellen die zwölf Kreuze auf der Kasel die Zwölf Apostel dar. Die Inschrift VENI LUMEN CORDIUM - "Komm, Licht der Herzen" bezieht sich auf den Heiligen Geist.

Die Missalpultdecke, die während der Messe das Pult auf dem Altar bedeckt, trägt an ihrem unteren Ende den lateinischen Pas-

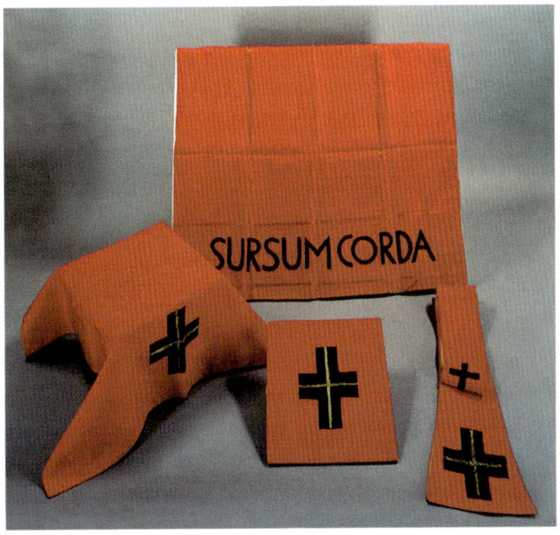

Kat.Nr. 39

sus aus der Praefation (Vorrede) SURSUM CORDA - Erhebet die Herzen.

E.S.

Kat.Nr. 40

Kasel mit Stola

Unbekannter Hersteller, 50er Jahre

Kasel: L. 129 cm, B. 175 cm, B. der Stäbe: 7cm
Stola: L 131 cm, B. 8 cm

Seide, Goldfäden, Perlgarn, Koralle

Dom-Museum Hildesheim, Inv.Nr. 1990-8 (aus dem Nachlaß von Pfarrer Erich Riebartsch (1902-1986)

Die Glockenkasel aus schwerer Rohseide fällt durch ihre ungewöhnliche orange Farbe auf. Unter den traditionellen, liturgischen Farben weiß, rot und rosa, grün, violett und schwarz ist sie nicht vertreten. Ihrem festlichen Charakter entsprechend wird sie wohl anstelle der liturgischen Farben Weiß und Rot verwendet worden sein. Weiß ist die Farbe des Lichtes und wird am Fest der Heiligen Dreifaltigkeit, an den Festen des Gottessohnes, der Jungfrau Maria, der Engel, der Bekenner, Jungfrauen, heiligen Frauen, am Kirchweihfest und an Allerheiligen getragen. Rot, die Farbe des Blutes und des Feuers, wird gebraucht an den Festen, die sich auf das Leiden und Blutvergießen Christi beziehen sowie an den Kreuzesfesten, dem Pfingstfest und den Festen der Märtyrer (Witte 1951, S. 230f). Farbe und Motiv legen nahe, daß die Kasel vor allem zum Pfingstfest getragen wurde.

Kat.Nr. 40

Vorder- und Rückenstab der Kasel zeigen ein Muster von auffliegenden, stilisierten, weißgoldenen Tauben. Auf dem hellen Trägerstoff sind die Tauben, Sinnbild des Heiligen Geistes, stark abstrahiert dargestellt. Die ins Auge fallende geometrische Grundform ist ein spitzwinkliges Dreieck. Aus ihm werden vier unterschiedliche Tauben konstruiert, die abwechselnd nach rechts oder links gerichtet in die Höhe fliegen. Der Rapport (Musterwiederholung) wiederholt sich auf dem Vorderstab drei Mal plus eine Taube. Der vorn begonnene Rapport setzt sich auf dem Rückenstab fort, wo er dreieinhalb Mal erscheint und in einem Kreuz gipfelt.

Die Tauben sind aus Goldfäden in Anlegetechnik so gestickt, daß der helle Grundstoff weitgehend ausgespart wird und dadurch die weißgoldene Farbigkeit erreicht wird. Die Flächen zwischen den einzelnen Tauben dagegen sind von alternierend hellrotem und dunkelrotem Perlgarn in Nadelweberei vollständig ausgefüllt. Vor diesem Hintergrund erscheinen die Tauben umso leichter und kostbarer. Die Kostbarkeit wird unterstrichen durch kleine Perlen aus Koralle, die als Augen dienen.

Die zur Kasel gehörende Stola ist mit einer goldfarbenen Seide gefüttert. Das Kreuz in der Mitte der Stola wird aus je einem doppelten Goldfaden in Anlegetechnik gebildet. Streifen aus Goldfäden und violettem

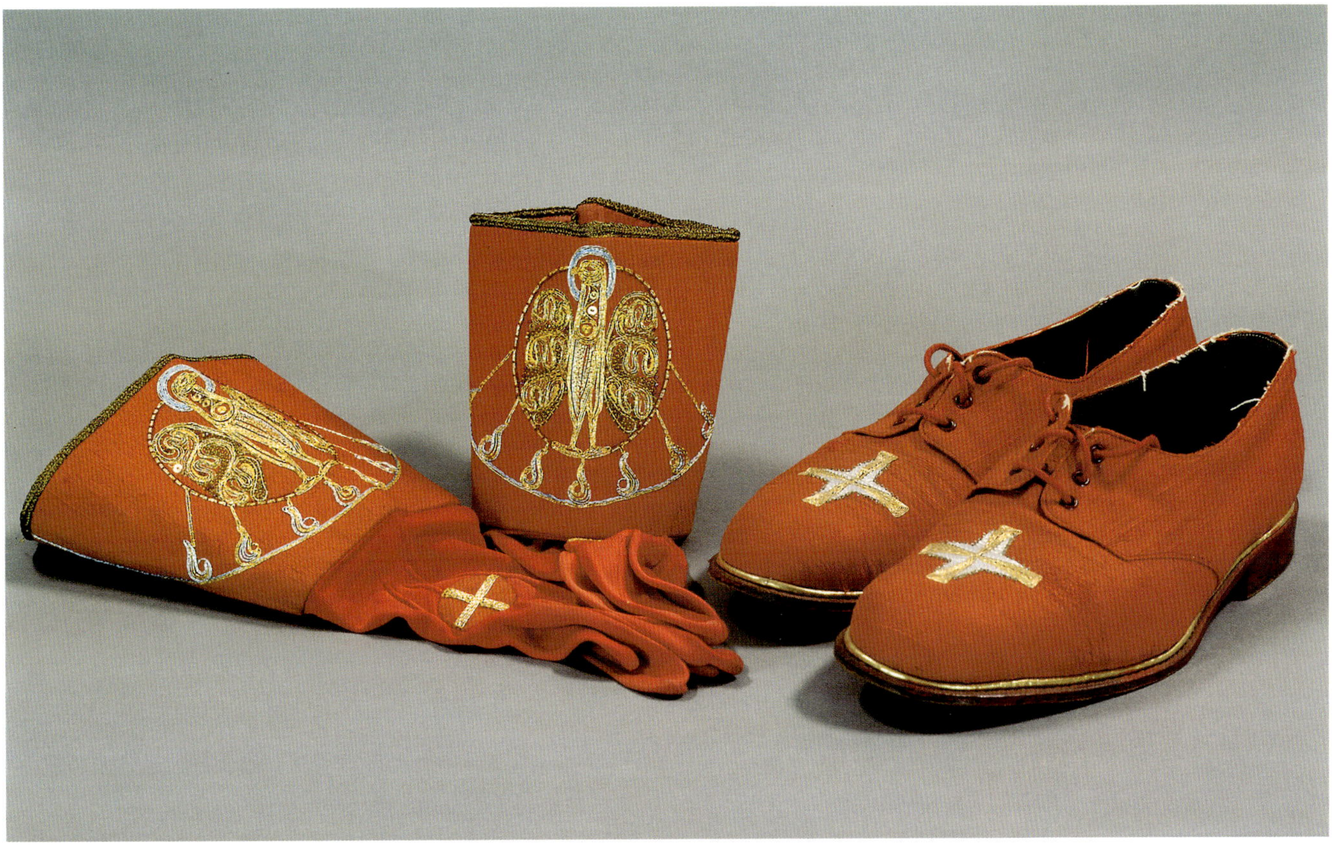

Sticktwist akzentuieren die Stolenenden. Mit versilberten Klemmen ist auf der Stola ein Stolenschoner aus weißem Leinen befestigt. Der Stolenschoner trägt eine breite, gehäkelte Kante und auf der Innenseite ist das Monogramm R eingestickt.

E.S.

Kat.Nr. 41

Pontifikalschuhe und -handschuhe

Hersteller unbekannt, 1957

Schuhe: L. 27 cm
Handschuhe: L. 29,5 cm, B. der Stulpen 17 cm
Leder, Seide, Kunstfaser, Sticktwist, Gold- und Silberfäden, Goldborte, Pailletten, Metallperlen, Glasperlen

Dom-Museum Hildesheim, Inv.Nr. 1978-111 (Geschenk des Bischofs Heinrich Maria Janssen)

Die Halbschuhe sind mit der hellroten Rohseide überzogen, die auch für die Stulpen der zugehörigen Handschuhe verwendet wurde. Vorne auf dem Schuh ist ein gleichschenkliges Kreuz aus Goldfäden angelegt, das von einem Kreuz aus versilbertem Leder hinterfangen wird. Winzige Glasperlen säumen die Umrißlinie. Zwischen der rotgefärbten Sohle und dem Oberteil des Schuhs verläuft eine Kante aus goldgefärbtem Leder.

Der Handschuh besteht aus roter Kunstfaser mit breiten Stulpen aus Rohseide, die mit einer aufwendigen, gekonnten Stickerei (Abtei Herstelle?) geschmückt sind. Diese zeigt den Heiligen Geist in Gestalt einer stilisierten Taube. Die Taube wird weitgehend aus Gold- und Silberfäden in Anlegetechnik gebildet und hat einen Nimbus (Heiligenschein) aus Silberfäden und hellblauem Sticktwist. Hals und Flügel sind zusätzlich mit Pailletten und winzigen, goldfarbenen Metall- bzw. violetten Glas-

Kat.Nr. 41

Kat.Nr. 42

perlen verziert. Die Taube ist eingeschrieben in einen Kreis, der von Kopf und Nimbus durchbrochen wird. Von diesem Kreis gehen nach unten und zur Seite strahlenförmig sieben Flammenzungen aus, die die Sieben Gaben des Heiligen Geistes (Vgl. Roten Ornat) symbolisieren. Auf dem Handrücken ist ein Kreis aus Rohseide appliziert, dem ein Kreuz aus Goldfäden in Anlegetechnik eingeschrieben ist.

E.S.

Kat.Nr. 42

Pontifikalschuhe und -handschuhe

Hersteller unbekannt, 1957

Schuhe: L. 27 cm
Handschuhe: L. 31 cm, B. der Stulpen 16,5 cm

Leder, Seide, Kunstfaser, Applikation aus gemustertem Seidenfragment,Gold- und Silberfäden, Glas- und Metallperlen

Dom-Museum Hildesheim, Inv.Nr. 1978-112 (Geschenk des Bischofs Heinrich Maria Janssen)

Die Halbschuhe aus Leder sind mit einer grünen Rohseide überzogen und mit einer Applikation auf dem vorderen Teil geschmückt. Die Applikation besteht aus einem gemusterten Seidengewebe, vermutlich des 18.Jahrhunderts, und hat die Form eines Fisches. Dem Fisch als Christussymbol ist ein Kreuz aus grünen Glasperlen eingeschrieben. Die Applikation ist zusätzlich geschmückt mit Silberfäden, violetten und transparenten Glasperlen und Metallperlen.

Die Stulpen der zugehörigen Handschuhe bestehen aus derselben, grünen Rohseide, der Handschuh selbst aus grüner Kunstfaser. Auf dem Handrücken befindet sich das übliche Kreuz aus Goldfäden auf einer kreisförmigen Applikation aus grüner Seide. Für die große Applikation auf den Stulpen wurde ein geblümtes Seidenfragment des 18.Jahrhunderts benutzt. Es wurde überstickt mit Gold- und Silberfäden in den weich geschwungenen Linien, wie sie für die 50er Jahre typisch sind, und mit goldfarbenen, violetten und rosafarbenen Glasperlen. Auch die Ecken der Stulpen sind in der gleichen Weise verziert.

E.S.

Kat.Nr. 43

Pontifikalschuhe und -handschuhe

Hersteller unbekannt, um 1960

Schuhe: L. 27 cm
Handschuhe: L. 28 cm, B. der Stulpen 16,8 cm
Leder, Seide, Kunstfaser, Samt, Goldfäden, Metallperlen

Dom-Museum Hildesheim, Inv.-Nr. 1978-113 (Geschenk des Bischofs Heinrich Maria Janssen)

Die Halbschuhe aus Leder sind mit violetter Rohseide überzogen. Auf dem vorderen Teil des Schuhs ist ein Kreuz aus hellbraunem Samtband appliziert, dessen Balkenenden von kleinen Metallperlen gesäumt werden. Darüber liegt ein sternförmiges Ornament aus Goldfäden mit zwölf Kreisen aus vergoldetem Leder. Eine Zwischensohle aus vergoldetem Leder trennt die violett eingefärbte Ledersohle vom Oberteil des Schuhs.

Der zugehörige violette Handschuh besteht aus Kunstfaser mit Stulpen aus Seide. Auf dem Handrücken befindet sich eine kreisförmige Applikation aus Seide mit einem Kreuz aus vergoldetem Leder. Auch die Stulpen sind mit einem Kreuz geschmückt. Es besteht wie bei den Schuhen aus einem hellbraunen Samtbändchen, wird hier aber von einer Raute aus vergoldetem Leder hinterfangen. Sie bewirkt, daß das Kreuz ganz besonders hervorgehoben wird. Denselben Zweck verfolgen die violetten und goldfarbenen Metallperlen, die den Kontur säumen und die plastische Wirkung unterstützen. Die Stulpen sind eingefaßt von Metallfäden in Anlegetechnik, die in Wellenlinien den Saum begleiten und dabei applizierte, vergoldete Lederscheiben umkreisen und in die Wellenlinie einbauen.

E.S.

Kat.Nr. 43

Kat.Nr. 45

Kat. Nr. 44

Bischofshut

Hersteller unbekannt, 1957

Dm. innen: 20 cm, Krempe 7,5 cm
Velour, grüne Seide, Goldfäden

Dom-Museum Hildesheim, Inv.Nr. 1978-114 (Geschenk des Bischofs Heinrich Maria Janssen)

Der Bischofshut (LThK, Bd. 2, Sp. 377) gehörte zur weltlichen Amtstracht eines Bischofs vor den Reformen des Zweiten Vatikanischen Konzils. Es handelt sich um einen niedrigen, schwarzen Hut mit breiter, flacher Krempe, dessen dreifach geschlungene grüngoldene Schnur in Quasten aus grüner Seide endet.

E.S.

Kat. Nr. 45

Cappa magna

Hersteller unbekannt, 1. Hälfte 20. Jahrhundert

Mantel: L. 142,5 cm, L. mit Schleppe: 302,5 cm
Kapuze: B. 45 cm
Pelzumhang: B. zwischen 32 cm und 47 cm

Hermelin, Baumwolle

Dom-Museum Hildesheim, Inv.Nr. 1978-115 (Geschenk des Bischofs Heinrich Maria Janssen)

Die Cappa magna (LThK, Bd. 2, Sp. 742) ist ein Mantel mit langer Schleppe und großer, den Oberkörper umhüllender Kapuze. Letztere ist von Allerheiligen (1.Nov.) bis Ostern mit Pelzwerk, im vorliegenden Fall mit Hermelin in der Tradition des ehemaligen Fürstbischofs gefüttert. Die Kapuze wurde über der rechten Schulter festgeknöpft, wenn das Pelzwerk fehlte war das rote Innenfutter zu sehen.

Die Cappa magna zu tragen war ein Vorrecht der Kardinäle, Bischöfe und anderer Prälaten, wenn sie sich zu einem Festamt begaben. Seit 1968 ist dieses Vorrecht stark eingeschränkt worden (Berthod/ Hardouin-Fugier 1996, S. 165f). Die bischöfliche Cappa magna war aus violetter Wolle, die Schleppe wurde gewöhnlich von einem Kleriker getragen.

E.S.

Kat.Nr. 46

Palla

Unbekannte Stickerin, 50er Jahre

20 x 20 cm
Leinen, Seide, Zwirn, Stickgarn

Domkapitel Hildesheim (aus dem Nachlaß von Bischof Heinrich Maria Janssen)

Die Palla hat die Aufgabe, den Meßkelch zu bedecken. Sie besteht aus einem quadratischen Stück weißen Leinens, das zusammengenäht und durch eine Einlage aus Pappe verstärkt wird. Die oben liegende, vom Kelch abgewandte Seite ist häufig mit Stickereien geschmückt oder passend zum Ornat bezogen.

Eines der geläufigsten Themen für eine Palla ist die Kreuzigung. Der am Kreuz hängende Christus ist seiner Mutter zugewandt, die zu seiner Rechten steht. Zu seiner Linken, ganz in sich gekehrt und mit über der Brust verschränkten Armen steht der heilige Johannes.

Den besonderen Reiz dieser Stickerei macht die Aussparungstechnik aus. Die Körper der Figuren und das Kreuz wurden im Grundstoff, einem feinen, weiten Leinengewebe, stehengelassen und die Konturen und Binnenzeichnung in weißem Stickgarn aufgestickt. Der Hintergrund dagegen wurde durch festes Zusammenziehen einzelner Fäden in ein gleichmäßiges Netz verwandelt, durch das die zartgelbe Seide des Unterstoffs schimmert. Die Stickerei wirkt dadurch sehr transparent.

E.S.

Kat.Nr. 47

Palla

Unbekannter Hersteller, 50er Jahre

19x19 cm
Seide, Baumwolle, farbiges Stickgarn, vergoldetes Leder

Domkapitel Hildesheim (aus dem Nachlaß von Bischof Heinrich Maria Janssen)

Auf der Palla ist in sehr ausdrucksvoller Stickerei und starker, düsterer Farbigkeit Christus am Kreuz dargestellt mit einer Ecclesia, die das Blut Christi in einem Kelch auffängt. Die beiden Figuren sind im Zentrum des Bildfeldes dicht aneinandergerückt, wobei das helle Gewand der Ecclesia mit dem in dunkleren Beige- und Brauntönen gehaltenen Leib Christi kontrastiert. Einen starken Akzent setzt der übergroße Nimbus aus vergoldetem Leder, der den Oberkörper Christi und den Kopf der Ecclesia hinterfängt. Darüber, am oberen Ende des Kreuzstammes, hebt sich das

Kat.Nr. 46, 47

Kat.Nr. 50

Die reiche, ornamentale Stickerei besteht überwiegend aus dem sehr beliebten, ausgesprochen flexiblen Hexenstich. Auf dem dunklen Blaugrün des Trägerstoffes kommt das helle Goldgrün der Stickerei gut zur Geltung. Das abstrakte Muster aus langgezogenen, geschwungenen Linien, die in Wellen übergehen und in Spitzen enden, umspielt drei Kreuze, deren Längsbalken durch Goldgespinste besonders betont werden. In der Vertikalen gliedern unterschiedlich große Elemente aus je drei goldfarbenen Längsstreifen das Muster.

E.S.

Kat.Nr. 51

Versehstola

Unbekannter Hersteller, 50er Jahre

L. 60 cm, B. 6 cm
Seide, Applikationen aus vergoldetem Leder, Metallperlen, Goldfäden und Sticktwist

Domkapitel Hildesheim (aus dem Nachlaß von Bischof Heinrich Maria Janssen)

Die Versehstola gehört wie die Taufstola zu den sogenannten Doppelstolen, d.h. sie hat eine Seite aus weißer und eine Seite aus violetter Seide. Auf beiden Seiten ist in der Mitte ein kleines Kreuz aus vergoldetem Leder an der Stelle appliziert, an der der Priester die Stola beim Anlegen küßt (Witte 1951, S. 238f). Die violette Seite ist an beiden Enden mit je drei Kreuzen aus vergoldetem Leder geschmückt, in deren Ecken jeweils vier weitere kleine Kreuze aus weißem Sticktwist mit je vier kleinen Metallperlen eingesetzt sind.

Gegenüber der streng symmetrisch aufgebauten violetten Seite wirkt die weiße Seite sehr viel aufgelockerter. An den Stolenenden sind zwei figürliche Szenen aus Goldfäden in Anlegetechnik gebildet. Auf beiden Seiten ist eine größere Gruppe von Gläubigen dargestellt, zum Teil mit Kronen und Mitra. An der Kleidung finden sich kleine Metallperlen als Schmuck. Über der einen Gruppe steht das Kreuz, das Symbol des Heils und der Überwindung des Todes, über der anderen das Schwert, das Symbol für Gerichtsbarkeit und das Attribut Christi als Weltenrichter. Die Hinweise auf die Überwindung des Todes und auf das Jüngste Gericht gehören zur Thematik des Sterbens, wobei die Hoffnung auf Erlösung nicht zuletzt durch die festlich-heitere Farbzusammenstellung Weiß-Gold als Abglanz des Himmels erreicht wird.

E.S.

Kat.Nr. 51

Kat.Nr. 52

Segensvelum

Unbekannter Hersteller, 50er Jahre

L. 286 cm, B. 52 cm
Seide, Futtertaft, Metallfäden, Goldkordel, Wollfäden, Metallschließe

Domkapitel Hildesheim (aus dem Nachlaß von Bischof Heinrich Maria Janssen)

Der Priester trägt das Segensvelum über den Schultern beim sakramentalen Segen und bei Prozessionen mit dem Allerheiligsten. Nach den Vorschriften der Kirche hatte das Segensvelum stets aus weißer Seide zu sein und sollte möglichst auch mit Seide gefüttert werden. Um das Abgleiten des Segensvelums von der Schulter zu vermeiden, wird es auf der Brust mit einer Schließe befestigt (Witte, 1951, S. 239f). Im vorliegenden Fall handelt es sich um eine vergoldete Metallschließe, die mit nur zwei geschwungenen Linien die Taube des Heiligen Geistes darstellt.

Das Segensvelum besteht aus einer hellen, cremefarbenen Rohseide mit Leinenstruktur und ist mit einem rostroten, festen Futtertaft gefüttert. Die Rändern sind mit einer Goldkordel gesäumt. Auf der Innenseite unterhalb der Schließe befinden sich zwei große Taschen für die Hände. Der Priester steckt seine Hände in die Taschen und kann dann mit dem Velum das Allerheiligste tragen, ohne es direkt zu berühren.

In der Mitte ist das Segensvelum geschmückt mit einem asymmetrischen Scheibenkreuz, einer Applikation aus farbigen Stoffstücken in geometrischen Formen. Die Form des großen Kreuzes wiederholt sich im Zentrum durch ein hellgelbes Kreuz, das auch an den Stolenenden wiederkehrt. Die einzelnen Applikationen

Kat.Nr. 52

werden von zwei Goldfäden zwischen zwei schwarzen Wollfäden konturiert, die Umrißlinie des Gesamtkreuzes ist mit sechs Gold- und vier Wollfäden deutlich breiter. Das Kreuz wird hinterfangen von drei Kreisen aus Goldfäden, so daß der Eindruck eines Scheibenkreuzes entsteht.

E.S.

Kat.Nr. 53

Kat.Nr. 53

Zwei Hostiendosen

Hersteller unbekannt, 50er Jahre

H. 1,9 cm, Dm. 7,2 cm
Silber

Domkapitel Hildesheim (aus dem Nachlaß von Bischof Heinrich Maria Janssen)

Die beiden schlichten, silbernen Dosen sind für die Aufbewahrung von Hostien bestimmt. Ein wichtiges Indiz ist die aus dem Boden herausgetriebene Wölbung, die das Entnehmen der Hostie erleichtert, indem sie verhindert, daß die Hostie auf dem Boden klebt.

Die beiden flachen Dosen sind aus massivem Silber getrieben. Boden und Deckel werden einfach ineinandergesteckt, wobei der Deckel den Boden umschließt. Auf dem Deckel ist mit zwei sehr schmalen Linien ein Kreuz eingraviert. Bis auf eine Beschädigung auf dem Deckel einer Dose sind die beiden Exemplare identisch.

E.S.

Kat.Nr. 54

Tablett

Hans-Joachim Jüttner, Hildesheim, 1957

L. 26,5 cm, B. 12cm
Silber, Ebenholz

Aus dem Nachlaß von Bischof Heinrich Maria Janssen, Leihgabe Domhof 28

Wie eine gravierte Inschrift auf der Rückseite des Tabletts erläutert, handelt es sich um ein Geschenk an Bischof Heinrich Maria zu seiner Bischofsweihe. In einer modernen Schrift aus Großbuchstaben steht dort: "UNSEREM BISCHÖFLICHEN FREUND / ZUM TAGE DER KONSEKRATION / AM 15. MAI 1957 / J.Oomen H. Rindermann". Auf der Rückseite sind gut erkennbar drei Marken angebracht: ein 925er Silberstempel, die Marke mit Reichskrone und Mondsichel für Deutschland (seit dem 1.1.1888) und die Meistermarke, ein HJ im Rechteck für den Goldschmiedemeister Hans-Joachim Jüttner aus Hildesheim, der oft für kirchliche Kreise gearbeitet hat.

Das Tablett besteht aus einer flachen, zu den Rändern leicht ansteigenden Schale, deren rechteckige Grundform an den Ecken leicht abgerundet ist. An den Schmalseiten läuft es in zwei breite Griffe aus, auf denen jeweils ein etwa 1 cm dickes Stück Ebenholz sitzt. Die Ebenholzgriffe sind mittig durch drei Querstreifen unterteilt, seitlich von ihnen sind zwei silberne Kreuze in das Holz eingelassen. Die klassischen, ausgewogenen Formen und Proportionen sowie die Kombination von Silber und dunklem Holz verleihen diesem Tablett große Eleganz.

E.S.

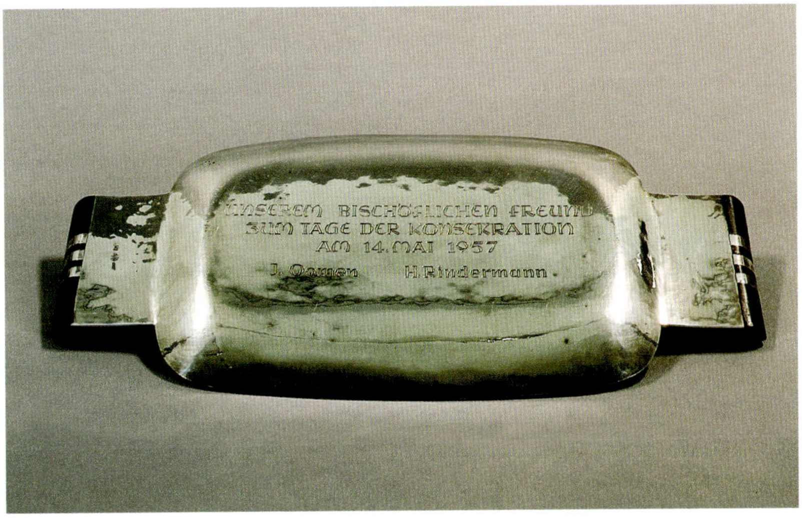

Kat.Nr. 54

Kat.Nr. 55

Meßgarnitur

Hans-Joachim Jüttner, Hildesheim, Ende der 50er Jahre

Tablett: L. 22,5 cm, B. 10,3 cm
Kännchen: H. 8 cm, T. 9 cm
Silber, getrieben, Ebenholz

Aus dem Nachlaß von Bischof Heinrich Maria Janssen, Leihgabe Domhof 28

Die elegante Meßkännchengarnitur zeigt starke Ähnlichkeit mit dem Tablett desselben Meisters. Auch hier hat das Tablett ei-

Kat.Nr. 55

ne rechteckige Grundform mit abgerundeten Ecken, allerdings steigt der schmale Rand sehr viel steiler an. Auch dieses Tablett hat Ebenholzgriffe mit eingelegten silbernen Kreuzen, die sich auf den Griffen der Meßkännchen wiederholen. Die Meßkännchen stehen über runden, leicht gebogenen Grundflächen, auf der sie seitlich versetzt angebracht sind. Durch diesen Trick nimmt das Auge die runde Grundfläche als asymmetrische Form wahr. Die Kännchen selbst sind ebenfalls aus einer runden Form entwickelt, die an einer Seite zur Tülle ausgezogen wurde. Der Ebenholzgriff mit den Silberkreuzen balanciert die kippende Form aus. Das Weinkännchen unterscheidet sich vom Wasserkännchen durch ein zusätzliches Kreuz, das oben im Griff sitzt.

Während die Meßkännchen nicht gestempelt sind, befinden sich unter einem der Griffe des Tabletts deutlich sichtbar drei Marken: der 925er Silberstempel, Mondsichel und Reichskrone für Deutschland und die Meistermarke HJ im Rechteck für Hans-Joachim Jüttner.

E.S.

Literaturverzeichnis

Aden 1994
Menno Aden, Hildesheim lebt – Zerstörung und Wiederaufbau – Eine Chronik, Hildesheim 1994.

AKL
Allgemeines Künstler-Lexikon der Bildenden Künstler aller Zeiten und Völker, München/Leipzig 1993ff.

Algermissen 1957
Konrad Algermissen, Der Hildesheimer Dom, in: Das Münster, 10. Jahrgang, 1957, Heft 11/12, S. 457.

Arenhövel 1975
Willmuth Arenhövel, Der Hezilo-Radleuchter im Dom zu Hildesheim. Beiträge zur Hildesheimer Kunst des 11. Jh. unter besonderer Berücksichtigung der Ornamentik, Berlin 1975.

Aschoff 1983
H.-G. Aschoff, Um des Menschen willen. Die Entwicklung der katholischen Kirche in der Region Hannover, Hannover 1983.

Aschoff 1993
H.-G. Aschoff, Die katholische Kirche in Niedersachsen nach 1945, in: Jahrbuch der Gesellschaft für niedersächsische Kirchengeschichte 91 (1993), S. 211-238.

Aschoff 1994
H.-G. Aschoff, Diaspora, in: E. Gatz (Hrsg.), Geschichte des kirchlichen Lebens in den deutschsprachigen Ländern seit dem Ende des 18. Jahrhunderts. Bd. 3: Katholiken in der Minderheit. Diaspora - Ökumenische Bewegung - Missionsgedanke, Freiburg 1994, S. 39-142.

Baur 1960
Ludwig Baur, Et renovabis faciem terrae, in: Das Wort. Nordwestdeutsche Zeitung für Politik, Wirtschaft und Kultur, 12 (1960) Sonderbeilage zum 27. März 1960.

Baur 1990
Ludwig Baur (1904-1977). Ausstellung des Telgter Künstlers vom 25. März bis 13. Mai 1990. Katalog Museum Heimathaus Münsterland, Telgte 1990.

Behnke 1963
Joachim Behnke, Der Dom zu Hildesheim. Ein Wegweiser durch den wieder erstandenen Mariendom, Hildesheim ^{2}1963.

Berthod/Hardouin-Fugier 1996
Bernard Berthod und Élisabeth Hardouin-Fugier, Dictionnaire des arts liturgiques, XIXe-XXe siècle, Paris 1996.

Bertram 1897
Adolf Bertram, Hildesheims Domgruft und die Fundatio ecclesie Hildensemensis, Nebst Beschreibung der neuentdeckten Confessio des Kreuzaltares, der Gräberfunde der Domgruft und des nielloartigen Chorfußbodens, Hildesheim 1897.

Bertram 1916
Adolf Bertram, Geschichte des Bisthums Hildesheim, Teil II, Hildesheim 1916.

Bohland 1953
Joseph Bohland, Der Altfried-Dom zu Hildesheim. Die Entwicklung des Hildesheimer Domes vom 8. Jahrhundert bis zum Ausgang des 13., Diss. MS Göttingen 1953.

Bohland 1965
Joseph Bohland, Die Bergung und Wiederherstellung der romanischen Deckenmalerei von St. Michael zu Hildesheim, in: Niedersächsische Denkmalpflege, Bd. 5, 1960-64, Hildesheim 1965.

Bohland 1968
Joseph Bohland, Die Rettung der Kunstwerke des Domes, in: Aus der Heimat, Beilage der Hildesheimer Allgemeinen Zeitung, Nr. 11, 30. November 1968.

Braunschweig contra Hildesheimb 1630
In Sachen Braunschweig contra Hildesheimb/Remissionis Außführliche Wolgegründete Relatio und Bericht, Wolfenbüttel 1630.

Brosius 1983
D. Brosius, Zur Lage der Flüchtlinge in Niedersachsen nach 1945, in: Niedersächsisches Jahrbuch für Landesgeschichte 55 (1983), S. 99-113.

Chronicon Hildesiense
Chronicon Hildesiense, Hildesheim, Dombibliothek Beverina, Hs. 101 (Abschrift des 17./18. Jahrhunderts, Original im Zweiten Weltkrieg vernichtet).

Diözesansynode 1937
Kernfragen zeitnaher Seelsorge. Pastoral-Referate der Hildesheimer Diözesansynode 1937 nebst Protokollen und Synodaldekreten, hrsg. vom Bischöflichen Generalvikariat Hildesheim, Hannover 1937.

Diözesansynode 1948
Hildesheimer Diözesansynode 1948. Hrsg. vom Bischöflichen Generalvikariat zu Hildesheim, Hildesheim 1951.

Elbern/Engfer/Reuther 1976
Victor H. Elbern, Hermann Engfer und Hans Reuther, Der Hildesheimer Dom – Architektur, Ausstattung, Patrozinien, Hildesheim 21976.

Festschrift Derix 1966
100 Jahre Glasmalerei Derix Kevelaer 1866-1966, Festschrift 1966.

Fricke 1952
Wilhelm Fricke, Bauliche Betrachtungen zum Wiederaufbau des Hildesheimer Domes, in: Zeitschrift des Vereins für Heimatkunde im Bistum Hildesheim 21 (1952), S. 33-39.

Gurlitt/Hudemann 1952
Wilibald Gurlitt und Hans-Olaf Hudemann (Hrsg.), Karl Straube - Briefe eines Thomaskantors, Stuttgart 1952.

Haagen 1955
Bernhard Haagen, Alt-Hildesheim – Städtbauliches Kleinod, in: Hildesheim 1945-1955, 22. März, zusammengestellt und bearbeitet von Hans Kayser und Gustav Lauterbach Heimatbund Niedersachsen in Zusammenarbeit mit der Stadt Hildesheim, Sonderdruck Hannover 1955.

Haagen 1958
Bernhard Haagen, Zwischen Rathaus und Autobahn, in: Das neue Gesicht der alten Stadt Hildesheim, als: Der Bau und die Bauindustrie, Fachblatt für Bautechnik und Bauwirtschaft, zugleich mit dem Heft 19/58, Düsseldorf 1958.

Heise 1998
Karin Heise, Der Lettner des Hildesheimer Domes, Hildesheim 1998.

Hoff 1956
August Hoff, Neue Glasfenster im Rheinland. 90 Jahre Glasmalerei Derix in Kevelaer, in: Das Münster. Zeitschrift für Christliche Kunst und Kunstwissenschaft 9 (1956), S. 405-413.

Kahle 1985
Barbara Kahle, Rheinische Kirchen des 20. Jahrhunderts. Ein Beitrag zum Kirchenbauschaffen zwischen Tradition und Moderne. Landeskonservator Rheinland, Arbeitsheft 39, Pulheim 1985.

Karpa 1955
Oskar Karpa, Alt-Hildesheim – Städtebauliches Kleinod, in: Hildesheim 1945-1955, 22. März, zusammengestellt und bearbeitet von Hans Kayser und Gustav Lauterbach Heimatbund Niedersachsen in Zusammenarbeit mit der Stadt Hildesheim, Sonderdruck Hannover 1955.

Kat. Braunschweig 1948
Niederdeutsche Kunst des Mittelalters, Kunsthefte des Herzog Anton Ulrich-Museums, Heft 3, Braunschweig 1948, Nr. 59 a.

Kat. Hildesheim 1993
Hans-Otto Hügel, Susana Krüger, Stefan Schmidt, Regina Viereck, Holger Weh, "...ist im traditionalistischen Sinne wieder aufzubauen!" Architektur in Hildesheim – Die 50er Jahre, Katalog zur Ausstellung, Hildesheim 1993.

Kat. Hildesheim 1995
Der vergrabene Engel. Die Chorschranken der Hildesheimer Micheliskirche. Funde und Befunde. Ausstellungska-

talog des Diözesan-Museums Hildesheim, hrsg. von Michael Brandt, Hildesheim 1995.

Kat. Sigmaringen 1992
Das Reich der Salier 1024-1125, Historisches Museum der Pfalz in Speyer, Sigmaringen 1992.

Kitt 1944
Adelheid Kitt, Der frühromanische Kronleuchter und seine Symbolik. Dissertation, Wien 1944.

Köhler 1924
Johannes Köhler, Zwei Jahrhunderte Holzbaukunst in Hildesheim 1418-1623. Im Auftrage des Magistrats bearbeitet von Stadtbaurat Johannes Köhler. Mit 15 Abbildungen, einer Lichtdrucktafel und einem Stadtplan darstellend sämtliche alte Holzhäuser, Hildesheim 1924.

Kratz 1840
Johann M. Kratz, Der Dom zu Hildesheim, Teil II, Hildesheim 1840.

Küsthardt 1874
Friedrich Küsthardt, Der alte Kronleuchter des Bischofs Hezilo im Dom zu Hildesheim und die neue Copie desselben vom Bildhauer Küsthardt für das South Kensington Museum in London, in: Sonntagsblatt zur Hildesheimer Allgemeinen Zeitung und Anzeigen, Nr. 25, 21. Juni 1874.

Lange 1985
Dieter Lange, Alt Hildesheim. Beschwörung und Widerspruch der historischen Stadt, in: Harold Hammer-Schenk, Dieter Lange (Autoren), Cord Meckseper (Hrsg.), Alte Stadt – Moderne Zeiten. Eine Fotodokumentation zum 19. und 20. Jahrhundert (im Rahmen der Landesausstellung Niedersachsen 1985 "Stadt im Wandel") Hannover 1985.

Lange-Stuke 1989
A. Lange-Stuke, Die Schulpolitik im Dritten Reich. Die katholische Bekenntnisschule im Bistum Hildesheim von 1933 bis 1948, Hildesheim 1989.

LCI
Lexikon der christlichen Ikonographie, begr. von Engelbert Kirschbaum, hg. von Wolfgang Braunfels, Freiburg i. Br. 1-8, 1968-1975, Nachdruck 1990

Lorke 1993
Wolfgang Lorke, Baugeschichte und Wiederaufbau des Domes Mariae Himmelfahrt zu Hildesheim, in: Denkmalpflege zwischen Konservieren und Rekonstruieren.Dokumentation der Jahrestagung 1989 in Hildesheim, hrsg. von Achim Hubel, Bamberg 1993, S. 51-56.

LThK
Lexikon für Theologie und Kirche, hrsg. von Michael Buchberger, Freiburg/Breisgau 1930.

Lukas 1986
Viktor Lukas, Reclams Orgelmusikführer, Philipp Reclam jun. Stuttgart 51986.

Menges 1964
W. Menges, Zur Demographie und Soziologie der norddeutschen Diaspora, in: Kirche in der Diaspora. Bericht der Arbeitstagung vom 16.-18.4.1962 in Paderborn über Fragen der nordeuropäischen Diaspora, hrsg. von N. Greinacher/W. Menges, Fribourg 1964 (Masch.schr.), S. 42-124.

Nowak 1948I
Josef Nowak, Passion einer Stadt – Alt-Hildesheim klagt an!, Hildesheim 1948.

Nowak 1948II
Josef Nowak, Wenn die Steine reden – Alt-Hildesheim klagt an, Hildesheim 1948.

Nowak 1981
Josef Nowak, Der Lettner des Hildesheimer Domes, Sonderdruck aus: Die Diözese Hildesheim in Vergangenheit und Gegenwart, Hildesheim 1981.

Overesch 1998
M. Overesch, Renaissance einer Kulturstadt. Hildesheim nach dem 2. Weltkrieg, Hildesheim 1998.

Palandt 1972
Ernst Palandt, Geschichte der Domorgeln. Mit 9 Abbildungen, Sonderdruck aus: "Alt-Hildesheim" Heft 43/1972, Hildesheim 1972.

Riebartsch 1956
E. Riebartsch, Situationen und Probleme der Hildeshei-

mer Diaspora, in: Zu uns komme Dein Reich, hrsg. vom Generalvorstand des Bonifatiusvereins, Paderborn 1956, S. 19-24.

Scharf-Wrede 1999
Th. Scharf-Wrede, Caritas und 'Wandernde Kirche' - Seelsorge vor Ort. In: Caritas und Diakonie in Niedersachsen 1933-1945. [erscheint 1999]

Scharf-Wrede 1998
Th. Scharf-Wrede, Katholisches Leben im Wandel. Ein Beitrag zur Geschichte der Seelsorge im Bistum Hildesheim, in: Die Diözese Hildesheim in Vergangenheit und Gegenwart 66 (1998), S. 311-330.

Schuchardt 1999
Uwe Schuchardt, Voruntersuchung am Heziloleuchter an bereits abgenommenen Teilen, Dezember 1998 / Januar 1999, Hildesheim 1999.

Schwarz 1960
Rudolf Schwarz, Kirchenbau. Welt vor der Schwelle, Heidelberg 1960.

Semmler 1998
Katrin Semmler, Der Dom: "... und die Ruinen stumm zum Himmel stehn", in: Manfred Overesch, Renaissance einer Kulturstadt. Hildesheim nach dem 2. Weltkrieg, Hildesheim 1998, S. 179-208.

Sendker 1948
A. Sendker, Caritasarbeit in der Diözese Hildesheim, Hildesheim 1948.

Stadtverwaltung Hildesheim
Die Steine reden – Eine Erwiderung der Stadtverwaltung Hildesheim auf die Schrift "Wenn die Steine reden" von Josef Nowak, hrsg. von der Stadtverwaltung Hildesheim 1948.

Stoffers 1959
W. Stoffers, Die Neuorganisation der Diözese Hildesheim in den Jahren 1949-1959, in: Unsere Diözese in Vergangenheit und Gegenwart 28/ 2 (1959), S. 124-144.

Tenge 1964/65
Aloys Tenge, Das neue Geläut des Domes zu Hildesheim, in: Die Diözese Hildesheim, 1964/65, Jg. 32/33, S. 14-16.

Vogel/Lade/Borger-Keweloh 1997
Harald Vogel, Günter Lade, Nicola Borger-Keweloh, Orgeln in Niedersachsen. Fotos von Volkhard Hofer. Mit Beiträgen von Arnfried Edler, Peter Golon, Rüdiger Wilhelm, Karl Wurm, hrsg. von der Niedersächsischen Sparkassenstiftung, Bremen 1997.

Wagner 1998
Sandra Wagner, Strahlende Farben gebannt in Beton. Die Betonglastechnik der 50er Jahre, in: Kunst und Kirche 4 (1998), S. 229-236.

Wiederaufbau St.-Andreas-Kirche
Hildesheim, Wiederaufbau um die St.-Andreas-Kirche 1949-1952, Broschüre der Gemeinnützigen Baugesellschaft zu Hildesheim, o.J. und o.A.

Witte 1951
Robert B. Witte, Das Katholische Gotteshaus – Sein Bau, seine Ausstattung, seine Pflege im Geiste der Liturgie, der Tradition und der Vorschrift der Kirche, Mainz ^{2}1951.

Zeller 1911
Adolf Zeller, Die Kunstdenkmäler der Provinz Hannover II, 4, Hannover 1911.

Zeller 1912
Adolf Zeller, Die Kunstdenkmäler der Provinz Hannover II, 4, Hannover 1912.

Zoder 1952
Rudolf Zoder, Neuer Führer durch Hildesheim. Ein Handbuch für Fremde und Heimatfreunde, Hildesheim 1952.

Bildnachweis

Niedersächsisches Hauptstaatsarchiv Hannover: Kat. Nr. 1-9.9, 10-11.9

Niedersächsisches Landesamt für Denkmalpflege Hannover, Plansammlung der Bau- und Kunstdenkmalpflege: Abb. 66-71, 74-76, 118, 161,

Bistumsarchiv Hildesheim: Abb. 1 ; Nachlaß Sendker: Abb. 14-17, 22, 36, 59, 62, 64, 165-167

Dom-Museum Hildesheim, Bildarchiv: Abb. 18, 46, 105, 106, 129, 147, 148, 150, 157, 158; (Photo: Thorsten Schoeppe): 109, 110

Fachhochschule Hildesheim/Holzminden: Abb. 12, 13.

Johannes Gassmann/Hildesheim: Abb. 168.

Werbestudio Chr. u. B. Wehmeyer, Hildesheim (Photo: Hermann Wehmeyer): Frontispiz, Abb. 19-21, 23-35, 37-41, 42-45, 47-58, 60, 61, 63, 65, 72, 73, 79, 82-86, 128, 149, 151, 152

Stadtarchiv Hildesheim: Abb. 162, 163

Alle übrigen Aufnahmen: Ulrich Knapp, Leonberg.

Publikationen des Dom-Museums Hildesheim

Kataloge des Dom-Museums

Bd. 1
Barockes Silber, hrsg. von Ulrich Knapp. 160 S. mit zahlreichen farbigen Abbildungen. Imhof-Verlag, Petersberg 1998

Bd. 2
Der Hildesheimer Dom – Zerstörung und Wiederaufbau, hrsg. von Ulrich Knapp, 288 S. mit zahlreichen. z. T. farbigen Abbildungen. Imhof-Verlag, Petersberg 1999

Der Hildesheimer Dom – Studien und Quellen

Hrsg. im Auftrag des Domkapitels

Bd. 1
Wolfson, Michael: Der große Goldkelch Bischof Gerhards - Geschichte, Glaube und Frömmigkeit um 1400, hrsg. von Michael Brandt. Georg Olms Verlag, Hildesheim 1996

Bd. 2
Heise, Karin: Der Lettner des Hildesheimer Domes, hrsg. von Michael Brandt, Georg Olms Verlag, Hildesheim 1998

Materialhefte des Dom-Museums

Bd. 1
Byzanz – Die Macht der Bilder. Hilfestellung zur Identifizierung der Heiligen und Glossar zu den wichtigsten Fachbegriffen, Hildesheim 1998

Bd. 2
Marc Chagall – Traum und Poesie, Hildesheim 1998 – vergriffen -

Einzelpublikationen und Ausstellungskataloge

Der Schatz von St. Godehard. Ausstellungskatalog, hrsg. von Michael Brandt, Bernward-Verlag, Hildesheim 1988, 187 S. mit zahlreichen farbigen Abb.

Kirchenkunst des Mittelalters - Erhalten und erforschen. Ausstellungskatalog, hrsg. von Michael Brandt, Bernward-Verlag, Hildesheim 1989, 257 S. mit zahlreichen farbigen Abb.

Küche, Keller, Kemenate - Alltagsleben auf dem Domhof um 1600. Ergebnisse der Ausgrabungen an der Bernwardsmauer in Hildesheim. Ausstellungskatalog, hrsg. von Karl Bernhard Kruse, Bernward-Verlag, Hildesheim 1990, 239 S. mit zahlreichen farbigen Abb.

Schatzkammer auf Zeit - Die Sammlungen des Bischofs Eduard Jakob Wedekin (1796-1870). Ausstellungskatalog, hrsg. von Michael Brandt, Bernward-Verlag, Hildesheim 1991, 311 S. mit zahlreichen farbigen Abb.

Das Kostbare Evangeliar des Heiligen Bernward, hrsg. von Michael Brandt, Hildesheim (Ausstellungskatalog) Prestel-Verlag, München 1993, 65 S. mit ganzseitigen farbigen Abb. aller Miniaturen.

Bernward von Hildesheim und das Zeitalter der Ottonen, Ausstellungskatalog, hrsg. von Michael Brandt und Arne Eggebrecht, Philipp v. Zabern/Bernward-Verlag, Mainz/ Hildesheim 1993, 1169 S. mit zahlreichen farbigen Abb. in 2 Bden – vergriffen -

Der vergrabene Engel - Die Chorschranken der Hildesheimer Michaeliskirche - Funde und Befunde, Ausstellungskatalog, hrsg. von Michael Brandt, Philipp v. Zabern, Mainz 1995, 171 S. mit zahlreichen farbigen Abb.

Thomas Lehnerer Lesebuch, Cantz-Verlag, Stuttgart 1996.

Byzanz - Die Macht der Bilder, Ausstellungskatalog, hrsg. von Michael Brandt und Arne Effenberger, Hildesheim 1998, 168 S. mit zahlreichen farbigen Abb.

Georges Rouault, Miserere, hrsg. von August Heuser und Wendelin Renn, Verlag Gerd Hatje, Stuttgart 1998, 88 S. mit zahlreichen Abb.

Georges Rouault, Passion. Hildesheim 1999, 48 S. mit 21 farbigen und 1 s/w Abbildung.